Eso no estaba en mi libro de Historia de la Música

PEDRO GONZÁLEZ MIRA

Eso no estaba en mi libro de Historia de la Música

Tercera edición

ALMUZARA

Primera edición en Almuzara: febrero de 2018
Primera reimpresión en Almuzara: noviembre de 2018
Segunda reimpresión en Almuzara: mayo de 2025

Editorial Almuzara • Colección Historia
Editora: Ángeles López
Maquetación: Joaquín Treviño

www.editorialalmuzara.com
pedidos@almuzaralibros.com - info@almuzaralibros.com

Editorial Almuzara
Parque Logístico de Córdoba. Ctra. Palma del Río, km 4
C/8, Nave L2, nº 3. 14005 - Córdoba

Imprime: Unigraf S.L.
ISBN: 978-84-17229-29-0
Depósito legal: CO-238-2018
Hecho e impreso en España - *Made and printed in Spain*

Para Ana, Teresa y Alvar,
que aparecieron en mi
vida por ese orden

Índice

Nota del autor

Éste es un libro escrito a última hora. No tenía ya ninguna intención de embarcarme en algo así, porque aunque de joven siempre albergué la ilusión de redactar una novela tras mi jubilación, la sabiduría que ahora supongo da la edad —tengo ya la suficiente— me ha revelado claramente que escribir una novela no es algo para mí; lo puede hacer cualquiera, es decir, yo mismo sin ir más lejos, pero para qué; para qué hacer un esfuerzo enorme para sólo fabricar otro pequeño bodrio más de los miles que se hacen a diario en el mundo. Por eso hacía tiempo que había desechado la idea totalmente. ¿Por qué ahora incumplo conmigo mismo? Pues por el empeño de mi editora, que me ha perseguido hasta conseguir sentarme a trabajar. Por fin este libro está, y no es una novela, como ella se empeñó en que lo fuera. Gracias a Dios. Y espero que quien lo lea perciba que sólo es lo que puede ser, un *algo* relacionado con la música clásica que responda libremente a la tremenda proposición que se hace desde su portada: *Eso no estaba en mi libro de Historia de la Música.* Y es que en ese libro, que existió en su día, había muchos datos, estaban muy ordenados; pero a lo que desde luego aquél no se refería en ningún momento es a cómo, por qué y para qué hay que escuchar música clásica. O sea, al auténtico meollo del asunto.

Hay mil historias de la música escritas. Y todas pretenden lo mismo: bajo una apariencia de rigurosidad, van desde los principios más lejanos hasta las últimas tendencias; desde el primer al último autor; desde la prehistoria hasta anteayer. Las hay también escritas por trozos: música en el Renacimiento, la música en el Barroco; historia de la ópera, de la sinfonía, de la música de cámara... Yo no puedo —ni he querido— hacer nada de eso, entre otras razones porque ya está hecho y, en innumerables ocasiones, magníficamente bien hecho, extraordinariamente bien hecho. He preferido especular partiendo de dos ideas. La primera, que a su vez encierra una carga subjetiva que pretendo sea un valor añadido a mi elección, trata de la conveniencia o no de incluir a todos los protagonistas; a todos, o incluso a los más importantes. La segunda encierra el propósito de centrarme sólo en músicas que de alguna manera considero mías. Esto quiere decir que el libro que presento no tiene un carácter enciclopédico, lo que por otro lado es lo lógico, dados sus requerimientos editoriales. Pero añado: ni falta que hace, porque lo que pretende es dirigirse a lectores que no necesiten de lo integral, del todo, para acceder al disfrute de la música clásica, que es de lo que se trata. Su vena pedagógica será marca en todo él, por consiguiente, y la línea va a quedar definida por una fórmula que para un musicólogo o especialista es puro anatema: sólo aparecerán como protagonistas algunos compositores y unas cuantas obras, muestra inequívoca de mis propias dudas acerca de la conveniencia o inconveniencia de pasarse toda una vida escuchando toneladas de música de los cientos de compositores que fueron y son: quedarse con unos pocos, y unas pocas músicas suyas, puede ser más que suficiente para que nuestras vidas queden repletas de cientos de horas de formidable escucha, de placer extremo.

Además de estas consideraciones, creo que es necesario dar alguna explicación más.

Mis dos grandes pasiones han sido las matemáticas y la música; ejercí la enseñanza, primero, y la crítica musical, después. Enseñé Matemáticas a chicos adolescentes, y Música desde que el plan de estudios del bachillerato del famoso B.U.P. implantó la asignatura de Historia de la Música. Había pocos libros que me sirvieran para enseñar lo que quería enseñar, y por eso escribí uno, unos apuntes por mejor llamarlo, que, por cierto, vi años más tarde sigilosamente plagiado. ¿Qué quería enseñar? Pues desde luego no lo que el ministerio de Educación mandaba que se enseñara, una historia de la música que cubriera la existencia de los compositores más importantes, sus obras más determinantes y las principales formas musicales formuladas desde tiempos más o menos inmemorables. Y sí, aprender todo eso podía interesarle a alguien, pero lo que yo quería enseñar era otra cosa, algo más sencillo, gratificante y formativo para mis alumnos: cómo escuchar la música y por qué escucharla; lo que quería era que aprendieran a escuchar unas músicas que no son fáciles de abordar y sobre las que las otras, las músicas modernas urbanas, ejercían —y siguen ejerciendo— una brutal competencia, sencillamente por su elementalidad. Para conseguir mis objetivos ordené construir a un carpintero un mueble donde poder meter un amplificador, un giradiscos y dos cajas acústicas, que transportaba yo mismo de aula en aula para cada clase de Música, o sea, para, como decían mis alumnos, *clase de audición*. El resultado fue demoledor: los chicos acababan estudiando esta *maría* más que las otras asignaturas; hubo algún que otro problema con según qué profesor compañero, fuera de Ciencias Sociales o de Ciencias de la Naturaleza, disciplinas éstas, según sus responsables, mucho más serias. Sin embargo, yo también enseñaba algo serio, nada menos que Matemáticas, con lo que tenía la suficiente fuerza moral para defender que matemáticas y música son dos expresiones de tronco parecido, y que pueden llegar a desarrollar similares potencialidades. Tras ese período de mi vida, felizmente superado, decidí dedicarme en exclusiva a la crítica musical desde una conocida revista especializada. En ella, durante más de cinco lustros, he escrito cientos de artículos y estudios de investigación, de cuyas páginas he reproducido en este libro algún fragmento inmutable. Y en fin, en este momento disfruto de las mieles del jubilado activo.

Pido disculpas por las referencias personales, pero es necesario conocerlas para poder comprender los objetivos de este libro; porque quien espere de él una historia de la música debe parar aquí y cerrarlo. Como también harían bien en hacerlo aquellos que, antes de comenzar la lectura, no tengan claro que están dispuestos a seguir, aun indirectamente, consejos (o algo así) para escuchar música, con todo lo que ello conlleva: placer, mucho placer, pero con conocimiento, con espíritu crítico.

Es decir, con un cierto esfuerzo intelectual: hay que desconfiar de aquellos que consumen música clásica y dicen: «yo no entiendo de música; solo sé si me gusta o no»; son los que se enfundan en un traje caro para ir a una sala de conciertos y se pasan el tiempo mirando los mensajes de móvil. O también aquellos que, equivocados pero con buena fe, piensan que la música clásica es solo un pasatiempo. Por supuesto, no es así. También deben renunciar a leerlo aquellos que esperen un manual de instrucciones para la escucha. Eso ni existe ni puede existir en ningún caso, tal es el determinante e intransferible acto de escuchar. Al contrario, este libro quiere invitar a la reflexión alrededor del dato, al que no se renuncia, y a la comprensión de un placer que se obtiene de manera absolutamente solitaria. Trata de ser, pues, un libro pedagógico en sentido amplio, sobre el que se esparcen herramientas que es conveniente conocer porque son indispensables para alcanzar los objetivos perseguidos.

Puede sorprender que los contenidos musicales no aparezcan como es común, es decir, ordenados cronológicamente. Que haya saltos. O que haya varios órdenes cronológicos entremezclados. Es así porque para colmar nuestro objetivo debe importar más el fondo de las cuestiones que la metodología. Sin duda por eso a más de uno podrá parecerle que el orden de las materias no tiene sentido, o que incluso es un tanto caótico. Yo creo, sin embargo, que es mejor entrar, sin más consideraciones temporales e historiográficas, en la propia existencia de determinadas músicas, sus significados, tan distintos y distantes, y no en la sistematización o la explicación del desarrollo ordenado de los acontecimientos. Eso sería para especialistas, una tribu que debe de huir de este libro como de la peste. Y también creo que, igualmente, hay que entrar en las cosas que pasan en torno a la producción musical; en las cosas —y gentes— alrededor de las cuales gira el negocio. Sin ellos, la música es sólo papel.

¿Qué músicas van a estar aquí, pues? Éste es un libro de una gran carga subjetiva en la elección del repertorio en que pone el oído. No sólo no atiende a una descripción temporal histórica ordenada desde la primera página a la última, como ya se ha dicho, sino que sólo escoge a unos cuantos protagonistas, unas cuantas creaciones y algunos géneros, obviamente no todos. Los importantes, eso sí, como diría un escolástico. Es otra manera de entender el procedimiento. Parece ventajoso obrar así, porque implica fijarse en las obras grandes de verdad, aunque a nadie se le escape que encierra la desventaja de no permitir contemplar el todo. Bien, para conseguir esto último hay cientos de libros magníficos, algunos por supuesto extraordinarios, pero no necesariamente pensados con los mismos (y mucho más modestos) objetivos que éste.

Una última reflexión. La experiencia vital que supone enfrentarse a la escucha de una música es única. Supongo que por el fuerte carácter abstracto del lenguaje sobre el que se asienta la propia creación musical. Por eso, leer un libro en el que se nos cuenta una historia —sea de esta o aquella naturaleza— es algo muy distinto a leer un libro sobre música. En un libro sobre música se utiliza un lenguaje —la palabra— radicalmente diferente al que usa la música como propio, y que constituye un complejo de procedimientos y fórmulas para tratar el sonido. Por todo ello, y dejando claro desde el principio que es imposible explicar con palabras los sonidos, y mucho menos cuando de alguna manera éstos gozan de una determinada organización (léase música), el autor de esa imposibilidad llamada escribir sobre música (es decir, de este libro) se ha propuesto ir esparciendo en él por aquí y por allá alguna que otra herramienta que ayude a soslayar un problema que por básico no tiene solución: la música es la música y la palabra es la palabra. Se pueden superponer o combinar (como veremos en un capítulo dedicado a este asunto al completo), pero nunca serán medios intercambiables: ni la música podrá llegar a explicar que la fogosidad de unas notas pueden alcanzar los 32 grados centígrados de temperatura, ni que la gelidez de una pieza musical se pueda medir en frigorías. Pongo por caso. Hay muchas superposiciones experimentadas al respecto, de decenas de formas distintas, desde la canción hasta la ópera, y unos cuantos intentos de dotar a la música de capacidad para contar, aun figuradamente, una historia. Todo ello es plausible, e incluso eficaz, y algunas veces maravilloso. Pero lo que no puede ser no puede ser y, además de imposible, es inútil. Aunque sin duda una inutilidad que, bien entendida, ofrece a todos aquellos que tengan una mente crítica la oportunidad de seguir haciendo un consumo responsable de la literatura musical. Por decirlo de alguna manera.

Por todas estas razones (o no razones) he planificado este libro en cuatro partes y un epílogo, con preobjetivo claro (no aburrir demasiado), pero con objetivo todavía más claro: que su lectura suponga una incitación a la escucha de alguna música clásica. Ésta es una disciplina complicada, que no entra en uno si uno no quiere. Para que entre de la manera más natural posible he ideado unas partes, que he llamado *Subsuelo, La tierra, Las alturas* y *El paraíso*. La primera desarrolla de forma muy breve lo que podríamos llamar *previos*, terminología o algo que se parezca. Es indispensable estar informado sobre sus contenidos, aun en su inevitable elementalidad, para poder seguir leyendo. En la parte que he denominado *La tierra* he incluido a quienes intervienen en la creación de la música al margen de los propios compositores, sin duda los culpables de verdad, así como una pequeña clasificación de las músicas que sirva de apoyo para la redacción de los capítulos posteriores. *Las alturas* está protagonizada por grandes músicas, algunas de las indispensables (más bien *mis* indispensables), aunque no sean todas las indispensables: serlo habría requerido varios libros como éste. Y en la última he querido compartir con el lector mi propio paraíso musical: esas obras que se encuentran en un plano superior (insisto: para mí) e inalcanzable. Músicas para toda una vida: la tetralogía wagneriana, las sonatas para piano y los cuartetos de cuerda de Beethoven y *El clave bien temperado* y *El arte de la fuga,* de Bach.

Como se podrá comprobar, en este libro se va a hablar de autores, pero quizá más de sus músicas. Es la diferencia que hay entre abordar estos asuntos desde el cotilleo o desde la sustancia.

En las páginas finales el lector podrá encontrar un glosario con grabaciones discográficas muy brevemente comentadas en las que poder apoyarse. No es necesario seguirlas, pero serán de una gran utilidad si el lector decide hacerlo, pues el objetivo de este libro es que quien lo lea haga entrar la música clásica en su vida. Los discos se pueden adquirir en las plataformas de venta de Internet, no así —casi siempre— en tiendas de discos convencionales, por la elemental razón de que la mayor parte de ellas han dejado de existir, o existen malamente.

En conclusión. Atención al título: este libro no es una historia de la música. Más bien debería de haberse titulado *Escuchar Música,* algo que tiene mucho que ver con la historia de la música, pero que no es necesariamente lo mismo.

Pedro González Mira
Madrid, 2017

Parte I:
El subsuelo

Algunas cosas (no muchas y sencillas)
que conviene conocer antes de escuchar música

Capítulo 1.
Cuestiones básicas

UNA DEFINICIÓN IMPOSIBLE

No sé cuántas veces hemos leído intentos de definir la música. Casi todos los músicos han querido hacerlo, y no digamos los críticos, musicólogos, estudiosos y demás tribus dedicadas a la cosa musical. Unas definiciones se escoran más a lo espiritualista, otras hacia la matemática; muchas aluden o se refieren directamente a sus aspectos más técnicos, y otras, simplemente, son puras tonterías. Podríamos improvisar una, aunque con toda probabilidad resulte parcial y poco reveladora: diríamos que la música es algo así como *la obra maestra de la aritmética.* Lo que no pasa de ser una frustrante definición, pues no incluye su fuente fundamental, que es el sonido, por más que en nuestro esfuerzo hayamos conseguido dar un buen paso al incluir en ella su parte matemática, casi siempre olvidada. Podríamos hacer variaciones: *Aritmética sonora. Aritmética, sonido y pensamiento,* etc. Todas inútiles, todas incompletas.

Hay una muy extendida, que no deja de ser una cursilada: «El arte de combinar los sonidos y lo silencios» (sin autor conocido). Nietzsche decía: «La música es el único rastro sensible directo que tenemos del sentido originario del mundo». Y el genial Hanslick, un individuo de cuidado, crítico musical él, como veremos en un próximo capítulo, afirmó que «la música es un arabesco sonoro sin significación intelectual». Lenin, tras una escucha de la sonata *Appassionata* de Beethoven, dejó escrito que «no puedo escuchar música porque actúa sobre mis nervios». O esta otra (fabulosa): «La música es un placer, tanto para los ignorantes como para los sabios» (Voltaire). Pero, de las que hemos leído, la mejor de todas es de un escritor italiano, Massimo d´Azeglio: «La música es un misterio».

Hay más, naturalmente. Pero de entre las cientos que se han hecho, hay una muy ajustada a la idea (poco romántica) que tenemos nosotros sobre el asunto, y la pronunció un compositor llamado Ferruccio Busoni (1866-1924), un transcriptor compulsivo al piano de obras para teclado de Bach, al que admiramos particularmente. Decía este señor que «la música es aire sonoro» (a Daniel Barenboim le encanta; lo dice siempre en sus entrevistas). En su asepsia sentimental, esta manera de definirla contiene en muy pocas palabras las ideas claves que definen la naturaleza orgánica más primigenia de la música: el sonido en movimiento, haciendo de éste el responsable primero de todo. O dicho de otra manera: la mayor parte de las veces se define la música como sonido, y unas cuantas cosas más, sin tener en cuenta que el origen de ese sonido es el movimiento, y más concretamente, la vibración de un cuerpo más o menos elástico. Admitiendo que la música es el resultado de un proceso complejo que parte del tratamiento de un elemento, el sonido, que a su vez es producto del movimiento, no parece necesario acudir a ningún diagnóstico antropológico para concluir que vida y música corren paralelas en la historia de nuestra existencia. Como su desarrollo y perfeccionamiento. No parece que sea necesario ningún esfuerzo adicional para comprender esto, por más que la impaciencia —o la necedad— nos puedan trazar caminos equivocados. Comprender en toda su magnitud la naturaleza de la música requiere esfuerzo y paciencia, y supongo que no será necesario que diga que, con lo dicho hasta aquí, estamos muy lejos del meollo.

EL SONIDO: MATERIA BÁSICA DE LA MÚSICA

Sonido y ruido. Para empezar, y con mayor motivo por el hecho de que este texto está siendo escrito en pleno siglo XXI, cuando ya estamos todos hartos de escuchar músicas —a veces más que decentes— elaboradas con los más variados ruidos, ¿conviene distinguir entre ruido y sonido? En realidad ambas cosas son una misma, aunque nuestro oído se resista a aceptarlo. Es una cuestión de regularidad: si la vibración del cuerpo emisor es regular en el tiempo, la sensación sonora resultante es más inteligible, de manera que a ese resultado lo llamamos sonido. En cambio, si esa regularidad no se produce, nuestro oído dará la espalda al resultado, negándole la categoría al calificarlo de puro ruido. Aunque sea una obviedad decirlo, es evidente que música se puede hacer con sonidos, con ruidos o con la mezcla de ambos. Ejemplos los hay por decenas.

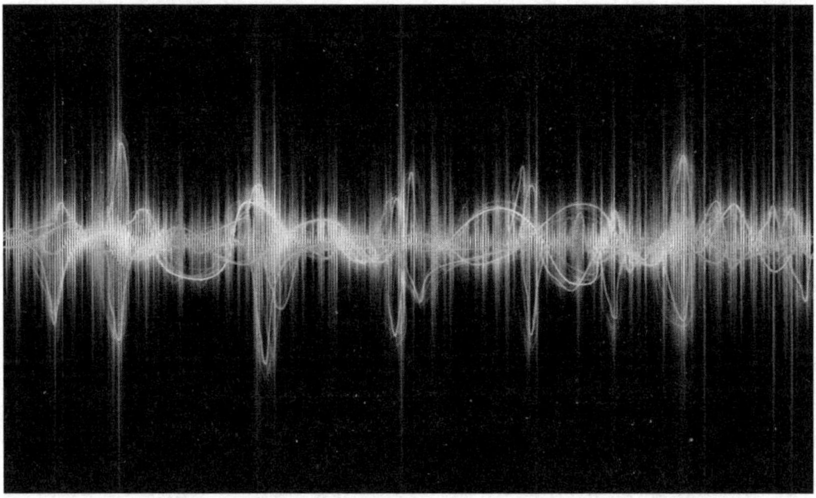

Ondas sonoras. Cada sonido se define por su onda fundamental, que es acompañada por otras secundarias, llamadas armónicos.

Cada sonido se mide por su frecuencia, que es el número de veces que el objeto emisor vibra en un segundo. A esta unidad de medida se le llama ciclo, de tal suerte que el oído humano solo puede reconocer una determinada banda sonora: por arriba, unos veinte mil ciclos (umbral de audición); por abajo, unos veinte ciclos (umbral de dolor). La frecuencia es una parte importantísima del ADN de cada sonido, al que, sin embargo, hay que sumarle dos características más: la una, muy notable para definir su naturaleza; la otra, indispensable para percibir su intensidad o volumen sonoro. Hablamos de los armónicos y de la amplitud: un sonido se representa físicamente mediante una onda más o menos plana, a la que se le suman una serie de ondas subsidiarias llamadas armónicos. De suerte que para reconocer y valorar un sonido hemos de tener en cuenta esos tres factores: la frecuencia (altura, tono), el volumen (amplitud, intensidad) y el timbre (los armónicos, el color). Estas tres en apariencia sencillas características intervendrán de manera determinante en cualquier valoración final de una música. Para empezar.

Es sin embargo muy frecuente que se produzcan confusiones y diagnósticos equivocados cuando, al combinarlas, se llega a conclusiones rápidas. Un error que se suele repetir es confundir frecuencia (que en términos musicales llamamos tono) con volumen: un sonido, o grupo de sonidos, puede (n) ser de tono alto, es decir, agudo (s), y sonar poco. Por ejemplo, una señora que dé gorgoritos de tono altísimo, pero no demasiado fuertes; de la misma manera, pueden ser de tono bajo y sonar bastante fuerte: la típica voz de bajo, es decir de tono muy grave, que suena muy fuerte. Todas las combinaciones existen, pero lo que nunca se puede hacer es calificar un sonido de fuerte porque tenga mucha frecuencia (tono alto) o débil porque tenga una frecuencia baja (tono bajo). Y se hace con mucha asiduidad; se suele decir: «no me grites, utiliza un tono más bajo conmigo». Mal dicho. El tono no tiene que ver con la fuerza. El timbre, sin embargo es una característica que define la personalidad del sonido, su forma de ser, su forma de sonar. Es lo que se suele reconocer como su *color* particular. Se puede escuchar un sonido de una determinada frecuencia e intensidad emitido por un violín, pero si a continuación se escucha emitido desde una flauta (con las mismas frecuencia e intensidad), el resultado será distinto, porque el timbre depende de la naturaleza del cuerpo vibrante. El timbre es la característica más subjetiva de un sonido, porque se valora desde el oído de cada uno, que es diferente, cambiante y a veces un tanto díscolo. Como hemos dicho antes, depende de la cantidad de armónicos que tiene la onda fundamental (sólo el diapasón emite un sonido puro, sin armónicos: por eso se usa como referencia para afinar todos los instrumentos). En fin, el sonido es la auténtica madre del cordero de la música. Y, en el fondo, la parte de su naturaleza más difícil de valorar, porque no hay reglas, salvo las que utilice cada uno, que son diferentes a las manejadas por el de al lado. Si el concepto de belleza visual ha sido, es y será cambiante en las artes plásticas u otras, en música, el concepto de belleza sonora, más.

PRODUCIR SONIDOS

El compositor busca los sonidos que necesita para su obra en los instrumentos. Cualquier mecanismo capaz de producir sonidos puede ser un instrumento. Sin embargo, y a pesar de que modernamente la lista oficial de instrumentos musicales ha sido ampliada en diferentes direcciones, los artistas productores de música se fijaron desde un principio en unas pocas opciones. En primer lugar, su propia voz, esmerándose después en la construcción de artilugios a base de cuerdas tensas puestas en vibración, tubos por los que poder soplar y pieles de animales igualmente tensadas y bien sujetas para ser golpeadas. Si hoy hacemos un repaso a una moderna orquesta sinfónica, eso es lo que nos encontramos: instrumentos de cuerda que producen sonido mediante frotación de sus cuerdas con las de un palo —arco— que también está provisto de cuerdas (violines, violas, violonchelos y contrabajos); de viento, que quedan divididos en los grupos de madera (flautines, flautas, oboes, cornos ingleses, clarinetes, fagotes y contrafagotes) y metal (trompetas, trompas, trombones y tubas), y se tocan haciendo vibrar con los labios la columna de aire que hay en el tubo, o bien desde una boquilla o bien desde una lengüeta, y de percusión (timbales, bombos, triángulos, carracas, cencerros, maracas, cajas, cajas chinas, címbalos, etc.), que son golpeados.

Es una lista muy larga, resultado de más de quinientos años de evolución, y a partir de un modelo que es la voz humana, primero y más importante instrumento musical, aunque en la mayor parte de los casos los instrumentos *artificiales* se aparten de ella. Los hasta aquí nombrados constituyen la base de una moderna orquesta sinfónica, pero hay muchos más que funcionan de manera autónoma y que han dado a lo largo de su existencia al menos tanta música. Por ejemplo, el piano, al que se puede considerar como un instrumento de cuerda percutida, y que desciende del clavicordio; o la guitarra, el arpa, el laúd o la vihuela, de cuerda pulsada; o el clavecín (cuerda pinzada), o el mismo órgano, instrumento que podríamos calificar como de viento-teclado, que fue rey en las iglesias renacentistas y barrocas. Pero no es objeto de este libro detenerse en capítulos como éste; se puede encontrar información exhaustiva en multitud de publicaciones.

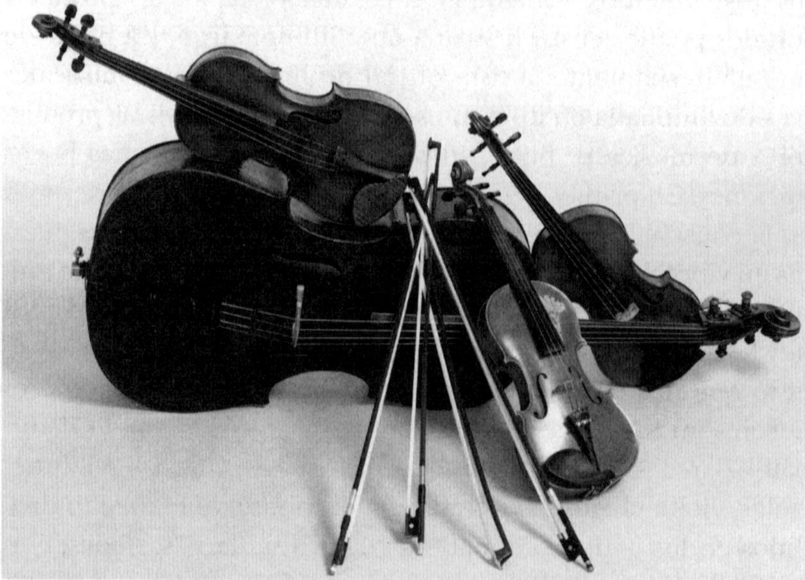

En la foto, instrumentos de cuerda frotada: tres violines y un violonchelo.

Una observación, sin embargo, necesaria. Los instrumentos que utilizan las orquestas hoy son generalmente réplicas de los que se usaron antaño, perfeccionados y mejor construidos. Es, pues, difícil que su sonido y adaptación a las necesidades de quienes los toquen no haya cambiado bastante, a veces determinantemente. Hasta un momento del pasado reciente, los intérpretes no dieron mucha importancia a este asunto, tocando músicas de épocas antiguas con instrumentos construidos en el presente. Esta cuestión resulta especialmente relevante en la interpretación de obras anteriores a 1700, más o menos, es decir pertenecientes a un período que se podría definir como música antigua, porque los instrumentos que requerían las músicas escritas hasta entonces tenían poco recorrido tocando en grupo, formando orquestas. Cuando la orquesta se convierte en la reina de la sala, es decir, no antes de bien entrado el siglo XVII, la música de su pasado reciente se siguió haciendo con los instrumentos hasta ese momento en catálogo y según los modelos establecidos. Durante los siglos XIX y XX se siguió el mismo camino: se continuaba interpretando la música del pasado con instrumentos construidos en su presente, por lo que antes o después alguien tenía que hacerse una pregunta incómoda: ¿es lícito hacer eso? ¿Las interpretaciones tienen la suficiente autenticidad? Así, en la década de los 60 del siglo XX surgió un fuerte movimiento historicista basado en un cambio radical que instaba a dar una importancia definitoria a la utilización de instrumentos de la misma época en la que estaban escritas las músicas a interpretar, o al menos de copias muy fidedignas. Éste no es un asunto menor, pues pronto se pudo comprobar que esa elección no sólo afectaba al sonido de unos u otros instrumentos (antiguos o convencionales), sino que afectaba directamente a los criterios técnicos interpretativos básicos. No es que la misma música sonara distinta por utilizar instrumentos originales, sino que el uso de éstos condicionaba la forma de tocar y por ello el resultado de la interpretación. Fue éste un asunto que creó una gran polémica entre aficionados y críticos; hubo quien siguió aduciendo razones para defender los instrumentos originales (que en principio sonaban peor) y hubo quien se apuntó a la idea exactamente contraria. Y también intérpretes irresponsables que hicieron uso de esa polémica para vender un muy mal producto, u otros que sencillamente hicieron oídos sordos a los nuevos aires que soplaban desde todas partes. Pero claro, al lado de intérpretes geniales que pusieron las cosas en su sitio. Las compañías de discos intervinieron sacando la correspondiente tajada, pues como se puso de moda que una orquesta sonara mal (con autenticidad organológica, pero mal) las inversiones en artistas de calidad descendieron mientras aumentaban los beneficios en registros discográficos de muy baja calidad; cualquiera podía tocar cualquier cosa. Confusión total. En fin, hoy, a ya medio siglo de todo aquello, se acabó la discusión, y todos conviven en su crisis común. Y las cartelas de los conciertos anuncian a solistas espectacularmente buenos. Nuestra postura en la polémica y a día de hoy es: la propia riqueza de la naturaleza de la música permite cualquier aproximación, con la sola condición de que sea honesta. No importa el instrumento, sino el uso que se hace de él.

Un viejo clavecín, probablemente tocado por Mozart.

LA VOZ HUMANA

No vamos a incidir mucho más en el mundo de los instrumentos, pero sí merece la pena, en cambio, hablar un poco de la voz humana como elemento primordial de la música.

Sabemos que los sonidos articulados fueron una de las primeras formas usadas por el hombre para comunicarse. Los movimientos, los sonidos producidos, las aliteraciones (si es que se puede usar este término), etc. pudieron constituirse en las primeras músicas. Sabemos que fueron sobre todo danzas y diseños sonoros rituales de carácter religioso que perseguían objetivos más prosaicos: una buena cacería, una buena cosecha, etc., o también actos para conseguir una cierta paz espiritual ante lo desconocido (danzas rituales de todo pelaje). E igualmente sabemos que pronto la palabra se combinó con los ruidos para la elaboración de un discurso que se podría calificar de musical. En posteriores fases de la historia, la palabra se hizo protagonista frente a los instrumentos, que durante siglos evolucionaron menos, hasta un determinado momento, muy cercano a nosotros en el tiempo, más o menos y de manera sistemática y orgánica a partir de los siglos XIV y XV. Pero el canto, la voz, sí protagoniza desde mucho más atrás los avances —perdidos de las sociedades griega y romana—, para establecerse a través del culto religioso como protagonista casi único de lo que podríamos llamar movimientos musicales medievales, casi siempre de orden eclesiástico. Pero volveremos más adelante a este asunto, porque ahora nuestros objetivos son más sencillos: manejarnos un poco en la terminología musical y en los conceptos básicos.

Pitágoras estableció una regla universal para los instrumentos de cuerda: cuanto más larga y gruesa sea la cuerda que vibra menor frecuencia tiene el sonido, y viceversa. Y para los de viento, lo mismo pero tomando como base la longitud del tubo donde vibran las partículas de aire. Este principio es igualmente funcional para la voz humana, aplicado a las cuerdas vocales: el sonido de la voz se produce al vibrar estos pequeños músculos, instalados a lo largo de la laringe. Ello nos lleva a una primera clasificación vocal, entre niños, mujeres y hombres, atendiendo a la frecuencia de vibración de las cuerdas de sus respectivos instrumentos vocales: los niños alcanzan las alturas (tonos) más agudas, seguidos de las mujeres y los hombres. De esta manera, las voces de los niños, llamadas *voces blancas* por una especie de afonía tímbrica debido al parcial desarrollo de los órganos de su cuerpo, serían las más agudas; las de las mujeres se dividirían en sopranos y contraltos, de más agudas a más graves; y las de los hombres, en tenores, barítonos y bajos, siguiendo el mismo criterio. Hay, desde luego más subclasificaciones (sopranos ligeras, sopranos líricas, sopranos lírico-ligeras, sopranos dramáticas, mezzosopranos, tenores ligeros, tenores líricos, tenores *spinto*, tenores dramáticos, barítonos-bajos, bajos-barítonos, bajos profundos, voces de coloratura, etc.), pero mejor dejar que surjan, si es necesario, a lo largo del libro. Es muy importante entender que el canon pitagórico se aplica igualmente a la potencia de la voz: a voz más aguda, menos intensidad sonora, menos volumen. Y viceversa.

TESITURA

La distancia entre el sonido más agudo y el más grave que puede emitir un cantante se llama tesitura, y está definido por el número de notas que comprende. Así, cada tipo de cantante queda naturalizado por su tesitura: soprano, tenor, etc., pero de una manera aproximada y teórica, pues hay tesituras para todos los gustos, según unas cuerdas vocales u otras, una unidad de medida obviamente natural. Por ejemplo, es frecuente escuchar frases como «esa soprano tiene una tesitura amplia» (eso quiere decir que puede alcanzar más notas, o bien hacia la zona aguda o hacia la zona grave), o «ese tenor es corto» (tesitura más pequeña que la que teóricamente corresponde a su tesitura de tenor), etc. ¿Es esto importante? Es determinante. Cuando un compositor escribe una música para ser cantada, en primer lugar ha de escoger si es un hombre o una mujer quien ha de hacer la interpretación. Y después escribir en el pentagrama de su composición sólo notas que estén en la tesitura de la cuerda (tenor, soprano, etc.) escogida. De lo contrario estará pidiendo al cantante que fuerce la propia naturaleza de su voz. Bien. Este principio se suele cumplir. Más o menos. A veces. O no. En realidad los grandes compositores crean una peligrosa y apasionante dialéctica con sus cantantes, consistente en exigirles que hagan lo que no pueden hacer. O, de otra manera, escribir para que sólo unos pocos, los mejores dotados, puedan hacerlo. En la historia de la música hay tópicos bastante graciosos al respecto. Por ejemplo, durante mucho tiempo se ha dicho que Beethoven no sabía escribir para la voz humana. Falso, claro. El problema es otro. El padre de Richard Strauss, que tocaba la trompa en la orquesta de la Ópera de Baviera, decía que su hijo escribía para el instrumento como si estuviera pensando en una soprano. Maria Callas —otro ejemplo— cantó papeles de soprano y mezzosoprano; tenía una importante tesitura. Por no pensar en las óperas de Wagner: hacer cantar sobre un escenario a un tenor al que se le tiene que escuchar por encima de una orquesta de cien instrumentos tocando a un volumen máximo no es precisamente plato de buen comer. En fin, los conflictos entre los que inventan la música y los que la interpretan surgen desde el primer momento. Y nunca se resolvieron, ni se resolverán. Gracias a Dios.

LAS CALIDADES

Toda esta terminología básica puede parecer farragosa a quien sólo espere de este libro lo prometido: que sirva como ayuda para enfrentarse a una escucha cabal de una música. Lo es; pero es indispensable conocerla, aun así de pasada y de forma superficial, para poder avanzar en busca del objetivo buscado. Sólo disponemos de la palabra para hablar de música —gran tragedia— y al menos hemos de llegar a un grado de comunicación razonable para entendernos.

Para hablar de calidad de un sonido (de un sonido o sonidos; todavía no hablamos de una música) es necesario usar términos que tienen un valor relativo, y que seguramente será necesario aclarar en más de una ocasión. Lo haremos así porque, que sepamos, no hay forma de hacerlo de otra manera. Hablar de la calidad de un sonido es imposible, y sin embargo en el mundo de la música clásica se usan continuamente expresiones tales como «ese pianista tiene muy buen sonido» o tal cantante «tiene una voz muy bonita», etc. Solemos entendernos cuando hablamos así, pero el asunto es poco científico, y desde luego extraordinariamente subjetivo (el crítico debería huir de esta parafernalia terminológica). Sin embargo, y como no tenemos otro procedimiento, usaremos ese lenguaje para hablar del asunto. En primer lugar la primera calidad sonora de un instrumento o de una voz está en su propia naturaleza. En el caso de un instrumento, en los materiales que se han usado para ser construido y en los procedimientos seguidos en su construcción. Y en segundo lugar, en el uso que haga del instrumento el que lo toque. Es decir, es perfectamente posible que a dos pianistas diferentes les suene de distinta manera un mismo piano. A veces en una crítica de un concierto uno puede leer cosas como: «fulanito de tal tiene un sonido maravilloso». No; el crítico no miente: cada pianista tiene su propio sonido, que es distinto al de los demás intérpretes que tocan en el mismo piano, cosa perfectamente comprobable porque se trata del piano de la sala de conciertos en concreto, o sea, el piano que tocan todos los pianistas que pasan por allí.

En el caso de una voz, habrá que responsabilizar de tal *calidad* a la de las cuerdas vocales de la persona que emite los sonidos y a cómo éstas sean utilizadas (una cuestión técnica). Pero ¿cómo percibe nuestro oído esas calidades? Se necesita adjetivos para hablar de ello: sonidos bonitos, feos, leñosos, metálicos, arenosos, acristalados, suaves, rasposos, elegantes, marmóreos, cristalinos, puros, bastos, etc., etc., etc. Sirve de poco romperse los sesos para averiguar qué calificativo puede cuadrar mejor a tal o cual voz. Los cantantes suelen hablar del *squillo*, un sonido que refulge poderosamente, de timbre brillante e incisivo, que aproxima la voz a un color argentero. Ha habido cantantes muy famosos que a nosotros nos parecen discutibles como intérpretes, que sin embargo han tenido esa facultad de manera natural: Franco Corelli o Renata Tebaldi, por citar dos ejemplos muy vistosos, lo exhibieron como pocos; nosotros, sin embargo, no pensamos que por ello se les pudiera calificar de grandes cantantes; de serlo, las razones serían otras. Nosotros pensamos que es mucho más determinante poseer la capacidad para encontrar la adecuación vocal idónea a los requerimientos de cada obra musical.

La cantante italiana Eugenia Tadolini. Verdi no la quiso para el papel de Lady Macbeth porque tenía la voz demasiado *bonita.*

El gran Giuseppe Verdi escribió una ópera basada en el drama de Shakespeare *Macbeth.* La obra fue estrenada en Florencia, en 1847, y al año siguiente la presentó en Nápoles, en el Teatro San Carlos, donde reinaba la diva del canto Eugenia Tadolini. Pero Verdi pidió reemplazarla (cosa que no consiguió), porque quería para la esposa del rey asesino, Lady Macbeth, una voz «áspera, ahogada y sombría». Y más: *diabólica.* La Tadolini tenía una voz demasiado bonita: «Ella canta a la perfección; y yo quisiera que lady Macbeth no cantara [...]. Ella tiene una voz estupenda, clara, límpida, poderosa...». Es decir, que da igual que una voz sea bonita o no; todo depende de qué vaya a cantar (Lady Macbeth no es precisamente un ángel). Además, el oído no es objetivo. Hay cantantes de los que una muy grande parte de aficionados acepta que no tienen una voz bonita y sin embargo son por todos ellos adorados. Y viceversa: los hay y las hay que tienen una voz celestial y cuando abren la boca se comportan como cursis señoritas de compañía o caballeretes irrelevantes. Maria Callas, la gran Maria, es un ejemplo de voz no bonita (en el sentido tradicional) que cuando cantaba rozaba el firmamento. Y una de las —por otras razones— mejores voces que nunca hemos escuchado, la de Montserrat Caballé, tenía un problemilla: la catalana acusaba una malsana tendencia a transformar la *belleza* de su voz en pura retórica sonora. Con los instrumentistas sucede tres cuartos de lo mismo. Hay, por ejemplo, pianistas que al golpear las teclas obtienen puro cristal, pero tocan como autómatas, y otros que, con un sonido más percutivo y desagradable son capaces de contarnos maravillosas historias. Pero en fin, quizá debamos concretar más estas ideas en próximos capítulos.

Dos grandes, Maria Callas y Montserrat Caballé, cantando un rol icónico, *Norma,* de Bellini. Esta vez Caballé (Orange, 1974) se apartó de su habitual preciosismo vocal, componiendo una Norma para la historia.

La escritura

Capítulo 2.
Creación musical

PRIMEROS PASOS

En música, la figura principal es la de su creador, el compositor. Siempre ha habido y habrá compositores autodidactas que no siguen reglas o que tienen su propia metodología, o incluso sus propias fórmulas, o formas musicales de su invención, para escribir música. Pero para innovar (que es tanto como decir, para dar continuidad a un oficio) es necesario saber muy bien qué sucedió antes, con lo que nos centraremos en la figura del compositor tradicional, aquel que crea la música utilizando un determinado lenguaje o conjunto de reglas que han ido apareciendo y perfeccionándose a lo largo de los tiempos. Esas reglas permiten escribir en un papel la música, pero no crearla, inventarla, en un proceso que, ese sí, es absolutamente libre. O dicho de otra manera: difícilmente un compositor puede entregar al mundo la música que idea si no sabe escribirla, y difícilmente avanzará en su proceso de creación si no está en posesión de los elementos técnicos necesarios para dejarla escrita. Esto es lo esencial, y lo que es necesario comprender. La historia de la música la protagonizan sus creadores, y sus vidas están plagadas de hechos, de errores y aciertos, de frustraciones de todo tipo. Y también de anécdotas, en el fondo hechos irrelevantes frente al auténtico dolor de parto que conlleva la creación: que si Brahms se paseaba por los bosques con un trozo de madera donde estaban marcadas las teclas del piano para, así, poder practicar (alguien ha dejado escrita la tontería de que fue así cómo aprendió a tocar el piano); que si Bach cuando se enfadaba, aquí saco la espada, aquí te pillo; que si Schumann tuvo que dejar de tocar el piano antes de tiempo porque utilizaba un aparato que pendía de una polea para juntar los dedos anular y meñique y así poder tocar como Chopin o Liszt; que si Wagner escribió su *Holandés errante* inspirándose en una tormenta que vivió junto a su mujer y su perro en un barquito que transportaba guisantes, y en el que se escondieron huyendo de los acreedores; que si Haydn le puso el nombre de *Milagro* a una de sus sinfonías, porque el día del estreno se cayó la lámpara central y no mató a nadie; que si Rossini leía las partituras de abajo a arriba y de derecha a izquierda, para demostrar que era mejor que nadie en lectura rápida de música; que si Paganini tocaba con la caña de una escoba en vez de con un arco; que si Brahms se gastó los ahorros de un año para poder pagar una entrada para escuchar al demoníaco Paganini... Bien, la intrahistoria a veces nos hace sonreír, pero sin duda es mejor tratar de comprender lo sustantivo. Hablaremos ahora de los elementos básicos hasta llegar a la obra terminada.

Una vez definido el material a utilizar, los instrumentos y (o) la voz, o ambas cosas simultáneamente, el catón de la música marca como primer paso la invención de una sucesión de sonidos distintos, en una especie de dibujo que desarrolla una línea que se puede mantener plana o ascender y descender según el deseo de quien la esté concibiendo: es la melodía, un conjunto de sonidos que se ordenan con el fin de conseguir una especie de unidad que tenga entidad propia. En la música occidental —que es de la que se ocupa este libro y que nada tiene que ver con el resto de las músicas del universo, ni en la forma ni seguramente en el fondo— , esos sonidos tienen un patrón: la sucesión de siete sonidos llamados notas (do, re, mi, fa, sol, la, si) que tienen una frecuencia concreta. Una escala es la sucesión de esos sonidos, que puede empezar en la nota que se quiera y en la dirección que se quiera. No hay así una sola nota Do o Re, etc., porque a partir del Si comienza otra vez la serie. Al intervalo entre una nota y la siguiente del mismo nombre se le llama octava, es decir, un intervalo de ocho grados o definiciones de frecuencias básicas. (De la misma manera habrá cuartas, terceras, quintas). Pero las escalas crecen al añadir o restar entre nota y nota (cuya distancia es de un tono), medios tonos: sostenidos (#) si suman y bemoles (b) si restan. Muchas veces escucharemos la palabra cromatismo: hace referencia al uso de esas notas intermedias, frente al diatonismo de la escala sin modificaciones. Servidor tuvo un profesor de música que decía a sus alumnos que los cromatismos se notaban porque «eran como la música mora». Poco ortodoxa, pero muy expresiva explicación. Como ya hemos visto, las notas de una melodía se escriben en un dibujo de cinco líneas paralelas llamado pentagrama, un lugar que no va a perder en ningún momento su protagonismo, pues sobre él va a acabar siendo escrito todo lo que es necesario añadir a partir de ahora para llegar a una música totalmente indicada, totalmente escrita y, por consiguiente, traducible a sonido. El lugar que se le asigna a cada nota en un pentagrama viene definido por un dibujo que se sitúa al principio, llamado clave. Por ejemplo, en la clave más frecuente, la de Sol, la nota Sol se escribirá siempre en la segunda línea, y a partir de ahí crecerán escalas hacia arriba y decrecerán hacia abajo. Cuando al avanzar éstas se acaben las cinco líneas (y los correspondientes espacios intermedios, que también son funcionales para poner notas), se añaden las llamadas líneas adicionales, que se dibujan sólo donde está situada la nota, por encima o por debajo del pentagrama.

Ésta es la primera manera de operar para iniciar la escritura musical, pero es evidente que para definir cada sonido de la melodía no es suficiente, pues hasta aquí sólo se han discriminado las frecuencias sonoras (las alturas sonoras, las notas). ¿Si añadiéramos la intensidad del sonido (que suene más o menos fuerte) y su timbre (que sea una voz u otro instrumento el que lo encarne) habríamos completado nuestra necesidad de definir del todo esa melodía? Pues no, claro, porque esas indicaciones sólo conseguirían poner nombre al sonido, pero no a su desarrollo. Es decir, al tiempo que cada sonido ha de durar. Por eso existen las figuras, que son, otra vez, dibujos que se asignan a una duración patrón y todas las que se pueden deducir de ella aplicando una aritmética tan sencilla como dividir por mitades: redonda, blanca, negra, corchea, semicorchea, fusa y semifusa. Cada una ha de durar el doble de la siguiente, con lo cual cada una equivale temporalmente a la mitad de la anterior. La creación de melodías encierra uno de los grandes misterios de la música. Porque con sólo unos pocos sonidos, con unas pocas notas, hay compositores que han hecho maravillas. Por ejemplo, los primeros compases del vals *El bello Danubio azul*, de Johann Strauss.

Prácticamente con unas pocas y sencillas notas Johann Strauss construye una de las melodías más sublimes nunca inventadas.

Con unas pocas figuras se consigue algo maravilloso. Se cuenta que Brahms le escribió a Strauss esta melodía en una servilleta (otros dicen que en el abanico de su tercera esposa, Adele) y le dijo: «Lamentablemente esto no lo he escrito yo». (Circula en YouTube un vídeo en el que se puede escuchar esta melodía con la marca en cada nota).

Veamos qué tenemos hasta ahora.

Si miráramos un pentagrama, de cada sonido conoceríamos ya qué altura tiene (notas, por su ubicación en cada línea o espacio entre líneas), expresadas en figuras (cuánto van a durar). Y quién lo tiene que tocar (arriba del todo dirá: violín, flauta...). Pero no sabríamos todavía cuánto de fuerte ha de sonar cada sonido en cada pasaje, integrado por varios de ellos. Para resolver esta cuestión están las indicaciones de matiz, que se expresan con palabras italianas y las letras *p* y *f*. *Molto pianissimo* (con la mayor suavidad): p p p. *Pianissimo* (muy suave): p p. *Piano* (suave): p. *Mezzopiano* (medio suave): mp. *Mezzoforte* (medio fuerte): mf. *Forte* (fuerte): f. *Fortissimo* (muy fuerte): f f. *Molto fortissimo* (con la mayor fuerza): f f f. Éste es un tipo de indicación que, como el timbre de un sonido, posee una importante carga subjetiva a la hora de interpretar las intensidades de cada nota o grupo de notas; parece claro que va a ser objeto de mucha controversia al hacer valoraciones porque cada uno tendrá una idea diferente de qué significan estas indicaciones. Ha habido compositores, incluso, que no se han conformado con esta nomenclatura y han llegado a escribir notas en *p p p p*, o *f f f f*. La distancia dinámica o simplemente Dinámica en un pasaje es la distancia que hay entre el sonido más débil y el más fuerte.

Caricatura de Gustave Doré del compositor francés Hector Berlioz. Éste tuvo fama de derramar *efes* sobre sus partituras; aquí se le ve dirigiendo a un nutrido coro.
ACREDITACIÓN: BIBLIOTECA NACIONAL DE PARÍS.

Berlioz, Wagner, Brahms o Verdi, por citar algunos ejemplos vistosos, manejaron las indicaciones dinámicas con profusa generosidad. El primero tuvo fama de atronador, y circularon por París cientos de caricaturas suyas dirigiendo enormes orquestas con instrumentos de descomunal tamaño. Verdi, en su *Misa de réquiem* extrae las trompetas fuera del escenario, creando un grandioso efecto *fin del mundo*. Wagner hace entrar a los dioses en su morada, al final de *El oro del Rin,* al son de una marcha que requiere doblar la orquesta de metal. El estruendo es máximo. Brahms, por el contrario, comienza su cuarta sinfonía como si los sonidos surgieran como una prolongación del silencio. Las indicaciones de intensidad sonora dan mucha vistosidad a todo.

EL RITMO

Nos vamos aproximando al mínimo de factores que es necesario controlar para escribir música. Llegamos así a un concepto que es vital, porque es la verdadera alma de la música: el ritmo. Tenemos ya sonidos de los que sabemos cómo van a sonar, si lo harán débilmente o con fuerza, y si serán cortos o largos. Pero ¿en qué orden, con qué tipo de secuencias, solos o agrupados mediante duraciones distintas, con qué tipo de medida en la agrupación, etc.? El ritmo supone la manera en que se ordenan los sonidos. Este orden se materializa mediante el compás, que es una unidad en la que se define la medida para los sonidos que entran en ella. Pura aritmética, que ofrece un sinfín de combinaciones y que es otra de las bases fundamentales de la escritura musical.

VELOCIDAD. TEMPO. AGÓGICA

Y ya al borde de lo que se puede y debe de hacer para que una melodía sea funcional, nos faltaría todavía algo: la calificación de la velocidad. Porque los sonidos ya ordenados y con todas las condiciones puestas hasta aquí pueden sonar con mayor o menor rapidez o lentitud. Nuevamente un listado de palabras en italiano definen la velocidad, el tempo: *Adagio* (lento),

Andante (velocidad moderada, de paseo), *Allegro* (rápido)... y una larga lista de combinaciones de adjetivos que subjetivizan todavía más el asunto. Por ejemplo: *Molto adagio e con espressione, Adagio ma non troppo e molto cantabile, Allegro appassionato,* etc. Parece ésta una cuestión baladí, pero no lo es en absoluto. El intérprete tiene aquí mucho que decir al valorar estas palabras. Un ejemplo: dos pianistas famosos tocan la Sonata número 29 de Beethoven. Llegan al movimiento lento, que está marcado como *Adagio sostenuto.* Al primero le dura 21´52"; al segundo, 13´ 25". Como se verá, la palabra *Adagio* puede significar cualquier cosa según quien interprete su significado. Esto no sucedió en conciertos ocasionales y en vivo; está grabado en discos. Y estos señores tienen nombre, se llaman, respectivamente, Daniel Barenboim y Friedrich Gulda.

Por otro lado está el muy sutil concepto de agógica, que es la variación de velocidad dentro de una misma calificación. Los intérpretes suelen tomar decisiones agógicas que a veces funcionan y otras no. Para entendernos: un director se pone al frente de su orquesta, abre la partitura y se encuentra con que el compositor ha escrito *Andante.* Comienza a dirigir, y pronto se aburre. Imperceptiblemente va conduciendo a sus músicos a una velocidad algo mayor. Al rato, hace lo contrario... Este señor juega con estas suaves modificaciones de la velocidad, no previstas ni escritas en la partitura; juega con la agógica para hacer esas variaciones de tempo. A veces queda bien. Las más, no. El pianista chileno Claudio Arrau nos regaló un Chopin inolvidable. Una de las razones fue la muy laxa agógica que este señor se gastaba: absolutamente embriagadora. Pero hay recursos agógicos de mucha vistosidad que sí están escritos en la partitura. Entre éstos podemos citar un par de ellos de efecto contrario: *rallentando* y *accelerando,* que indican una reducción o un aumento de la velocidad, respectivamente. O el *rubato,* que es una leve aceleración de la velocidad (el tempo) que altera la duración de las notas, produciendo una sensación de inestabilidad muy agradable. O también el llamado calderón, que permite al intérprete prolongar la duración a su criterio. Johann Strauss, el rey del vals; o Chopin, el maravilloso pianista y compositor, usaron el *rubato* con inigualable maestría y abundante generosidad.

SEGUNDOS PASOS: LA ARMONÍA

Hasta ahora el desarrollo musical se ha producido en lectura horizontal. Pero sabemos, porque lo escuchamos continuamente en todo tipo de música, que las notas también se pueden superponer para buscar efectos sonoros más ricos y expresivos, en una lectura vertical. Este hallazgo se empieza a experimentar hacia el siglo XV, alcanzando su apogeo en las centurias siguientes hasta bien entrado el siglo XX. Durante este tiempo se escriben numerosos tratados (de Armonía) en los que se establecen las reglas, condiciones y procedimientos para producir esas superposiciones, llamadas acordes. Por ejemplo, el acorde más sencillo y universal es la llamada triada de Do, que superpone a la nota Do las de un Mi y un Sol. El oído, al escuchar la superposición lo que percibe es la misma nota Do, pero enriquecida, como con más cuerpo (ver en el capítulo de ópera el final de *San Francisco de Asís,* de Messiaen: un acorde de Do en toda la orquesta: un haz de luz auténticamente cegadora). Es imposible sustraerse a esas reglas en la música occidental, o por mejor decir, hasta que se produce la ruptura con el sistema para establecer otro basado en presupuestos diferentes y que comienza a darse en la segunda década del siglo XX. Sin embargo este paso de *música de la armonía de los tonos* a música atonal (mal agrupada con el nombre genérico de *música contemporánea*) es progresivo; comienza mucho antes; quizá en algunas experiencias protagonizadas por músicos como Liszt, Wagner, Debussy, o incluso el último Beethoven. Sea como fuere, sucede un poco lo mismo con el paso de la pintura figurativa a la abstracción, que no se produce bruscamente: ya en el último Goya se percibe la ausencia de trazo, en favor de la mancha; o en los paisajes de Turner, o, si se quiere, en alguno de los retratos de madurez de Velázquez.

MONODÍA Y POLIFONÍA

Es ocioso referirse al concepto de progresión en la historia del arte. En todas las materias nos encontramos con lo mismo, una lucha a brazo partido del artista con el sistema imperante para *colar* las nuevas ideas, las nuevas formas, las nuevas maneras, los nuevos estilos. Una sucesión melódica pura es la base de la música que se pudo escuchar desde la caída del Imperio romano hasta más o menos el siglo X. Estamos hablando de la típica música monódica del Canto Gregoriano, en todas sus facetas y escuelas. Esta sencilla y muy interiorista música cantada se pudo escuchar durante mucho tiempo antes de que sus protagonistas tuvieran medios para escribirla con propiedad. En realidad el Gregoriano es el primer ejemplo de la historia de música semiimprovisada. Porque el sistema de notación que usaban para escribirla se basaba en signos que sólo se referían a las alturas de los sonidos. Estos signos, llamados neumas, sólo servían como una especie de guía para no perderse en el canto.

Las primeras notaciones musicales eran como guías genéricas que solo indicaban las alturas sonoras.

Los sistemas modernos de notación musical, que hemos explicado hasta aquí en muy pocas palabras, empezaron a funcionar en el siglo XI y fueron perfeccionándose muy lentamente. Sin embargo, la música avanzaba, los experimentos continuaron, aun sin la técnica suficiente para escribir los resultados. No es de extrañar. Novecientos años más tarde, había más música en la cabeza de Beethoven que la que se podía tocar en el piano que tenía en su estudio de Viena: esperó a que el propio instrumento avanzara para poder escribirla. Pero volviendo a nuestro relato, fueron (otra vez, como antes los aguerridos monjes de los monasterios) ciertos sacerdotes los que dieron con una nueva fórmula, sin saber que estaban inventando algo que sus colegas músicos usarían de todas las maneras posibles durante los diez siglos siguientes: la polifonía, que como su propio nombre indica consiste en algo tan sencillo como doblar la melodía principal con otra melodía, que al sonar junto a la anterior dé un resultado admisible para el oído. Para entendernos, sumar a la primera melodía (primera voz) otra, escuchada simultáneamente. Entre esos maestros, que trabajaron en la catedral de Notre Dame de París, destacaron Leonin y Perotin. Los procedimientos polifónicos pronto se complicaron, pues la idea no parecía tener fin. Thomas Tallis escribió en 1573 un motete polifónico llamado *Spem in alium*. A cuarenta voces.

HOMOFONÍA

El desarrollo instrumental, como ya hemos dicho muy rápido desde el siglo XVI, abrió otra manera de operar, partiendo de la melodía y las leyes armónicas de los sonidos multiplicados. Nació la melodía con acompañamiento, que supuso otra manera de *vestirla*, añadiendo un acompañamiento a la voz melódica principal. De esta idea surge casi toda la música desde el Barroco en adelante. Piénsese, por ejemplo, en cualquier canción con acompañamiento de instrumentos. O en las arias de ópera, esos pequeños monólogos melódicos que tanto apasionan a los aficionados al género.

Oído y cabeza

Capítulo 3.
Apreciación musical

LEER MÚSICA

La creación musical tiene muchas caras, y diferentes. Pero al final, como ya hemos visto, la obra acabada queda plasmada sobre un papel lleno de pentagramas, con las notas y un montón de anotaciones e indicaciones de diferente tipo, que tienen que ver con el valor que han de tener esas notas, en lo que se refiere a su organización y situación, tanto absoluta como relativa, en parámetros externos: el orden de las mismas, su duración, el volumen a que han de sonar, la manera en que se superponen, la velocidad a la que tienen que surgir, etc. Se comprenderá fácilmente después de haber leído esas líneas que estudiar todo esto para poder escuchar una música no tiene nada de divertido o estimulante. Podríamos decir que la obra acabada es todo eso, a lo que se le llama partitura, pero se hace necesario matizar: ¿es música lo que sólo está escrito en una partitura, aunque la minuciosidad, el detalle y la definición general sean más que suficientes? Y más: ¿aunque al autor le sea suficiente? La respuesta a la primera pregunta es no. Y a la segunda, también no. La lectura de una partitura encierra una dimensión única, que sólo pueden abarcar aquellos que posean un conocimiento muy avanzado del lenguaje musical, que no es el caso del lector al cual va dirigido este libro. Pero aun haciendo uso de esa técnica, de esos conocimientos, el asunto no pasará de una lectura. Para que se pueda hablar de música en sentido estricto será necesario un elemento, consustancial a ella, indispensable, que no es otro que el resultado sonoro, la traducción a sonido del contenido de esa partitura. La partitura es indispensable, pues sin ella no existiría la obra; pero siéndolo todo, no es suficiente. Y ni siquiera para el propio creador: Beethoven escribió buena parte de su música sin poder escucharla por la sordera que le atacó desde joven, pero es necesario alejarse de la vieja y romántica historieta de que a él le daba igual, porque la música la tenía en la cabeza. Es falso; sabemos muy bien que sufrió mucho por no poder escuchar de verdad los sonidos de esas obras.

OÍR MÚSICA

Entramos así de lleno al principal problema que tiene la escucha musical, y que al mismo tiempo supone su maravillosa unicidad frente al disfrute de otras artes. No hay música alguna que pueda ser escuchada con garantía de que lo que llegue a nuestros oídos sea lo que quiso el compositor que llegara a nuestros oídos. Y menos a nuestros corazones. Porque entre los contenidos escritos de la partitura y los sonidos que nos lleguen a nosotros siempre habrá una especie de zona intermedia ocupada en exclusiva por alguien que es absolutamente ajeno al compositor que escribió esa música: el ejecutante, es decir, el pianista, el violinista, el cantante, el director de orquesta, etc. Y esta cuestión no ha ido sino complicándose más a través de los tiempos, pues hace doscientos o trescientos años las clases acomodadas tenían la suficiente formación musical para practicar la música, y así disfrutarla directamente, cosa que, obviamente y por razones de puro progreso tecnológico, aunque también sociales, cada vez ha ido sucediendo menos. Si hoy queremos escuchar música, recurrimos a un traductor, es decir, a un señor que convierta lo que está escrito en la partitura en sonidos. Parece que eso es lo que se hace normalmente en una sala de conciertos. ¿O no?

ESCUCHAR MÚSICA

Pues tampoco. Oír no es lo mismo que escuchar. No; es todavía insuficiente, e incluso malsano, conformarse con esa traducción. Es indispensable añadir una carga subjetiva a la traducción, porque así lo está ordenando la propia naturaleza de los desarrollos musicales. Y es una orden clara: cuando en una partitura se lea, por ejemplo, *rápido,* el traductor (intérprete) deberá decidir cuánto de rápido para él es ese *rápido.* Cuando se lea *deprisa*, el encargado de la transmisión deberá tomar una decisión difícil: ¿qué es exactamente deprisa?, etc. etc. Estas interpretaciones relativas de los principales parámetros que maneja el compositor añaden un valor subjetivo a la partitura que la convierte en algo más que lo que nos dejó escrito el autor. Naturalmente el conflicto está servido desde el primer momento, y acabará siendo a tres bandas: el compositor, el ejecutante convertido ya en intérprete y el receptor. Porque la obra puede quedar muy dañada bajo una ejecución incorrecta, por falta de técnica o por un exceso o defecto de subjetividad; pero también puede no gustar a quien va dirigida esa traducción (interpretación), o sea, el consumidor, que vea esos, a su juicio, *efectos* añadidos como auténticos defectos, como una traición a lo que, según él, el *opinador*/intérprete pueda creer que es el espíritu original de la obra. Se produce así una suerte de gran mercado persa en el campo de la interpretación musical; un enorme y caótico mercado en el que venden su producto los artistas-intérpretes bajo la atenta mirada de los críticos, que son los encargados de postular a unos u otros, explicando quiénes son buenos, quiénes malos y quiénes regulares. Y como el mercado maneja bastante dinero, los que mueven los hilos están encantados de que los susodichos críticos se pasen la vida lanzando exabruptos o cubriendo de gasas, según el caso. Tenemos que huir de todo eso si queremos amar de verdad la música.

EL RECEPTOR

Escuchar música, hemos dicho; hay que preguntarse qué es eso, cómo se hace, por qué se hace... Y no son preguntas retóricas, porque hasta anteayer la escucha musical fue un accidente en la vida de la gente. Se hacían cosas acompañadas por música, pero el aspecto volitivo del acto de la escucha se acababa sin que la música hubiera entrado de verdad en el paquete; como mera excusa para que el asunto en cuestión tuviera lugar: se escuchaba música en la calle, pero lo importante era lo que decían los que la cantaban; se escuchaba música en los estadios, pero era la competición deportiva la que marcaba el paso; se escuchaba música en las fiestas, pero tan sólo para amenizarlas; por supuesto, se escuchaba (donde más) música en los templos, pero para orar, es decir, con un fin no propiamente musical. Así que, como otras muchas actividades protagonizadas por el ser humano, el escuchar música por el solo hecho de querer escuchar música y nada más es una especie de logro, y de alguna manara una victoria de sus principales protagonistas. Obviamente, las dos principales causas por las que esto llegó a suceder son la una de orden intelectual y la otra de índole comercial.

Llevando el asunto al extremo, podemos decir que hasta el siglo XVI no encontramos los primeros planteamientos claramente conducentes a la independización de la música. Y de forma no demasiado explícita. Hasta esa época el desarrollo de los instrumentos es muy precario, y la mayor parte de la gran música se escribe para el culto religioso. Y aunque la música profana empieza a abrirse paso en los grandes centros culturales de las cortes, la recepción de la música sigue siendo primaria. Hay un fondo musical impresionante proveniente de las grandes catedrales e iglesias europeas, pero a la postre los únicos que verdaderamente lo entienden son los propios autores; para el receptor, sólo se trata de que la loa a Dios sea más grande. La verdadera escucha tal y como la podemos entender desde hoy la empiezan a protagonizar los ilustrados, porque, ni más ni menos, quieren comprender lo que escuchan, saber lo que escuchan y, a su modo, disfrutar de lo que escuchan. Durante la Ilustración se produce el primer gran avance formal en los procedimientos y las fórmulas para escribir la música, pero no sólo por deseo expreso de los compositores, de sus propias necesidades creativas, sino por la demanda de una escucha que conduzca a algún resultado tangible. En los grabados de la época es frecuente ver a los oyentes mirando a los intérpretes con los ojos muy abiertos y un grado extremo de concentración; nada de las ensoñaciones a que será sometido un siglo después el consumidor de música del Romanticismo; ya se ha interiorizado el acto. Hay, pues, en esta época una escucha activa y si no de corte intelectual, sí muy juguetona. Como veremos más adelante, aquí está la razón por la que las hoy más celebradas formas musicales se inventan a partir de los siglos XVII y XVIII.

TRES PREGUNTAS: POR QUÉ, PARA QUÉ Y CÓMO

Si a un consumidor de música popular urbana le hiciéramos estas preguntas, seguramente nos mandaría a freír espárragos. Qué necesidad hay de dar respuesta a preguntas tan complicadas: escucho música porque me gusta, porque me acompaña, porque me da marcha al cuerpo, etc., desde luego respuestas que tienen que ver más con el ocio y el entretenimiento que con la cultura, entendida ésta como una forma de dar un mejor uso a nuestras neuronas para llegar a un entendimiento de las creaciones más complejas y elaboradas. Es decir, de las cosas que la parte fantasiosa del individuo ha ido esparciendo a lo largo de su existencia. En el caso que nos está ocupando en este libro, de la creación musical.

Así que si un potencial consumidor de música clásica decidiera pasarse al bando activo, al de los *escuchadores*, tarde o temprano habría de hacerse esas preguntas. ¿Por qué escuchar música? La respuesta sería la misma si la pregunta se hubiera referido al conocimiento del arte en general, de la matemática, de la filosofía o cualquier otra ciencia de la naturaleza o la sociedad. Hay que escuchar música porque la creación musical es parte de la historia del conocimiento en general, y por ello parte de uno mismo, si uno mismo considera que es algo más que un trozo de carne con pelo. La música nos habla más y mejor de la historia del hombre que cualquier otro documento o papel escrito, políticamente o no, sobre sus cuitas y problemas. La sinfonía *Heroica* de Beethoven dice más que todos los papeles que uno pueda consultar acerca de la Revolución francesa; un vals de Johann Strauss, mucho más que un tratado sobre las costumbres de la sociedad en la Viena del siglo XIX.

Hay que escuchar música, la música del pasado y de nuestro presente, porque música fuimos, somos y seremos nosotros mismos.

¿Para qué escuchar música? Pues hay que hacerlo por la misma razón que para formarnos como seres pensantes necesitamos otras herramientas similares e igualmente adecuadas para el desarrollo de nuestras potencialidades más determinantes: la inteligencia, la memoria, la capacidad de abstraer, el cálculo y la lectura rápidos, la capacidad de sintetizar, el análisis, la observación, la intuición, el razonamiento lógico, la concentración, etc. avanzan, se desarrollan y se potencian en el ADN humano porque se estudian cosas como el lenguaje, la matemática o las ciencias sociales, pero también el arte, la literatura y la música. Lo que raramente se admite, y menos se fundamenta, es que la música juega un papel primordial en la adquisición de esas potencialidades básicas, además de, directamente, en el desarrollo de la inteligencia, la lógica, la concentración y el orden mental. Para nosotros, un plan de estudios generalizado que estuviera basado en la enseñanza de las técnicas musicales haría avanzar a la humanidad en menos tiempo de lo que se podría pensar.

La tercera pregunta es la más difícil de contestar. ¿Cómo hay que escuchar la música? En este libro se invita a practicar los diferentes *cómos*, pero hay algunos que es necesario resaltar. En primer lugar, hay que hacerlo en silencio. ¿Una obviedad? Seguramente no; no hay más que echar una ojeada a nuestro alrededor para comprobar que una sociedad tan básicamente escandalosa como la nuestra presenta una permanente incapacidad para escuchar al de enfrente en silencio. Si el de enfrente es, además, sonido puro, la imposibilidad se hace insalvable. En segundo lugar, la escucha es un acto de soledad. Aunque se esté rodeado de mucha gente, como ocurre en un concierto. Lo que convierte al concierto —o en general a la escucha— de música clásica en un acto radicalmente opuesto al que tiene lugar en un concierto de música urbana, en donde el objetivo, de tan comunitario, es meterse en una especie de griterío general sin el cual no se produce lo más importante: la intercomunicación de los oyentes. En la Clásica eso no es posible. El grado de concentración necesario exige la soledad mental. Y se hace necesario practicarlo, pues nuestras costumbres más cotidianas nos dirigen hacia circunstancias en las que el silencio, o sencillamente la escucha de los sonidos que nos rodean, incluidas demasiadas veces las palabras de nuestros interlocutores, se convierten en logros más que en un hecho normal. Y en tercer lugar, la escucha ha de ser activa. Esto quiere decir que no se trata de escuchar a la romántica, en estado de ensoñación sentimental, sino tratando de comprender qué está sucediendo en el proceso que relata la obra escuchada. Una escucha activa es una escucha crítica, e inteligente en la medida que el intelecto ha de jugar un papel de primer orden. Se podrían hacer más consideraciones, pero el *cómo* integral no existe. Porque cada música —cada buena música, no la fabricada en serie— es diferente, y atiende a necesidades distintas. Lo comprobaremos sobre ellas mismas en los próximos capítulos.

Parte II:
La tierra

Los protagonistas del negocio

Capítulo 4.
La farándula de la Clásica

Pero toquemos tierra. Con las herramientas tratadas hasta aquí, y las reflexiones que pudieran derivarse, quizá merezca la pena un descenso a terrenos más prácticos. A los que han sido ocupados (en ocasiones con K) por los protagonistas directos del negocio musical a través de los tiempos; no los compositores, por los que el aficionado no lo suficientemente bien alertado puede llegar a sentir una necrofílica admiración, tan incondicional como a veces excesiva: hay muchísima música francamente mala que sin embargo es reconocida como una especie de *summum* inalcanzable (lo contrario es más infrecuente, pero también). No; no hablaremos ahora de los creadores, sino de los encargados de hacernos llegar esas creaciones; o por mejor decir, de todas las partes que de alguna manera intervienen en el proceso necesario para que nos llegue la música, aun las que lo hagan de forma tangencial, y que se agrupan en una especie de farándula cultural las más de las veces admirable y en otras ocasiones rozando lo hortera. A saber: instrumentistas, cantantes, directores de orquesta, directores de escena, directores de teatros, empresarios musicales, las mismas salas de concierto y sus directores… y, cómo no, los críticos.

LOS INSTRUMENTISTAS

Este apartado, como otros parecidos que irán apareciendo a continuación, podría reducirse a una corta definición y unas parcas palabras. Porque bien visto, un instrumentista es tan sólo un señor que produce sonidos con un instrumento, y poco más. Sin embargo, en las manos, o los labios (bien nos gustaría decir en sus cabezas) de estos individuos recae la mayor parte de la responsabilidad de algo a lo que ya nos hemos referido anteriormente: la interpretación musical, es decir, la conversión a sonido del complejo entramado que hay escrito en una partitura.

Podríamos decir que, en principio, son tres los estratos sobre los que un ejecutante-intérprete debe moverse simultáneamente: la técnica específica que ha de aplicar para la práctica en el instrumento concreto de que se trate, su personalidad sonora y su capacidad para dar un sentido y una lógica al discurso que el compositor estableció en su obra.

Los aspectos técnicos se estudian, se preparan, y hay todo un entrenamiento —que suele ser muy duro— para conseguir los objetivos deseados. Pero las preguntas a hacerse son otras. Por ejemplo, por qué un individuo con una inmensa capacidad de trabajo y sacrificio puede tardar años para conseguir poner, pongo por caso, los dedos correctamente sobre las teclas de un piano, y de pronto aparece por ahí un niño de seis años capaz de tocar sin equivocarse una pieza de media hora. La respuesta es seguramente que las cuestiones técnicas en la práctica instrumental no son de índole física (habilidad, destreza, etc.) sino musical, que quiere decir mental. Los papás de los presuntos futuros geniecillos no suelen tener noticias sobe esto y continúan enviando a sus hijitos a los conservatorios para que al cabo de pocos años se conviertan en unos pequeños frustrados, después de descubrir que lo realmente difícil es hacer música y no aporrear o soplar un instrumento, para lo que se tiene que ser músico y no otra cosa. No decimos que un instrumentista no deba hacer un duro entrenamiento, sino que ha de tener clara la jerarquía: primero la música, después las habilidades. Y puede suceder de todo: se puede tener una gran disposición mental para la música y ser torpe físicamente, y viceversa. En el primer caso estaremos seguramente ante un *pensador* de la música (¿el típico crítico frustrado?); en el segundo, ante un aporreador o soplador o golpeador de encefalograma plano. ¿Dónde está el instrumentista 10?

He aquí la gran tragedia del personaje, un individuo condenado a la práctica continua, al estudio infinito, pero sabiendo de antemano que nada de eso le acabará sirviendo si no ha quedado meridianamente claro que con la técnica, con la habilidad sola, no se va a ninguna parte. Y la tragedia se multiplica cuando el instrumentista comienza a familiarizarse con los diferentes repertorios, con los diferentes autores, al comprobar que cada uno requiere una técnica distinta; que se puede llegar a tocar muy bien la música de un determinado compositor y, sin embargo, no así la de otros, aunque sea de estilo parecido. En ocasiones, parece que la música de un determinado compositor es muy difícil de tocar, y no es así; y puede suceder lo contrario. Dicen, por ejemplo, los pianistas que Beethoven es el más difícil de tocar. Se podría afirmar que es cierto porque, efectivamente, la técnica que requiere es la más compleja aunque no lo parezca, sobre todo en términos comparativos. Y añadiríamos: por su arrebatadora lógica musical.

Todas estas consideraciones (seguiremos con el ejemplo del pianista, para entendernos) nos llevan a hablar de un concepto tan extendido como engañoso: el virtuosismo. Todo el mundo habla de pianistas (el razonamiento podría valer para cualquier otro instrumento) que hacen de sus señas de identidad el virtuosismo. ¿Qué quiere decir interpretación virtuosista? ¿La que está ejecutada sin fallos en las notas emitidas? ¿Una interpretación brillante en la que todo suena mucho y todo va muy rápido y se escuchan —en teoría— todas las notas escritas en la partitura sin que se produzca ningún fallo? Una suma de falsedades.

La cuestión es distinguir entre ejecución e interpretación. Hay muchos, muchísimos, cada vez más pianistas capaces de dar todas las notas sin cometer un solo error, siguiendo al pie de la letra las indicaciones de tempo, dinámica, agógica, etc. de la partitura. Pero no parece que esto sea especialmente emocionante para nuestros oídos. Hay un falso virtuosismo, consistente en lograr todo esto, que conduce a poco, pero que sin embargo en todas las épocas ha arrasado en las salas de concierto. A nosotros nos parece muy poco interesante, aunque muchas veces nos tengamos que poner en frente de un público frenético que se vuelve loco ante tanto fuego de artificio. Y no es éste un cáncer de los artistas de hoy; siempre ha sucedido: los desmayos, las lipotimias, los ataques de histeria eran la norma cuando Franz

Liszt se sentaba al piano. Es cierto que, hoy, en algunas economías emergentes orientales está surgiendo un movimiento musical que encumbra falsamente a chicos y chicas jóvenes por el hecho de tener dedos prodigiosos. Pero no se ha de generalizar. Este problema ha existido siempre en todas las escuelas pianísticas, hasta en las más serias, como la rusa. El asunto requiere una valoración más individualizada. Es la personalidad del intérprete la que cuenta. Y, como creo que ya hemos dicho, se trata de saber añadir a la ejecución una opinión personal. Esta opinión es la que marca el sello interpretativo. Se podrá pensar que esto es enmendar la plana al compositor. En absoluto.

Nadie como el compositor Gustav Mahler lo ha expresado mejor: «Lo más importante de una partitura es lo que no está escrito». Por algo fue también un extraordinario intérprete como director de orquesta, que abrió un camino absolutamente nuevo: la música se puede hacer mirando al pasado, al presente y al futuro; hay intérpretes que miran hacia atrás, los más, pero sólo unos pocos lo hacen fijándose en lo que todavía no ha sucedido. Un ejemplo. Anton Webern (1883-1945) logró en su música la máxima esencialidad, entre otras cosas porque redujo los tiempos musicales a instantes autónomos de fuerte valor conceptual. Hoy hay más de un intérprete que se atreve a mirar a Webern cuando toca una sonata que Beethoven escribió cien años antes. Lo hace así, concibiendo el todo como una suma de instantes independientes. El efecto es tremendo, es como extraer mil músicas de una sola. Bien; ésta es una manera moderna de hacer música; no está basada en lo que le estaba sucediendo a la música en 1827, porque Beethoven estaba tan por encima de todo eso que pocos lo entendían. La interpretación musical moderna requiere perspectiva histórica, pero no a pasado sino a futuro. Algunos están en esa línea. Pero son pocos.

LOS CANTANTES. CUARTETO VOCAL

Nos decía una vez un amigo cantante: «No sabes la cantidad de gente que anda por ahí, que tiene una voz absolutamente maravillosa y no lo sabe». Él, que ya arrastraba tras sus espaldas una importante carrera, estaba, sin darse cuenta, metiendo el dedo en la llaga; como hace casi todo el mundo, seguramente sin reparar en ello, estaba pensando en la voz como algo parecido o asimilable a lo que es un cantante. Lo hacemos todos; todos nos equivocamos. Porque la voz, una buena o mala voz, es un accidente más en el físico de una persona. Como el ser alto o bajito. La voz surge por la vibración de dos cuerdas vocales, que todos tenemos, como tenemos dos ojos o dos piernas. Las podemos utilizar mejor o peor; las podemos trabajar más o menos; las podemos cuidar mucho o nada. Pero están ahí, y pueden rendir más o menos, para emitir sonidos con más o menos facilidad. Pero el solo hecho de tenerlas no significa que podamos llegar a ser un cantante, es decir, un individuo (a) que sepa todo lo que hay que saber y tenga todo lo que hay que tener para cantar (naturalmente en el sentido profesional del verbo; en la ducha todo es posible).

De manera que el primer factor para valorar a un cantante es observar su voz, es decir, la calidad natural de su voz, algo con lo que se nace pero que es sólo un punto de partida, y bien alejado todavía de lo que se puede entender cabalmente como una facultad apta para practicar seriamente el canto. A la voz hay que ir añadiendo cosas. En primer lugar, algo que se estudia, y que es la técnica necesaria para manejarla. Un estudiante de canto debe aprender qué puede hacer con su voz. Y de qué manera ha de manejarla. Y hay que estudiar mucho. Y tener paciencia, cosa que no suele suceder, pues los cantantes tienen prisa. Prisa para todo, pero sobre todo para rentabilizar la voz. Hay casos de fracasos vocales estrepitosos por esa prisa. Y hay voces con unas condiciones increíbles pero malogradas por no haber dado tiempo al tiempo; por no haber estudiado lo suficiente, por no haber adquirido la técnica precisa. Y hay historias de frustraciones soterradas: cantantes con mucho talento, con muchas facultades, con mucho arte, que efectivamente han hecho una carrera muy brillante, pero que, cantando muy bien, han arrastrado defectos vocales durante toda su vida, por pura falta de estudio en su momento. Un caso paradigmático al respecto es el de José Carreras, un tenor de maravillosa línea de canto (pronto veremos qué es eso) pero *corto* de tesitura por falta de preparación.

Lo primero es definir la tesitura (en masculino; sería lo mismo en femenino): ¿qué soy, un tenor, un barítono...? A veces no es una decisión sencilla. El universo canoro está repleto de cantantes que comenzaron su carrera en una tesitura y la tuvieron que cambiar sobre la marcha (Plácido Domingo comenzó de barítono, aunque luego se convirtiera en el tenor más completo de su tiempo). Una vez pasadas esas barreras vienen los pasos más complicados, porque van teniendo que ver cada vez más con la música y menos con la naturaleza. Una voz puede ser estupenda, incluso extraordinaria, y ser parte de la naturaleza de un cuerpo cuya cabeza no ande muy bien amueblada. Para un individuo de tal guisa no estará hecho el canto, por más que su voz sea la mejor de las posibles. Hay ejemplos muy sangrantes al respecto. Esa inteligencia indispensable ha de ser, además, musical, lo que quiere decir que si un señor que tenga una gran voz y una gran técnica vocal no posee la suficiente intuición musical para dibujar una melodía con buenos efectos, con buen gusto, con buen estilo, difícilmente logrará hacer carrera. A esto último lo solemos reconocer como línea de canto. Ha habido grandes cantantes que han poseído una enorme facilidad para dibujar el viento con su voz, aun sin ser grandes técnicos. Un caso auténticamente sorprendente en el terreno de la facilidad para cantar fue el de Luciano Pavarotti, que leía la música con dificultad pero tenía una voz extraordinariamente bella y una facilidad y una intuición para cantar prodigiosas. En las antípodas, por tener una voz mucho menos atractiva, podemos situar al tenor también italiano Carlo Bergonzi, para quien esto escribe un cantante con una línea de canto excelsa, única, y con todo lo que ha de tener un cantante, a excepción de lo que se suele entender como una voz bonita. Tuvo que convivir con otros colegas a los que el público rindió mayor pleitesía, por sus fulgurantes voces, por más que a la hora de cantar de verdad perdieran mucho interés.

Voz, técnica y línea. Muchas cosas. Pocas cosas, si se mira bien. Porque no se canta por cantar; cuando se canta se hace música, y eso son ya palabras mayores. Cuando se canta una obra hay que controlar muchas cosas; tomar muchas decisiones a la hora de escoger opciones que respeten las intenciones de quien ha escrito esa música. En otras palabras: o se es antes músico o no se es cantante, porque cantar es saber hacer música. Pero si un cantante es capaz de alcanzar esos niveles de excelencia musical y canora, todavía con todo eso no podría asegurar garantías claras. El cantante ha de gozar de versatilidad emocional y gran plasticidad conceptual, porque debe entender que sus decisiones interpretativas a veces no van a ser las suyas propias, sino las que le marque el director de la obra en la que interviene. En la mayor parte de los géneros musicales de la Clásica el canto a solo apenas es significativo, con lo que la mayor parte de las veces las decisiones interpretativas del cantante no serán suyas al cien por cien, ya que su trabajo tendrá un acompañamiento, seguramente de un piano o una pequeña agrupación, o de una gran orquesta, etc. De manera que: una voz, una técnica, una línea, un intérprete... Quizá suficiente para una parte de los géneros musicales existentes, con el *lied* (hablaremos de este género en un próximo capítulo) en primera línea. Pero todavía no para uno de ellos, para muchos el más importante y también el más ansiado por los profesionales: la ópera.

El barítono alemán Dietrich Fischer-Dieskau, acompañado al piano por un joven Daniel Barenboim, en una sesión de grabación. Quizá el más grande liederista de la historia. ACRED.: UNIVERSAL MUSIC.

En ópera el cantante debe también ser actor, con lo que su trabajo se complica doblemente, habida cuenta de que tendrá que atender a dos requerimientos solapados, que, aunque teóricamente tengan que dirigirse hacia una idea única, en la práctica pueden atender a intereses divergentes: los del director musical y del director de escena, que en la ópera de hoy en más de una ocasión trabajan sin escucharse el uno al otro. Estamos, en fin, en el estrato más alto del cantante contemporáneo: el cantante-actor, que para la práctica de la ópera es sencillamente indispensable, pero que también lo es, aunque de forma más sutil, para géneros como el ya mencionado del *lied* o la canción en general. Los cantantes-actores proliferan poco, en parte por los vicios que, viniendo de siglos atrás, continúan marcando los gustos del consumidor. Hablamos de las desviaciones del *bel canto.* Canto bello, ¿qué es eso?

Podemos aceptar que lo dicho en los párrafos anteriores al menos no carece de lógica. Podemos aceptar que sólo una bonita voz no es suficiente para afrontar la interpretación de una obra. Sin embargo, el gran público, a la hora de la verdad, lo que adora son las grandes voces, sin mayores consideraciones. Esta afirmación no se asienta en una apreciación sino en un hecho objetivo llamado historia; ésta nos muestra con todo lujo de detalles cómo se creó toda una industria alrededor del *canto bello* (la belleza de la voz como vector principal del canto), que incluyó la creación de una nueva raza pensada para ello. Como sucede con la relación entre el toro bravo y la fiesta nacional, se procedió a crear una raza de individuos pensada en exclusividad para otro tipo de fiesta: larguísimas y tediosas óperas en las que el único objetivo era observar las voces de unos seres especiales llamados *castrados,* que no eran más que lo que su propio nombre indica. Esta raza de héroes de la escena poseían la belleza singular de la voz de un niño, unida a la potencia y la densidad sonora de la voz de un adulto, por la sencilla razón de que al ser castrados a edad temprana interrumpían el proceso hormonal físico, sin cambio de voz. Los *castrados* se convirtieron en los reyes de la escena, y de las finanzas, aunque, como es lógico, de los cientos de miles (sí, ha leído bien) de niños que se sometían a tal noble práctica, sólo algunos llegaban a triunfar. Durante el siglo XVIII ésta fue una práctica extendida, que se prolongó algo en el siglo XIX y menos en el XX, de forma clandestina. De hecho, el último *castrado* conocido estuvo cantando en el coro de la Capilla Sixtina hasta bien entrada la década de los años veinte del siglo pasado. El cantante castrado más famoso y el que más literatura ha proporcionado fue Carlo Broschi, que tomó el nombre de Farinelli como agradecimiento a los hermanos Farina, sus mecenas. Farinelli perteneció a la nobleza, por lo que es plausible la teoría de que fuera castrado por una enfermedad, probablemente contraída tras una caída de caballo.

Carlo Broschi *Farinelli*, el más famoso *castrado* de su tiempo.

Sin embargo, y aunque la castración estaba prohibida, miles de niños de extracción social baja la sufrieron con el objetivo de triunfar en el canto. Toda la música que en su día se escribió para ser cantada por un *castrado* hoy se sigue cantando. Lo hacen voces falsetistas, utilizando una técnica compleja pero efectiva en cuanto a la altura de las notas. Mas no tanto en cuanto al timbre, que no es el real, y que, para muchos, tiene su atractivo pero para otros, menos.

En cualquier caso, la consecuencia más letal para el canto fue que el público fue aceptando progresivamente y con mucha naturalidad que la verdad de la música cantada podía llegar a residir de manera exclusiva en la belleza de la voz y no en los contenidos dramáticos de la cosa cantada. En repetidas ocasiones tendremos que volver a este asunto, sin duda crucial, porque a día de hoy, y aun sin *castrados*, el *bel canto* sigue causando estragos.

Un apunte necesario. Las grandes obras sinfónico-corales, religiosas o no, además de una orquesta y un coro, incluyen en su plantilla un cuarteto de voces solistas para las que el compositor reserva relevantes partes del texto. El cuarteto básico está formado por soprano, mezzosoprano o contralto, tenor y barítono o bajo, pero a veces se reduce a tres, dos o una voz, o aumenta hasta un número indeterminado de solistas vocales. Por ejemplo, Beethoven incluyó un cuarteto de estas características en el cuarto movimiento de su novena sinfonía; Arnold Schoenberg, en sus *Gurrelieder,* amplió el número hasta cinco solistas y un narrador, y, unos años antes, Gustav Mahler había estrenado su octava sinfonía con ocho solistas vocales. A Brahms, por su parte, le bastaron dos voces solistas para su *Réquiem alemán*. Y así podríamos continuar. Observemos, no obstante, que frente a las excepciones, que se pueden contar por decenas, la fórmula más funcional, y la más utilizada, es la del cuarteto vocal, que además incluye las tesituras básicas de un coro.

LOS DIRECTORES DE ORQUESTA

En teoría, los que mandan. Muchos géneros musicales se practican sin director: todos los instrumentales puros, las canciones con acompañamiento, la música de cámara, etc. Pero los grandes (música sinfónica, música religiosa en casi todas las ocasiones, obras corales de gran formato, la ópera, etc.) necesitan de esta especie de mente rectora indispensable para organizar las muchas cosas que suceden en las partituras de este tipo de obras. Circula una especie de mito entre los neófitos, que establece que en realidad el señor que lleva la varita no hace nada, o como mucho se dedica a marcar el compás. Desde luego esto es ya mucho, pero evidentemente el asunto tiene un más largo recorrido. Lo dicho puede parecer una obviedad, pero es necesario recordarlo, por si acaso.

El director de orquesta es quien toma todas las decisiones, quien ha de aunar las voluntades, los deseos y las opiniones individuales de los instrumentistas que integran el grupo orquestal; quien marca las pautas interpretativas, en definitiva. Y es muy difícil, no ya por el supercerebro que se requiere para estar de alguna manera presente en todas las partituras (las llamadas *particellas*) de cada uno de los instrumentistas a la vez, sino por el hecho de tener que poner de acuerdo a todos ellos, al fin y al cabo músicos que tienen sus propias ideas acerca de la música que han de tocar. Contamos de entrada, por consiguiente, con que el director de orquesta ha de tener una fuerte personalidad y una gran capacidad de convencimiento, por no hablar de la autoridad necesaria para poner orden en un resultado final que se conforma sumando tantas voluntades individuales.

Pero estas características no pasan de constituir lo elemental del oficio, lo que se puede aprender en un conservatorio. Si un director cuenta con ellas podrá subir al podio y enfrentarse a sus músicos, pero sólo con la garantía de que el resultado no sea un caos. El alma del verdadero director no está en esos aspectos, técnicos o de puro oficio, sino en su capacidad para ofrecer propuestas interpretativas diferenciadas, únicas y motivadoras; en su capacidad para emitir mensajes. Hablar de ello, tratar de analizar estos asuntos es muy complicado, dada, una vez más, la subjetividad a que están sujetos. Pero hemos de intentarlo.

En realidad ésta es una cuestión ya tratada en el caso de los instrumentistas y cantantes, sólo que aquí el asunto se complica. La interpretación musical viene a ser el último estrato de la conversión de la obra musical en sonido, la última fase de una larga y concienzuda preparación, y, aunque hay muchas y variadas maneras de verla, parece razonable pensar que, al menos, ha de existir; que con sólo ejecutar los sonidos que hay escritos, y de la manera exacta que lo están en los pentagramas, no es suficiente. Hay, sin embargo, directores que defienden una especie de objetividad extrema como el logro a perseguir al traducir las notas a sonidos. Nosotros no estamos de acuerdo; hemos escuchado en nuestra vida demasiadas reproducciones fidedignas, es decir, demasiadas aburridísimas versiones musicales, como para aceptar tal teoría. Pero hay una escuela que la defiende y establece: Igor Stravinsky, o lo que es lo mismo uno de los compositores más importantes del siglo XX, afirmaba que un intérprete sólo puede tocar lo que hay escrito y nada más; que la música no puede contar con ningún añadido expresivo que provenga del intérprete, que la música es sólo sonido, nada más. A nosotros, por el contrario, nos parece que no se trata de añadir nada, sino sencillamente de crear una realidad sonora a partir de aquello que es puramente teórico: el contenido de la partitura. Lo que es imposible hacer de forma objetiva, porque la propia escritura de la música, su lenguaje, tiene un recorrido subjetivo. Otra cosa es poder hablar o no de que hay directores más o menos objetivos, aunque, eso sí, tratando de obtener los suficientes elementos de juicio para no confundir objetividad con tacañería expresiva. Es una cuestión de matiz, que, a la hora de hacer valoraciones, sólo puede tener una respuesta individual: la que sea capaz cada uno de darse a sí mismo después de la escucha.

En la historia de la dirección orquestal ha habido y hay de todo, pero sobre todo ha estado y está plagada de extremos. Por un lado, de funcionarios de la dirección, de pretendidos directores que sólo reproducen sin aportar mucho más. Y por otro de heterodoxos, iconoclastas con un puntito *friqui* (¿recuerdan a Leopold Stokowski en la película de Disney, *Fantasía*?), que inventan e inventan para ser diferentes. Como todo en la existencia del individuo, el término medio es el que mejores resultados da. No hay que ser superobjetivos, pero tampoco estar inventando la pólvora a cada instante. Téngase en cuenta que, al fin y al cabo, el trabajo del director consiste en organizar parámetros sencillos: cómo de fuerte o débil ha de sonar todo en cada fase, y dentro de cada indicación de intensidad, cómo se puede variar (reparto general dinámico a lo largo de la obra); cuánto de rápido se ha de ir, e, igualmente, dentro del parámetro cuáles han de ser (o no) las variaciones; que tipo de intensidad expresiva ha de exigir a cada uno de sus músicos o grupo de músicos; cómo se han de cantar las melodías para alejar el resultado de rigideces indeseables y, por el contrario, conseguir una elasticidad (o plasticidad, según las necesidades) que conforme un discurso maleable; cómo acentuar las notas, cómo gestionar los silencios, etc., etc. Y algo muy sutil pero que es importantísimo: saber obtener el sonido orquestal de cada compositor. Parece algo extraterrestre, pero no lo es. Cada autor tiene su impronta sonora, que obtiene de la personal mezcla que ensaya con el o los grupos de instrumentos que escoge para cada pasaje de su obra. Beethoven ha de sonar a Beethoven, y Brahms a Brahms, lo que es menos frecuente de lo que pudiera pensarse. Naturalmente la calidad y maleabilidad de la orquesta que toque es importante, pero no lo es todo. Es el director quien ha de sentar magisterio en esto.

En fin, cosas aparentemente sencillas, que sin embargo deben ser explicadas desde unidades de medida subjetivas, desde métricas no absolutas. Cosas sencillas que a lo mejor no lo son tanto. Decididamente un trabajo que parece ser siempre el mismo, pero que no se hace siempre de la misma forma. La objetividad pura, por otro lado, conduciría a la muerte del oficio. Porque, ¿para qué entonces la profesión, si una música ha de sonar siempre igual? Si durante medio siglo ha habido una industria poderosísima llamada disco ha sido porque se podía grabar mil veces la *Quinta sinfonía* de Beethoven cambiando el director, con la absoluta seguridad de que cada vez el consumidor pudiera comprar su disco con una *Quinta sinfonía* de Beethoven distinta. Les contaré una anécdota.

Una vez, era yo estudiante, escuché una cosa increíble: un compañero, tras la escucha en disco de la *Sinfonía núm. 40* de Mozart, dirigida por no recuerdo qué director, espetó: «me ha encantado, ahora me gustaría escucharla por Mozart». Tras su supina ignorancia había un fondo profundamente reflexivo: si hay un señor que ha escrito una música, quién mejor que él para interpretarla. Ha habido grandes compositores que han sido a la vez esplendidos directores (Richard Strauss, Gustav Mahler, Pierre Boulez...), pero de la música de otros. Es raro encontrarnos con compositores que dirijan bien su propia música (en el caso de la demanda de mi amigo, imposible, claro), aun siendo excelentes maestros de la dirección orquestal. No es fácil explicar por qué, pero un primer intento nos llevaría a darnos cuenta de que son oficios distintos, y no necesariamente compatibles. Un compositor escribe y un director lee. Un compositor ha acabado su trabajo justo cuando un director ha de comenzar el suyo. Y no tienen por qué ser el mismo trabajo. De hecho no lo son. Un ejemplo palmario son las grabaciones de sus obras del propio Stravinsky, muy poco interesantes, tirando a vulgares. Las dirigía muy bien un paisano suyo al que no admiraba demasiado, Igor Markevitch, por cierto el creador de la OSRTVE (Orquesta Sinfónica de la Radiotelevisión Española), Manuel Fraga mediante.

En resumen, la dirección orquestal debe verse como otra faceta más de la creación musical. Como lo es también en su caso tocar una obra escrita para un instrumento a solo o la interpretación en un cuarteto de cuerda, como veremos un género de cámara sin director. A nosotros nos gusta utilizar la palabra recreación, aunque para algunos quizá sea un poco irrespetuosa con el verdadero creador, el compositor. Su significado, no obstante, ayuda bastante a comprender un hecho que es exclusivo del arte de la música: sin intérprete (sin recreador) la música se convierte en un arte pasivo, en una propuesta teórica puramente matemática. Por ello, referirse a ella como la obra maestra de la aritmética (como hicimos en el primer capítulo) es quedarse a mitad de camino. Un último ejemplo: un cuadro tiene colores y formas invariables; son los que observamos, y un experto nos los puede explicar. Una música queda modificada en sus formas y colores por mor de que el intérprete sea uno u otro. ¿Podrá el experto explicárnosla habida cuenta de que cada vez el resultado sonoro será distinto?

LAS ORQUESTAS

Son el instrumento del director de orquesta. Pero las hay tan buenas, tan perfectas, que sin director lo harían mejor. Permítasenos la *boutade*.

Se adivina ya desde el principio el problema. A veces el ego de una orquesta se puede llevar todo por delante. Y a veces el mal funcionamiento de una orquesta, también. Cualquier cosa puede pasar con una orquesta, sea mejor o peor, o sea mejor o peor el director que se suba al podio a dirigirla. Porque el problema sigue siendo que aunar tantas voluntades para ponerlas al servicio de una idea ajena, doblemente ajena, pues ahora a la idea del compositor hay que añadir la del director-intérprete, es como escalar una gran montaña. A no ser, claro, que a nadie, ni a los músicos de la orquesta ni al director, le preocupen estas cosas y se dediquen a tocar lo que hay escrito en la partitura, y punto. Les contaré una historia. Lorin Maazel, fallecido hace poco, ha sido uno de los directores de orquesta más celebrados —y con razón— del siglo XX. La Orquesta Filarmónica de Viena... qué les voy a decir... la mejor de las mejores. Pues bien, uno de los conciertos más escandalosos a los que hemos asistido en nuestra vida fue protagonizado por ambos, tocando *Bolero,* de Ravel. Maazel anduvo absolutamente dormido, y los instrumentistas de la Filarmónica no dieron una. Fue terrible. Diez años más tarde, en la misma sala, escuchamos a un Maazel ya terminal —con una orquesta de calidad teórica inferior— la más grandiosa e irrepetible *Sinfonía alpina* de Richard Strauss que uno pudiera imaginar. En esto de la música clásica, puede pasar cualquier cosa.

Por todo ello, hay una parte en el proceso de interpretación de una obra con orquesta (una obra sinfónica) que es crucial: los ensayos. Es en los ensayos donde a los músicos de la orquesta el director les debe comunicar lo que quiere conseguir en cada pasaje de la obra. Una orquesta puede ser buenísima y fallar estrepitosamente por el hecho de no haberse producido esa comunicación. Y al contario: estamos hartos de escuchar a orquestas mediocres (las más, seguramente) resultados brillantes por el hecho de estar bien dirigidas. Y sí, ha habido, hay y habrá conciertos en los que al juntarse una orquesta de primer orden con un director de verdad, el éxtasis ha sido, es y será total. Son las menos veces. Sucede de tarde en tarde. Pero en ese momento, los cielos pueden caerse. Hoy en día, el circuito de orquestas es de una calidad técnica extrema, aunque a más de una se le olvide muchas veces que o técnica y alma musical se unen en una misma cosa o mejor enviar al espectador a casa a ver vídeos de fuegos artificiales chinos.

LOS DIRECTORES DE ESCENA

Desde principios del siglo XVII, ya en pleno crepúsculo renacentista, un nuevo arte musical avanza con paso firme y mano de hierro. La ópera, un género del que se hablará en un siguiente capítulo en detalle, es una especie de síntesis entre diversas áreas canoras y dramáticas, con lo que se necesita añadir a la mente rectora de la parte musical (el director de foso) otra en la parte escénica. Durante sus inicios se dio mucha importancia a la escena, pero fundamentalmente en su parte más ornamental y decorativa. Hubo de pasar mucho tiempo hasta que, bien entrado el siglo XX, se considerara que el espacio escénico de una ópera es parte determinante del todo en su interpretación dramática; que de la misma manera que el director musical tenía autoridad para hacer sus propias cábalas acerca de la parte musical, y que los cantantes estaban en su derecho de convertir el escenario en un gallinero de gorgoritos diversos y exhibicionismos vocales varios, había una parte del pastel al que nadie le había hecho caso: el trabajo del director de escena. Y ahí comenzó un nuevo lío.

La historia de la interpretación operística en el siglo XX vino marcada, primero, por una época en la que la hegemonía del espectáculo estuvo en manos de los cantantes. Ellos manejaban el cotarro sin piedad, en nombre del sacrosanto arte del canto, sólo posible a unos pocos fenómenos, los famosos divos, una especie cuyas normas en su comportamiento escénico dejaban bastante que desear, gracias a un público tan entregado como ignorante. Pero en un momento determinado el pulso de esta pequeña guerra entre partes cambió, recayendo la responsabilidad en los directores musicales. En parte debido a determinadas figuras que trascendieron el campo de la interpretación musical para protagonizar auténticas crónicas sociales: fue muy reconfortante disfrutar de las estupendas versiones musicales del salzburgués Herbert von Karajan, pero el precio a pagar fue significativo: tuvimos que soportar absurdas campañas publicitarias de su casa de discos, la todopoderosa (entonces) Deutsche Grammophon, y verle montado encima de yates, avionetas y demás aristocráticos medios de transporte, disfrazado con trajes marineros o uniformes de piloto. Al final de su vida, cuando ya ni podía tenerse de pie en el podio, este hombre, director de orquesta inmenso, nos hizo sus mejores regalos: sus discos con versiones de *El caballero de la rosa,* de Richard Strauss; *Parsifal,* de Wagner, o, sin ir más lejos, la mejor versión del Concierto de Año Nuevo desde Viena de todos los tiempos, la entrega correspondiente al uno de enero de 1987: maravillosa y controladamente arrebatadora.

Pero casi una década antes ya había sido destronado de su pedestal de director de ópera divo, profeta en su tierra, porque a un intelectual, director de teatro y, más tarde, neuropsicólogo llamado Jonathan Miller se le había ocurrido la peregrina idea de transformar la historia del viejo bufón Rigoletto de la ópera de Verdi, transfiriendo la acción a la Pequeña Italia neoyorquina de los años 50. Su estreno en la English National Opera en 1982 fue un escándalo. Pero un escándalo para unos y un hallazgo para otros. Acababa de nacer la figura del director de escena como referente operístico para un futuro en el que había que sustituir la dictadura de cantantes y directores musicales por la del director de escena. Hasta hoy, y en las más variopintas formas.

La cuestión que suscita la polémica, que sigue siendo permanente y que para algunos debe ser bien alimentada porque es el verdadero motor del espectáculo hoy por hoy, es el hecho de que se ha convertido en normal (por frecuente) que el director de escena no solo realice una desubicación temporal de los acontecimientos marcados en el libreto de la ópera en cuestión, sino que, poniéndose de espaldas al contenido de los textos de la obra, mute intenciones, cambie personajes, añada objetos, etc. Y más: eso, tan frecuente en los montajes teatrales modernos, añadido a una manera de operar al menos discutible, consistente en crear escénicamente, con la ayuda inestimable del diseñador del espacio escénico, una historia paralela a la que cuenta el compositor y su libretista. Naturalmente, no hay valores absolutos que permitan condenar estas propuestas de manera generalizada, pero el problema es que, por alguna razón desde luego analizable, una gran parte de esas propuestas son verdaderos fracasos. Hay lugares o países en los que estas especies de modernas deconstrucciones sirven al director de escena para realizar paralelismos históricos especialmente sangrantes. Un caso paradigmático es el de las puestas de escena modernas en los teatros de provincias alemanes, en las que, repetidamente, se trasladan las historias a la Alemania nazi. Sin duda una forma como otra cualquiera de autopurga. Por no hablar de los montajes en las óperas de Wagner, como todo el mundo sabe paradigma del nacionalsocialismo. Para los promotores de este tipo de propuestas, en fin, éstas no deberían de ocasionar mayores dificultades o polémicas, habida cuenta de la tremenda evolución que ha sufrido la música escénica, y la escena en general, en los últimos tiempos. Es decir, como todos somos ya muy modernos, no hay problema, todo vale. Una vez se le preguntó a un director de escena por qué había decidido que el personaje de Don Giovanni en su puesta en escena de la ópera de Mozart del mismo nombre hiciera su aparición en escena montado en una Harley Davidson. Y con sabia elocuencia contestó: «¿Y por qué no?». Pensamos que el arte como forma de expresión es libre. Pero habría que exigir a los artistas ciertas elementales comprensiones. Porque está bien que un director de escena cambie todo el contenido de una ópera; que introduzca elementos teatrales incomprensibles o gratuitos, que desarrolle una obra superpuesta a la obra original, pero no lo está que el espectador necesite un manual de instrucciones o, lo que es peor, que en su comprensible ignorancia llegue a creer que lo que está viendo es el contenido original de la obra. Por los muchos euros que ha pagado por su entrada, al menos merece que alguien le explique que está observando dos cosas a la vez, la obra original y la reinterpretación.

Como siempre y como en todo, hay directores de escena que hacen propuestas modernas y desubicadas que tienen sentido. No es la regla, pero parece importar poco.

Escena de la ópera *Carmen,* de Bizet. ¿La historia de una gitana rodeada de bandoleros? Parecería que no, pero la dirección de escena de Calixto Bieito es de una excelente teatralidad e impecable respeto al fondo de la historia. ACRED.: TEATRO REAL/JAVIER DEL REAL.

LOS DIRECTORES DE LOS TEATROS DE ÓPERA

Es ésta una figura que tiene una especial relevancia para explicar los logros y las contradicciones de los modernos teatros de ópera. Su responsabilidad es máxima, y por ello los resultados últimos del éxito o fracaso de las representaciones operísticas dependen en gran medida de su trabajo. El director del teatro (a cuyo sustantivo se le suele añadir la palabra artístico) tiene la potestad de elegir —a veces apoyado por algún tipo de comité o patronato— los títulos que se van a representar en cada temporada; los cantantes que van a intervenir y los dos directores de cada título, el musical y el de escena. Su poder, y la responsabilidad, son máximos. Incluidos los económicos, pues es de su incumbencia que el gasto producido en las contrataciones de todos ellos no supere, al menos, la cifra del presupuesto inicial, cuya elaboración se realiza sumando los probables ingresos por ocupación de butacas (las ventas), los ingresos por esponsorización de empresas privadas y la posible subvención estatal, en el caso de casi todos los teatros europeos, no así en los de EE.UU. Pero todas éstas no dejan de ser responsabilidades corrientes.

El verdadero meollo del asunto está en los porqués de tal o cual programación, o de la elección de tal o cual artista. Y, sobre todo, en la elección de los directores de escena, sin duda los personajes más polémicos del conjunto.

Escoger ésta o esta otra ópera es un problema. Porque si bien el público tiene una tendencia natural a reclamar títulos convencionales, el director del teatro —a veces llamado también intendente— debe ser capaz de proponer títulos que renueven el parque operístico, pensando un poco en el futuro del espectáculo, condenado a morir sin títulos nuevos, es decir, sin encargos y sin una decidida apuesta por llevar a la escena títulos más modernos y audaces. Se produce así un claro desequilibrio entre los deseos —a veces no proclamados— de los espectadores, que quieren *traviatas* frente a obras nuevas u óperas de traza más actual, y las obligaciones del director del teatro para conseguir la pervivencia de un espectáculo al que no es fácil llevar a los jóvenes. El resultado es que el gremio de directores de teatros de ópera queda ante los ojos del aficionado medio dividido en dos grandes grupos: los tradicionales y los progresistas, una división, se comprenderá, muy superficial y engañosa, pero que funciona bien entre los profanos: el señor tal programa óperas modernas; el señor cual, clásicas. Las consecuencias de estas artificiales divisiones es una polémica continua que los críticos alimentan y que, según los expertos, ayudan a que el espectáculo operístico permanezca vivo. A nosotros, en cambio, nos parece estéril. Y tramposa.

Otro tanto se podría decir de la elección de los directores de escena y sus correspondientes ayudantes en el diseño del espacio escénico. Ya hemos hablado antes de este asunto. Quedaría añadir ahora sólo una cosa. La responsabilidad de la elección y contratación de esta figura de la ópera es exclusiva del director del teatro, pero es que, además, se firma el contrato sin saberse, obviamente, cuál va a ser el resultado final, y a veces ni siquiera los detalles definitorios de la producción, por aquello de la salvaguarda de la libertad de creación del artista. Bien, los riesgos son evidentes, dado el grado de divismo que han alcanzado hoy en día los directores de escena, auténticos protagonistas de lujo de la ópera actual. Y una anécdota que no lo es tanto:

como las producciones son muchas veces coproducciones (lo cual es estupendo, porque se trata de grandes inversiones), los teatros que coproducen no compiten para ser los primeros en mostrar el nuevo montaje: ante la duda del fiasco, que el posible *marrón* se lo coma el que primero lo muestre.

Las otras responsabilidades, la de elegir los cantantes y los directores musicales, son también comprometidas, pero bastante menos polémicas. Aquí los peligros son más subjetivos, pues dependen de la calidad del contratado, no siempre contrastable, pues la garganta de un cantante o el entusiasmo de un director musical son bastante imprevisibles. Normalmente sus contratos se realizan a través de agencias de artistas, cuyo trabajo puede ser irreprochable o discutible, según se deje el que contrata, que también puede reclamar su parte del pastel. Cuenta Augusto Valera Cases que Jessye Norman llegó a cobrar diez millones de las antiguas pesetas por su actuación en un recital en Barcelona, y que Mirella Freni, por dieiséis funciones en el Teatro del Liceu, recibió sesenta y cuatro. Sin contar con los honorarios de su marido, otros tantos millones, al que ella impuso en el reparto. Son cotilleos, desde luego, que en el fondo al público no le interesan nada, pero cuya manía de mitificar a sus ídolos provocan dislates de esa guisa, pues los directores de los teatros se sienten presionados para agradar; al fin y al cabo son deudores de los compradores de las entradas, que desde luego compran con muchas más ganas cuanto más famosos sean los cantantes y el director musical. En fin, puro comercio; nada que ver con la alta nobleza del bello arte musical. Afortunadamente, cada vez sucede menos, pero ha sido corriente que la elección de un título se haya debido a la presencia de un (a) divo (a), aun sin tener ni idea de lo que les tocara cantar. Una famosa cantante española aceptó cantar la Isolda (de *Tristán e Isolda,* de Wagner) en un teatro también español, y tuvo que andar por la escena de un lado para otro escondiendo la partitura, que no se sabía. Claro que peor fue su estilo wagneriano y su preclara tendencia a abrir la boca sin decir nada. Esta vez, por tratarse de un hecho especialmente ridículo, no daré los nombres del (contratante) y la (contratada).

SALAS Y TEATROS

Son los lugares donde se hace la música. La idea que tenemos hoy de la sala de conciertos o del teatro de ópera como lugar exclusivo para interpretar la música es bastante moderna. La música se escuchó primero en la calle y en las iglesias, para pasar luego a las salas de los palacios y los castillos, antes de que su consumo alcanzara al gran público, que abarrotó los recintos, tanto abiertos al aire libre como cerrados, cuando apareció la figura del empresario, que explotó las salas con ánimo de lucro. El gran *boom* se produjo en el siglo XVIII con los teatros de ópera y salas de concierto ingleses. Así, por ejemplo, Franz Josep Haydn estrenó muchas de sus sinfonías en los salones Hannover, de Londres, entre 1791 y 1795. Una década antes se había podido escuchar conciertos en la gran sala de la Gewandhaus, de Leipzig y en la sala grande del Conservatorio de París. Durante los siglos XIX y XX proliferaron los auditorios en las grandes ciudades del mundo, y hoy cada capital de provincia de cada país occidental presume de tener su propio auditorio, cuando no su teatro de ópera. Las condiciones técnicas para la construcción de un auditorio se han multiplicado por cien en nuestra época, con a veces resultados muy espectaculares, aun teniendo en ocasiones que salvar egos de arquitectos de falsa carga mediática, más preocupados por las fachadas que por la acústica de la sala.

Es necesario referirse a esto, porque músicas que nacieron para ser escuchadas en iglesias o en pequeños recintos de recónditos palacios de invierno, hoy se escuchan en auditorios, lo que conduce, particularmente en las obras religiosas de formato pequeño o en las piezas de cámara para pocos instrumentos, a una deformación de su naturaleza. Esto nos lleva a otra polémica, esta vez entre intérpretes, aficionados y críticos, que para unos es absolutamente artificial y para otros una manera de fundamentar lo que para ellos es indiscutible: que cada música debe interpretarse con los medios para los que fue pensada y en el lugar que se eligió en el momento de ser creada. Nosotros no queremos eludir la discusión, pero sí enfocarla de manera más amplia, porque no pensamos que una obra musical sea una creación cerrada. En primer lugar, por la propia naturaleza de la música, un arte cuya materialización finaliza en el mismo momento que es interpretada, por lo que es imposible que siempre sea la misma en cada repetición, como ya hemos dicho más de una vez. No hay arte más efímero que la música, pues aunque el fundamento teórico de la obra en cuestión se conserve en la partitura escrita, su transformación en auténtica música, es decir en música sonada, dará en cada ocasión un resultado distinto. Y en segundo lugar, a veces los compositores no contaban con los medios instrumentales o vocales que necesitaban, ni mucho menos con un recinto de sonoridad adecuada para ubicar su composición con las garantías acústicas suficientes. La propia historia de la música, el paso del tiempo, ha ido modelando las composiciones, por lo que al menos también es discutible que una música hecha en lugares con mejor acústica que los originales o medios más modernos no añada valor. En el caso de los teatros de ópera esta cuestión se multiplica, y sin duda muchos compositores del pasado estarían encantados de que sus creaciones pudieran ser interpretadas bajo las condiciones técnicas de un teatro moderno.

Interior de la Ópera de Dresde. El teatro, hoy reconstruido, fue convertido en escombros durante la Gran Guerra europea.

LOS EMPRESARIOS

Ésta es una figura en el proceso de la que no se suele hablar mucho. Nosotros tampoco vamos a detenernos demasiado en ella, pero nos parece que, al menos por la abismal diferencia que hay entre unos y otros, es necesario recordar que existen.

La cultura musical acumulada por un aficionado que asiste regularmente a conciertos de música clásica depende casi al cien por cien de las decisiones que toman dos tipos de responsables, en función de la naturaleza de la oferta, pública o privada. Los poderes públicos nombran a personas —no propiamente empresarios, aunque actúen como tales— que realizan las programaciones en instituciones que reciben subvenciones para que puedan dirigirse a un público no dispuesto a pagar una entrada que tenga el valor exacto de la parte proporcional de lo que ha costado contratar al artista de turno (más el beneficio de la parte contratante, obviamente), sino una cantidad ostensiblemente menor. En todos los países de Europa se escucha música bajo ese paraguas. Pero igualmente hay una oferta privada muy importante, que funciona como su propio nombre indica, ateniéndose a las leyes del mercado, con estricto ánimo de lucro. No hay más. Pero el hecho puede generar tensiones.

El problema surge cuando, en vez de hablar de música, de mercado, de negocio y cosas parecidas, se cae en la tentación de hacer una valoración de la cultura como servicio público en exclusiva, bajo la mojigata opinión de que todos tenemos derecho a su consumo y disfrute, y por eso es el Estado quien debe subvencionarla. Ese planteamiento, que puede tener peligrosas derivadas políticas, se convierte en arma de doble filo porque, casualmente, suele suceder que los mejores artistas del circuito (orquestas, directores, pianistas, cantantes, etc.) las más de las veces prefieren trabajar desde el ámbito privado (casi siempre más rentable para ellos), con lo que el consumidor avezado sabe que si quiere disfrutar de tal o cual orquesta o solista de renombre tiene que rascarse el bolsillo. Bueno, de la misma manera que una entrada para una eliminatoria de un partido de *Champions* no cuesta lo mismo que la necesaria para asistir a un partido de liga entre dos equipos de provincias. Pero en estas circunstancias, sin embargo, hay que decir que no todo es oro lo que reluce. Hay empresarios privados desastrosos, que sólo trabajan para obtener beneficios fáciles engañando a la gente (que por desgracia no sabe discernir), y otros con brillantes y difíciles y sacrificadas trayectorias, que realizan una labor de divulgación musical de primer orden. De la misma manera, son legión los especialistas en programar absurdamente con dinero público, pagando unas cantidades de escándalo a figuras irrelevantes, mientras que otros baten sus cobres a diario para que todo cueste lo menos posible bajo un estándar de calidad más que suficiente. En nuestro país no es difícil encontrar algún ejemplo de empresario musical privado y encargado público (o empresario público, si se quiere) absolutamente modélicos, y muchísimos que no hacen sino marear la perdiz de ciertos intereses espurios, por decirlo de manera suave y educada. Habría que recordar al respecto algunas cosas, aun en tiempos de bonanza económica: lo que cobró Plácido Domingo por dirigir el Teatro de la Maestranza, de Sevilla, en tiempos de la EXPO; o los sueldos de ciertos cantantes en eventos pretendidamente multitudinarios (Alfredo Kraus, por uno de esos recitales de bises a que nos tenía acostumbrados, o el mismo Pavarotti, cuando actuó en Gijón), o lo que en su día le pagaron a Franz Paul Decker para encargarse de la Orquesta Ciudad de Barcelona...

Por supuesto, las políticas de los unos y los otros a veces chirrían cuando tienen que construir las programaciones. El compromiso se repite siempre igual: el público es reacio a lo nuevo, prefiere escuchar la misma composición por enésima vez a hacer el esfuerzo de tener que enfrentarse a algo nuevo. Las últimas estadísticas nos dicen que sólo un treinta y tantos por ciento de.los compositores existentes se programan en los conciertos. Bien; nada nuevo bajo el sol.

LOS DISCOS

La industria discográfica ha tenido un singular desarrollo en Europa en las últimas décadas, aproximadamente desde los inicios de la de los 50 del siglo pasado; ha evolucionado desde una posición muy sólida en un mercado que funcionaba con fundamento, tanto comercial como artístico, hasta la actual irrelevancia, producto a partes iguales de sus propios vicios y del nacimiento y (mal) desarrollo de la Red. Pero hay más problemas en este tan abrupto cambio que no resisten un análisis sencillo por su variedad y complejidad; tanto que algunos de ellos tienen que ver con la propia naturaleza de la música misma: nuevamente hay que recordar que cuando escuchamos música lo que estamos haciendo es adentrarnos en un mundo de opiniones y deseos compartidos entre el compositor y su intérprete. De manera que la primera pregunta a hacerse sería: cuando se elige un disco y se compra, ¿qué se está buscando, poder escuchar una composición o una versión de esa composición? ¿O las dos cosas al mismo tiempo? La respuesta a la primera opción es plausible: el consumidor va a la tienda porque desea un disco en el que esté grabada, ponemos por caso, la *Sexta sinfonía* de Shostakovich, porque desea poner ese disco en su reproductor para escucharla. Ya está. Pero todo el mundo sabe que eso no es así, especialmente la industria del disco, para la que, de acabar el asunto en eso, sus esfuerzos inversores no merecerían la pena. No; todo el mundo en la Clásica sabe que cuando se habla de discos, fundamentalmente se está haciendo referencia a las diferentes versiones de una misma obra llevadas al disco en diferentes interpretaciones. Y los sellos discográficos no sólo saben esto también, sino que son (han sido, más bien. Hoy la industria está muerta) auténticos expertos en explotarlo.

Parece que el argumento para poner en el mercado quinientas versiones de la misma pieza no puede ser más honesto: usted, así, podrá elegir la versión que más le guste. O la de su artista favorito. O la que su crítico de mayor confianza le indique. Como fácilmente se podrá apreciar, hay truco; el consumidor no lo tiene fácil, ya que los efectos colaterales de esa aparente elección libre y soberana pueden ser devastadores.

La industria discográfica se ha movido durante mucho tiempo como un monstruo de varias cabezas. Una noble, formativa, informativa, al servicio de un tipo de aficionado al que se le supone la capacidad suficiente para discernir. Y otra no tan noble, de carga comercial pura y dura: vender más y más discos, y a precios que durante mucho tiempo han sido más que respetables. Ha llegado así un momento en el que la saturación del mercado ha sido insostenible, y sencillamente ha estallado; o mejor, se ha deshinchado hasta su práctica extinción. Ésta quizá sea la principal razón por la que los discos han desaparecido de las tiendas; y más: de la extinción de las propias tiendas. Pero no toda la responsabilidad es de las compañías de discos. Hay otros actores que también protagonizan esta crisis del disco, ya terminal. Consumidores y críticos también tienen su papel en esta especie de necrológica anunciada.

Portada de la grabación más cara de la historia. Se hizo sabiendo que nunca sería amortizada. Pero seguramente es la mejor versión en disco de *El caballero de la rosa,* de Richard Strauss.

En primer lugar están los aficionados al disco, los coleccionistas, los demandantes, una verdadera raza aparte. La mayor parte de ellos han olvidado qué es en realidad una interpretación musical, es decir, se han olvidado de que una interpretación tiene una vida tan efímera como el tiempo que dura el propio acto de escucharla; de que nunca más podrá escucharse lo mismo, será otra interpretación, y por consiguiente otra música. El discófilo suele hablar con soltura de la versión de tal o cual artista, como si la que ha escuchado en su disco fuera la única de ese mismo artista, cuando la verdad es que es sólo una de las posibles que ese artista puede ofrecer. Hay trampa, pues; y para más confusión hay intérpretes que llevan la misma obra varias veces al disco, vendiendo la idea de que ha cambiado su punto de vista acerca de la obra que interpretan. La casa de discos, feliz. Y sí, puede ser —y de hecho es— que haya algún intérprete que repita y repita grabaciones de la misma composición por razones fundamentadas, pero es también un hecho que estas cosas atienden en las más de las ocasiones a razones coyunturales. La música enlatada es lo que es, y no más: la captación de un instante que no se puede repetir. Instantes que, repetidos en grabaciones diferentes, rara vez aportan nada nuevo, salvo en contadísimas ocasiones. Por ejemplo, el célebre pianista argentino Daniel Barenboim ha grabado cuatro veces el ciclo completo de las sonatas de Beethoven (véase último capítulo). Fue entre 1966 y 1969 (para el sello EMI); entre 1981 y 1984 (para el sello D.G.); entre 1983 y 1984, en una irrepetible filmación de Jean-Pierre Ponnelle, y en 2005 (EMI), otra filmación con clases magistrales incluidas. Todas ellas tienen sentido propio; todas aportan. Una absoluta excepción.

Otro factor a tener en cuenta es que las compañías de discos han operado durante décadas con grabaciones realizadas en estudios, donde la técnica ha prevalecido sobre otras consideraciones. Sobre una toma sonora es posible hacer arreglos o añadidos que pueden llegar a perturbar el resultado final. O a mejorarlo, siempre que el intérprete esté de acuerdo con el productor, que normalmente es quien invita a que se realicen esos pequeños arreglos. Esto no es ni bueno ni malo; simplemente define un estándar del producto final diferente. Que nadie espere que el resultado último en una grabación sea equiparable al producido en un concierto en vivo. Es de una lógica aplastante, pero aun así se siguen vendiendo procedimientos para resolver este *problema.* Por ejemplo, y con el desarrollo de nuevas técnicas de grabación, los registros en vivo, y más todavía, con toma añadida de vídeo, los famosos DVDs o Blu-rays. El argumento es: aquí no hay trampa; se graba lo que se ve, y punto. Pues no, porque lo que se ve (y en el caso de una grabación de una ópera con mayor razón) es lo que el director del vídeo decide que se vea. A veces un primer plano de un artista en pleno éxtasis emocional dice más al gran público que un sesudo análisis crítico.

La hoy superdiva Anna Netrebko hizo su debut en Salzburgo con *La traviata,* de Verdi. Con un solo gesto consiguió ser la Violetta del futuro. ACRED.: UNIVERSAL MUSIC

Hablemos ahora de eso, de los críticos de discos (aunque luego volveremos a ello en un apartado general), otra especie que, aun en extinción, ha jugado su papel en toda esta historia.

En realidad, a la observancia musical, al disfrute de la música, le sucede algo raro. No hay más que quedarse un rato en la puerta de un auditorio al finalizar un concierto y escuchar. Todo el mundo opina acerca de los resultados artísticos como si ser experto en interpretación musical fuera algo corriente. No suele suceder lo mismo a la salida de un cine o de una exposición de pintura. ¿Por qué? Pues porque una mayoría de los consumidores tienen en su casa el disco correspondiente con su versión patrón, que se saben de memoria, y comparan. Eso está bien. Es un buen deporte; es como hacer un crucigrama con trampa, mirando la solución antes de acabarlo. Y mueve el mercado. Y parece obligar al consumidor a una escucha activa. Y, además, es inocuo. Pero en absoluto lo es si quien opera así es el crítico de turno, porque ésta es una profesión de delicada responsabilidad, incompatible con determinadas frivolidades.

Es bastante corriente que los críticos valoren los discos en términos comparativos con otras versiones de otros discos con otros intérpretes de la misma obra. Nosotros mismos lo hemos hecho decenas de veces, por lo que nunca entonaremos los suficientes *mea culpa.* Una manera de operar que es cualquier cosa menos inocua, porque el lector de buena fe que se fíe de tal opinión por comparación puede llegar a creer que, al final, escuchar música no es más que una competición para ver quién es el mejor, quién gana la carrera en una perseguida versión campeona. Otro defecto muy extendido entre los críticos de discos es una especie de alarde consistente en vender la idea de que como la interpretación musical es subjetiva no se puede hacer una valoración del producto que no sea estrictamente personal. Así, para no *mojarse* de verdad con opiniones técnicas, para objetivar, en su lenguaje se repite una cierta terminología que habría de ser desterrada: «ésta versión es muy buena porque me ha gustado mucho», suelen proclamar, como si lo que estuviéramos buscando los que leemos esa crítica es conocer los gustos personales del autor del comentario y no una opinión fundamentada sobre el producto. Y no es inocuo, por añadidura, porque si fuera verdad que hay una versión discográfica única, campeona, irrepetible, la mejor, con comprarse el disco correspondiente bastaría, lo que, entre otras cosas, enfadaría bastante a aquellos que viven de vender discos, incluidos no sólo quienes los graban —los sellos discográficos— sino quienes los protagonizan, los propios intérpretes. Hay muchos críticos de discos, demasiados, que dan esas muestras de pretendida objetividad, cuando lo único que hacen es una descripción (dañina) de su propia e intransferible manera de aproximarse a la música, con el malsano objetivo de que los demás se vean obligados a participar de tal forma de escuchar la música, y no de otra.

Un crítico de discos sólo debería de dar pautas; exponer lo que hay; explicar cómo está hecho el producto criticado, enumerar sus virtudes y defectos técnicos, y, caso de querer hacer alguna valoración que tenga que ver con el gusto propio, o bien adentrarse en valoraciones más subjetivas (por ejemplo, las que tienen que ver con las emociones, la expresividad, etc.), explicar igualmente cuál es ese gusto tomado como referencia. E intentar huir de la inflación de adjetivos, sobre todo de aquellos que definen su propio estado de ánimo tras la escucha, confundiéndolo con el que, pretendidamente, crea el responsable de esa música, no otro que el compositor. Sabemos que esto es muy difícil, pero es lo que hemos de asumir aquellos que nos aventuramos a escribir sobre música: la música tiene su propio lenguaje, y nosotros a lo más que podemos llegar con el nuestro, la palabra, es a un intento honesto de comunicación. Es mucho, pero probablemente insuficiente.

LA RADIO Y LA TELEVISIÓN

En algún país de nuestro entorno las televisiones privadas (y públicas) prestan una buena atención a la música clásica, con consecuencias directas sobre las audiencias no demasiado deseables para los *shares* de turno. Pero lo hacen. En España ni las unas ni las otras se preocupan mínimamente del asunto. La música clásica no existe para nuestras televisiones. Para todas nuestras televisiones. Pero cuando, por equivocación, se programa algún concierto o se retransmite una ópera, o algo parecido, la caída de audiencia es de tal magnitud que los responsables de tal decisión han de esconderse bajo las mesas. A veces se produce un pequeño milagro, y aparece un señor que se inventa un programa con tal cantidad de concesiones a la parte del mismo que nada tiene que ver con la música, que lo hace medio triunfar. Un puro espejismo en medio del desierto. ¿Quién tiene la responsabilidad de tal decrepitud musical en televisión? Pues en el caso de las televisiones privadas, su propia política-basura. En el caso de TVE, el pintoresco organigrama de esta singular empresa pública, desde su propia cabeza hasta el último empleado, cuyos respectivos intereses culturales no pasan precisamente por llenar de contenidos musicales una oferta que, por el hecho de ser pública, debería dejar inmediatamente de competir con la de sus colegas privadas en la loca carrera para comprobar quién es capaz de inventar el programa más bobo, malo y anticultural. Es lo que hemos tenido siempre, tenemos ahora y supongo que seguiremos teniendo siempre.

Y después están las radios. En nuestro país, nuevamente en las privadas, cero. Y Radio Nacional de España cuenta entre su grupo de emisoras con una dedicada en exclusiva a la música clásica. Bien. La idea es de diez. Pero si después las cosas se dejan en manos de gentes que vuelven a aplicar criterios equivocados, basados más en conseguir audiencias que justifiquen su propia existencia, aun siendo pequeña, y no en preocuparse por realizar un servicio auténticamente público, aunque no sea económicamente rentable, pasa lo que pasa. Y lo que pasa es que, salvo honrosas excepciones, cada vez es más difícil encontrar en esa emisora propuestas serias de consumo de música clásica, porque los objetivos que se trazan desde arriba son espurios: parece que para llegar a la gente joven, pongo por caso, hay que rejuvenecer las programaciones. No. Estrategias como éstas suponen una contradicción de base tratándose de la música de que se trata. No. Lo que hay que hacer es enseñar a la gente, y muy particularmente a los jóvenes, a escuchar música, sin trampas ni aditamentos, no inventar nuevas maneras de escuchar la música. Todos tenemos una cabeza y dos orejas. Pongámoslas a trabajar.

LA PRENSA

La prensa generalista es un buen lugar para, a partir de los sabios consejos críticos de sus más brillantes colaboradores, el consumidor de a pie se meta en unos líos fenomenales a la hora de discriminar; a la hora de buscar formación. No debería de ser así, sino más bien al contrario. Pero lo es. Y lo es porque se forma una secuencia perversa consistente en que a mayor implantación e importancia del medio en cuestión, mejor debe ser el crítico que monte allí su púlpito. Las cuestiones de prestigio se escoran así hacia la búsqueda del comentarista que más sepa y que mejor escriba, lo que lleva a dicho comentarista a confundir los términos y, en vez de escribir para gente que busca información y formación, hacerlo para sus *compas*, en general para gente con la que compite y que no necesita ni ser formada ni ser informada. La crítica verdadera se convierte de esta manera en una exhibición de egos de cortísimo alcance pedagógico. Naturalmente hay excepciones, y excepciones muy celebrables, porque hasta en este campo queda gente que no ha perdido la capacidad de ser a la vez inteligente y honrada. Y si además está tocada con la suerte de escribir decentemente, pues mejor. Los (las, menos) hay, sí. Pero pocos (pocas, muchas menos).

Y después están, ahí sí teóricamente con cierto fundamento, las publicaciones especializadas. No sólo en España, sino en otros países de nuestro entorno y salvo alguna excepción, suelen funcionar en pequeñas editoriales, o bien familiares o bien de amiguetes que hacen lo que pueden para sobrevivir. Porque si la prensa generalista ya se las ve y se las desea a la hora de explicar a los accionistas de la empresa las razones por las que hay que gastar papel y otros esfuerzos económicos en algo que no les lleva a vender más periódicos, imaginen la problemática de, por ejemplo, una pequeña revista, incapaz de encontrar algún tipo de ayuda que no sea el apoyo moral de sus escasos lectores. Pero aun así, se empeñan en seguir mostrando músculo intelectual, cuando lo que el medio demanda es algo más sencillo. Caso de que demande algo.

Número 1 de la revista RITMO, que salió a la calle en 1929 y sólo la Guerra Civil logró interrumpir su publicación. En sus más de 900 números está escrita la historia del pasado reciente de la música española.

LOS CRÍTICOS

Ya nos hemos referido a los críticos de discos. Pero ésa es sólo una parte del gremio. De alguna manera, la figura del crítico musical cierra la gran rueda de la música clásica. El primer planteamiento tendría que ser: ¿sirve para algo un crítico musical, en un arte que se desvanece en el tiempo que dura la escucha? ¿Sirve de algo una opinión sobre una realidad creativa que va dejando de existir al mismo tiempo que se produce? Hay un aspecto bajo el que la crítica sí tiene un claro sentido, que es el del análisis de la partitura para emitir un juicio sobre la obra. De alguna manera lo que debería de ser la crítica auténtica. Pero no nos referimos a ésta normalmente cuando hablamos de crítica musical; nos referimos al comentario realizado sobre una interpretación de una obra; no a la valoración estética de la propia composición. Son dos cosas bien distintas; la una fue adorada o vilipendiada a partes iguales durante los últimos trescientos años, pero ya apenas se da; es difícil encontrar críticas de nuevas creaciones, de la misma manera que, al abrir el periódico del día lo frecuente (siendo generosos) es que en alguna de sus páginas se pueda leer la opinión del crítico de turno sobre los resultados de este o aquel concierto.

El escritor Thomas Mann dedicó grandes espacios en sus novelas a sus músicas de cabecera. Sus apreciaciones acerca de la música de Beethoven no tienen precio.

Para nosotros, y ciñéndonos a la crítica de interpretaciones y no de obras, hay dos actuaciones que poco tienen que ver: la que se hace en base al resultado de un concierto y la que se hace sobre el resultado de una grabación discográfica, aspecto este último ya tratado con anterioridad. Ha habido maravillosos críticos de conciertos, pero, casualmente, éstos han sido antes que críticos extraordinarios escritores. Por ejemplo, es una auténtica gozada leer las críticas a conciertos de toda clase escritas por Alejo Carpentier o Gerardo Diego. Y no digamos las múltiples incursiones musicales que hacía Thomas Mann en sus libros.

Desgraciadamente, cuando se separa al escritor del crítico, en busca sólo del segundo, los resultados suelen ser muy decepcionantes. Y en estas coordenadas hay que plantearse el asunto: ¿qué se busca en una crítica? ¿Un escrito de calidad literaria o una referencia que sirva para saber qué ha sucedido en ese concierto, que de alguna manera ilustre sobre las bondades o desgracias del intérprete en cuestión? Lo primero es plausible; lo segundo, una inutilidad, porque se trata de una valoración de algo que ya no existe, que se extinguió. Otra cosa es que la interpretación cuestionada esté conservada, enlatada en un soporte que permita ser de nuevo escuchada. Ahí, como ya hemos visto, la parte práctica puede tener su importancia en cuanto a información, pedagogía y ayuda para el receptor. Caso, naturalmente, de que éste, por alguna razón, esté dispuesto a depositar su confianza en el emisor de la opinión.

Pero todo esto tendría su sentido en un mundo en el que todos fuéramos muy cabales y justos, tanto los que emiten su crítica como los que la consumen. Evidentemente no es así, y más en un territorio tan subjetivamente resbaladizo como es el de la música. De manera que, en la práctica, la crítica suele ser, en el mejor de los casos, sectaria y mediatizada por un montón de factores externos. Si además está mal fundamentada literariamente, puede llegar a convertirse en un auténtico panfleto. Sin duda, al final es el lector (todo el tiempo nos hemos estado refiriendo a la crítica escrita) quien tiene la última palabra. Pero que un lector acabe bendiciendo un trabajó crítico tampoco es garantía de nada.

Durante mucho tiempo el crítico dedicado a hablar de las músicas (no de las interpretaciones) ha gozado de mucho poder. Hoy algunos, y en algunos lugares, lo conservan. Pero la historia nos muestra tantas injusticias, irregularidades, tergiversaciones y malas intenciones espurias por parte de algunos famosísimos críticos, que todavía no hemos dejado de sentir una angustiosa vergüenza ajena todos los que de alguna manera hemos metido las manos en esa tarta. Obras maestras indiscutibles fueron masacradas en sus estrenos por críticos a los que el público veneraba casi más que al propio creador. Un caso especialmente salvaje fue el permanente contencioso que tuvieron abierto el excelso compositor austriaco Anton Bruckner y un crítico situado en un pretendido bando contrario llamado Eduard Hanslick.

Eduard Hanslick. He aquí un gran crítico que ha pasado a la historia por una descomunal metedura de pata: nunca entendió a Bruckner, y lo masacró en sus críticas.

Éste consideraba a Bruckner la antítesis de Brahms, y, a la vez y por consiguiente, un defensor ciego del wagnerismo, una tendencia cuya modernidad atacaba los valores tradicionales (y por eso veraces) de la música de Johannes Brahms.

Independientemente de que esta pequeña guerra existiera o no, tuviera fundamento o no, que no (décadas después lo explicó Arnold Schoenberg con todo lujo de detalles), el resultado de la permanente reyerta intelectual entre el creador Bruckner y el *opinador* Hanslick fue que Bruckner revisó cada obra después de cada crítica negativa que leía de su enemigo feroz. De algunas de sus sinfonías se conservan tres versiones. Hoy se interpretan las obras de Bruckner en sus varias versiones y revisiones, además de las originales, que algunos intérpretes aceptan como las más válidas, a pesar de las opiniones del señor Hanslick. Y así podríamos seguir. ¿Alguien recuerda que sucedió en los estrenos de *La traviata,* de Verdi; o *Madama Butterfly,* de Puccini?

Hay quien piensa que sería mejor que la de los críticos musicales fuese una especie en extinción.

La antesala

Capítulo 5. Clasificación. Géneros

Antes de pasar a hablar de músicas con nombres y apellidos, hemos de tener alguna referencia más para movernos con una mínima fluidez en el intrincado mundo de los géneros, estilos, formas musicales, etc. que la música occidental —y europea, para más señas— ha sido capaz de generar a lo largo de los últimos veinte siglos; es indispensable seguir poniendo un cierto orden en el relato.

El proceso de consolidación formal de la música desde sus inicios ha sido extremadamente lento al principio, y rapidísimo según vamos acercándonos a nuestros días. Y, claro está, refiriéndonos sólo al tronco principal, eso que mal llamamos música clásica, lo que quiere decir ignorar dos cosas: la primera, inabarcable, el desarrollo de la música fuera de Occidente; y la segunda, todo el movimiento popular urbano producido en el siglo XX en esa área, y que ha dado lugar a otro buen montón de músicas (peor llamadas modernas), desde el *blues* y demás movimientos jazzísticos, pasando por la canción en sus múltiples variedades. No vamos a omitir todo esto porque nos parezca omisible, sino porque sería objeto de otro estudio, al menos tan entregado como el que estamos haciendo. Sirva para que quede clara nuestra postura ante todos esos movimientos nuestra total conciencia de que algunos de ellos han producido espectaculares resultados, partiendo de presupuestos estéticos muy relacionados con los de algunas músicas barrocas o románticas. Un solo ejemplo, y vistoso: el grupo británico de rock The Beatles (o por mejor decir los dos señores que patentaron la fórmula Lennon/McCartney) compuso unas cuantas canciones de calidad bastante superior a muchas salidas de la pluma de Franz Schubert, que escribió unas seiscientas, de entre las que las obras maestras se pueden contar por decenas.

No podemos todavía lanzarnos a hablar de las grandes músicas del pasado y presente. Repito: ordenemos. En la historia de la música hay un antes (muy desconocido) y un después (bastante desconocido al principio, muy tratado luego por todo tipo de hagiógrafos) de la caída del Imperio romano y la consolidación de la primera Iglesia cristiana. Pero para este libro nuestra historia no debe detenerse ni en los primeros movimientos musicales ni en lo que está sucediendo en este momento, por su carácter sumamente especializado. No hablaremos, así, de cantos antifonales, de liturgias ambrosianas, de Canto Gregoriano, de los primeros movimientos monódicos en el París del siglo X, de las primeras notaciones musicales, de la vitalidad del *Ars Nova*, de los movimientos juglarescos, de la música de trovadores, etc. Ni siquiera nos detendremos en la música de los grandes polifonistas del XVI, salvo alguna contada excepción. Porque, recordemos, este libro no es una historia de la música; sólo pretende constituirse en una herramienta que llene de contenido práctico (sí, sesgado, subjetivo) un asunto que parece seguir estando pendiente en nuestras escuelas, la escucha de la música. Lo que debe condicionar los repertorios escogidos, aun así, voluminosos. Así que, cuando empecemos a hablar de música de verdad, lo haremos desde Claudio Monteverdi (1567-1643), porque para nuestro entender, a este italiano que vive a caballo entre dos épocas habría que atribuírsele el título de auténtico creador de la música tal y como la entendemos hoy. Pero antes, sigamos ordenando.

Normalmente, en cualquier libro de historia leeríamos que las épocas en que se divide la historia de la música son: Edad Media (hasta el s. XVI), Renacimiento (s. XVI), Barroco (s. XVII y primera mitad del s. XVIII), Clasicismo (segunda mitad del s. XVIII), Romanticismo (s. XIX) y Siglo XX (una amalgama a la que todavía nadie se ha atrevido a poner un nombre). Ni que decir tiene que a nosotros esta, como casi todas, división es, amén de simplista, al menos dudosa cuando se escuchan ciertas músicas situadas temporalmente en esa pretendida ordenación, y más las que marcan el camino hacia el futuro. Pero necesitamos puntos de referencia para poder seguir hablando, para entendernos, y por eso haremos uso de ella, pero tratando siempre de aclarar los matices, que en el fondo son lo más importante al referirnos a la música.

Un asunto de mayor calado sería cómo situar cada música en qué orden estilístico, estético o formal; así como poder familiarizarnos con la existencia de los principales géneros y las formas musicales que mayor incidencia han tenido en su desarrollo. Vamos a ello.

UNA CLASIFICACIÓN POSIBLE

Cada musicólogo, cada estudioso, enfoca esta cuestión casi como un asunto de Estado. Tal es la variedad, el lío. Nosotros vamos a proponer una, no muy ortodoxa, pero que nos sirva para poder entrar luego a las músicas concretas por el camino más lógico y menos gravoso para descubrir los secretos de la escucha. O sea, pensando en quien está fuera de todo este entramado. Nosotros concluimos que toda la música que se ha escrito hasta ahora o bien es música asociada/acompañada por la palabra, o bien es pura abstracción, un ejercicio estético basado en la matemática. Lo que en absoluto quiere decir que esta última, por esa carga intelectual pura, haya de ser una música a la que se le prohíba expresión dramática o incluso sentimiento. Por eso, la primera división que vamos a hacer en los capítulos siguientes será: Música y Palabra y Música sin Texto.

Dentro del primer gran grupo de músicas cuyo significado hay que encontrar en la relación que se establece entre los textos y los sonidos, nos toparíamos con otras dos grandes toberas de salida: la música religiosa y la música profana. No parece necesario explicar con más detalle a qué se refiere esta división, pero sí que, a su vez, cada rama generaría otros tipos: la música religiosa puede ser, a su vez, eclesiástica (para la liturgia: una misa en la Iglesia católica; una cantata en la Iglesia protestante) o no eclesiástica (cualquiera de tema religioso).

Mientras que en el grupo de las músicas profanas se situaría, por poner ejemplos claros, la canción o la ópera.

En realidad hay otras muchas fórmulas o subgéneros que van surgiendo a lo largo de los siglos, pero más que hacer un cuadro sinóptico, a quien esto escribe le parece que es mucho mejor que, si tienen que surgir, lo hagan en su momento, al hablar de determinadas músicas. Un ejemplo: hasta aquí no se ha hablado del concepto de contrapunto, o de la fuga, o incluso del concepto de tonalidad. Lo haremos en el último capítulo, a propósito de las músicas concretas a las que allí nos referiremos.

Claudio Monteverdi. Este excelso compositor protagonizó algo tan sencillo como la transición de la música antigua a la modernidad.

En el segundo grupo general, el de la música pura, se mueve el cien por cien de los géneros instrumentales, cuya característica común no es más que ésa, la abstracción como seña de identidad. Aquí estaría toda la música interpretada por instrumentos a solo, y en grupo (pequeño: toda la música de cámara; o grande: la música sinfónica en sus diferentes formas, por ejemplo).

Pero todavía habría un tercer grupo, difícil de encasillar porque son músicas sin texto, pero que ni son carne ni pescado. Se trata de piezas para las que el compositor reserva una funcionalidad distinta, porque les da nombre, y eso quiere decir algo. Por ejemplo, cuando en el encabezamiento de la *Sexta sinfonía* de Beethoven se lee la palabra *Pastoral*, ¿qué se nos está queriendo decir? O, ¿por qué la *Sexta sinfonía* de Tchaikovsky se llama *Patética*? Y, rizando más el rizo, hay una forma musical, el poema sinfónico, que prescribe que la partitura escrita bajo esta marca genérica describa un acontecimiento o historia literaria. Richard Strauss escribió algunos poemas sinfónicos, como por ejemplo *Las alegres travesuras de Till Eulenspiegel*. Una música con este nombre no parece que haya sido inspirada por un deseo de expresarse en abstracto.

No nos parece útil sistematizar este asunto en estos momentos. En los anteriores párrafos hemos hablado, sin decirlo, de géneros, clases, estilos, y casi nada de formas. Las formas musicales dominan este arte desde Monteverdi en adelante, y hacer una lista sólo de las más importantes nos llevaría otra publicación. Hemos querido dar la anterior clasificación para poder tener un cierto orden en la descripción de las músicas que van a aparecer en las próximas partes del libro, y será entonces cuando sea necesario referirse a formas concretas. Las divisiones y subdivisiones serán las ya indicadas. Damos ahora por cerrada la primera parte del mismo, alertando de algo: lo que resta de él podría ser una historia detallada por épocas, o géneros, o estilos, o tipos, o incluso por compositores. Pero no va a ser así. En realidad no hay un criterio para haber escogido las obras o los compositores de los que se va a hablar, ni para la elección de los espacios que se dedican a cada obra seleccionada, salvo la singularidad de cada música o autor, definida de una manera personal y guiada por la apreciación personal. Es decir, se trata de una elección subjetiva: van a ser las músicas que un servidor se llevaría a una isla desierta, aunque llena de estanterías.

Hay en el conjunto, de todas maneras, diversos órdenes, e incluso una cierta división basada en lo dicho hasta aquí, sin los cuales hubiera sido imposible avanzar. Y aunque las obras en cada capítulo aparecen con criterio cronológico, cuando los géneros cambian se va hacia adelante y hacia atrás sin ningún condicionante. Ejemplo palmario de esta manera de operar será el último capítulo del libro. Como veremos allí, y como ya quedó escrito en la nota de autor inicial, se saltará de Wagner a Beethoven, y de éste a Bach, los tres protagonistas del mismo. ¿Declaración de principios? Totalmente.

Parte III:
Las alturas

Música y palabra

Capítulo 6. Música religiosa

Para un historiador quizá sea difícil definir cuáles son los límites de la creación musical cuando la obra resultante está ligada, o relacionada, o tiene que ver con algún aspecto de tipo religioso. Para un músico, mucho más. No es descubrir nada decir esto; seguramente el mismo o parecido razonamiento se podría hacer al hablar de las artes plásticas, cuando éstas están puestas en relación —de alguna forma— con la religión. Hay, o mejor dicho, hubo, un tiempo, que quizá duró demasiado, en el que la convivencia entre música y religión sobrepasaba con mucho el concepto de relación *inter pares*: la subsidiariedad de la primera hacia la segunda fue total. La pregunta pertinente es si en esos tiempos, es decir, en un mundo en el que la religión marcaba el paso a todo, y por supuesto a la propia evolución del desarrollo de las técnicas de composición musical, auténtico caballo de batalla al respecto, el compositor (aunque ese concepto ni siquiera existiera) llegó a lograr que el mensaje musical sobreviniera en obra de arte —de calidad— por encima del estímulo primitivo, casi siempre un discurso basado en algún tipo de exaltación, adoración, etc. de la figura religiosa. Y es una pregunta de las llamadas del millón, pues atreverse a hablar de mayores calidades en una misa romántica que en otra renacentista, o, a su vez, referirse con mayor admiración hacia las primeras manifestaciones polifónicas que al Canto Gregoriano, o al primer canto antifonal de la primitiva Iglesia cristiana, es de una incorrección política considerable.

Un monje sentado en el coro de una iglesia medieval.
Desde aquí se hacían los rezos, es decir, el canto.

Sucede que seguramente falla también el elemento de juicio: ¿qué significa hablar de calidad? Seguramente habríamos de referirnos más a conceptos estéticos, a la belleza de las notas y sus combinaciones, etc. Lo que, como ya dejé entrever antes, tiene que ver con la elaboración, con la técnica. Las primeras músicas religiosas de nuestra era eran muy sencillas, lo que musicalmente quiere decir en primer lugar que se basaban en el elemento más primario de la música: la melodía. Cualquier pieza moderna, sin embargo, acumula a la melodía tal cantidad de elementos que la probabilidad de obtener resultados más complejos es enorme. Bien es cierto que si complejidad y belleza pueden convivir bien, también puede suceder exactamente lo contrario, con lo que la batalla para el análisis está servida desde el primer momento. Son muchos los factores que intervienen, pues, en las valoraciones, que probablemente no sirvan en sí mismos para concluir en nada si no se parte más que de su análisis individual y no de su ordenamiento y posible jerarquización. Algunos ya han aparecido en estas líneas, pero no son todos, ni determinan nada. Por supuesto, porque son a veces factores no exactamente musicales: sociales (de pura organización o gestión), económicos (hasta en las épocas más boyantes la composición musical siempre estuvo sujeta a una asfixiante penuria) o políticos (¿alguien alberga todavía alguna duda acerca de las consecuencias de los mecenazgos eclesiásticos durante siglos?).

Sea como fuere, el hecho de que la religión (católica y sus derivadas) haya estado presente en el devenir de la música occidental, como sucede en la pintura figurativa y la arquitectura, obliga al estudioso de la estética de este arte a aplicarse a un análisis lo más técnico posible, y a fijarse más en los talentos individuales particulares de quienes se han ido ocupando de la composición, que al fenómeno religioso global que patrocina toda esta creación. En ocasiones, la tensión entre la autoridad ordenante y el productor de la obra creó una violenta dialéctica, al cabo responsable de la evolución misma del arte y de muchas de las creaciones más universales e irrepetibles.

Pero que no se nos vaya la mano. Espero que esté quedando claro que este libro no es un libro de historia, o de estética, y, como ya se ha dicho varias veces: menos, una historia de la música. Su aspiración a sólo servir para ayudar a escuchar la música, necesariamente sólo debe ser posible a partir de la transmisión de elementos muy subjetivos, y sin buscar órdenes cronológicos o explicaciones sistemáticas de las evoluciones. Así, por ejemplo, en este capítulo que vamos a dedicar a la música religiosa hablaremos solo de diez obras (podrían haber sido otras, más, o menos, y diferente música). Recogen unos cuatrocientos cincuenta años de música religiosa y la idea es mostrarlas como una especie de cadena de eslabones de distinta naturaleza, aun con un rasgo troncal común, no otro que el hecho de tener que ver con algún tipo de temática u objetivo religioso. Las más comunes serán piezas para la liturgia, en la práctica aptas o no para una celebración; otras veces no litúrgicas, y a veces adscritas al mundo de lo profano, aun indirectamente. Serán la *Misa del papa Marcello,* de Palestrina, una obra del Renacimiento en el centro de la Reforma; la *Misa en*

Si menor, de Bach, pieza barroca de rara extracción; la *Misa de Réquiem,* de Mozart, o la cumbre de la música religiosa durante el período clásico; la *Missa solemnis,* de Beethoven, de un romanticismo que se escapa a las etiquetas; una obra religiosa singular, el oratorio *Elías,* de Mendelssohn; el *Réquiem alemán, de Brahms,* una especie de otoño bachiano; la *Misa de Réquiem,* de Verdi, o la ópera llevada al altar; la *Octava sinfonía* de Mahler, o cómo el mundo de lo profano se transforma en plegaria; el *Réquiem de guerra,* de Britten, cuyas connotaciones religiosas son trasladadas a un pacifismo que fue sello de la postguerra europea del siglo XX, y una ópera auténtica *rara avis,* escrita igualmente en pleno siglo XX, sin duda la ópera religiosa más importante de la historia del género, en el que desde luego las obras religiosas no son legión: *San Francisco de Asís,* de Olivier Messiaen. Las diferencias estéticas entre ellas son abismales, pero todas nacen de algún tipo de conflicto humano, personal o colectivo, siendo por ello representativas de un fenómeno que puede ir más allá. Escucharlas cabalmente y disfrutar de esa escucha de manera apasionada supone un proceso que necesita tiempo y un notable esfuerzo intelectual. Pero lejos de ser eso un inconveniente, tal prolongado proceso puede llegar a producir una enorme felicidad, un placer susceptible de alcanzar un mayor grado en cada nueva escucha. Merece la pena el intento.

PALESTRINA: *MISA DEL PAPA MARCELLO*

Durante los siglos XV y XVI se desarrolló en la Iglesia católica un movimiento musical de enorme trascendencia estético-musical. Fue en la Europa culta, en Flandes, en Francia, en Italia y en España. A los Gillaume Dufay, Jan van Ockeghem, Jacob Obrecht o Josquin des Prés, que inventaron un estilo musical que dotó a la liturgia oficial de una libertad e imaginación portentosas, amén de unos sorprendentes avances técnicos, siguieron los más grandes autores de polifonía religiosa: Orlando de Lasso, Giovanni Pierluigi da Palestrina o el español Tomás Luis de Victoria, que para muchos estudiosos pasa por ser el compositor más importante —y mejor— de la historia de la música española. Sin olvidar a Thomas Tallis, John Dowland, Cristóbal

Morales, Francisco Guerrero, Juan Vásquez o Antonio de Cabezón. No nos vamos a referir a ninguno de ellos para dar comienzo a este capítulo. Ni siquiera a la adusta y emocionante música de Victoria, sino a una obra que creemos posee un significado conjunto de todo el movimiento musical polifónico de su tiempo más integral. Incluso desde una perspectiva política.

Hans Pfitzner fue un compositor de origen ruso que escribió una ópera llamada precisamente *Palestrina,* que apenas se representa hoy. Es larga, de temática poco actual y musicalmente difícil. Es decir, una obra maestra absolutamente olvidada. Quizá en ello haya podido influir la poca simpatía que provoca la figura de este compositor —extraordinario director de orquesta, igualmente— por el hecho de haber defendido de manera vehemente la causa nazi. Naturalmente no vamos a utilizar ni un solo segundo en buscar posibles relaciones estéticas entre arte y nazismo (objeto de otro libro en sí mismo), y solo diremos ahora que traemos aquí a Pfitzner (1869-1949) porque compuso una ópera a partir de una interesante leyenda, por otro lado muy comprobado ya a día de hoy que el asunto no pasa de eso, de una bonita leyenda que a todos nos gustaría que hubiera sido realidad. *Palestrina* trata de las luchas internas en el Concilio de Trento entre los partidarios de seguir utilizando un determinado tipo de música para las celebraciones litúrgicas y aquellos que querían ver esos modos fuera de la iglesia. El problema era que la técnica compositiva en las músicas que servían de acompañamiento en la misa, a base de grandes y complejas líneas polifónicas, decantaban el resultado hacia aspectos más musicales que propiamente eclesiásticos, olvidándose de alguna manera de los textos, que acababan por no entenderse dentro de la —para los detractores— maraña sonora. La discusión, producida en la vigesimosegunda sesión del concilio, el 17 de septiembre de 1562, tuvo como consecuencia que los cantos fueran depurados, de tal guisa que los textos de la misa quedaran absolutamente inteligibles. Las discusiones, no precisamente amables, duraron dos años, hasta que el papa Pío IV nombró una comisión de cardenales, bajo la presidencia del cardenal Borromeo, para detallar las conclusiones. Fue entonces cuando —según la mencionada leyenda, que da lugar a la ópera de Pfitzner— este cardenal encargó al compositor italiano Giovanni

Pierluigi da Palestrina (1525-1594) que salvara la música para la iglesia con una o varias composiciones que devolvieran la pureza auditiva a los textos. Durante siglos se ha dado por buena la teoría de que Palestrina lo consiguió con una obra dedicada a un papa, la llamada *Missa Papae Marcelli*. El papa Marcello II fue el número 222 de la lista y gobernó la Iglesia durante veintidós días, pues fue nombrado el 9 de abril de 1555, falleciendo de un infarto el 30 de ese mismo mes y año. Una llamativa historia la de esta dedicatoria, pero como suele suceder con estas cosas, al tomar las riendas del asunto los historiadores e investigadores de turno se ha llegado a la conclusión documentada de que es falsa: esta misa fue escrita al menos dos años antes de que Borromeo presidiera la citada comisión de la Reforma. Quizá alimentó la leyenda que el propio Borromeo celebrara una misa ante el papa, en la cual se interpretó la obra, y tras la cual el pontífice, entusiasmado, comparó a Palestrina con el mismísimo san Juan. O también que los compositores jesuitas del siglo XVII, por razones espurias, propagaran la idea hasta el siglo XIX. En fin, otra razón bien plausible para alimentar la *teoría de la salvación, a posteriori*, puede tener que ver con la pérdida de influencia artística de la Iglesia católica de la Contrarreforma frente al avance ciclópeo que supuso Bach y sus secuelas: los protestantes sí triunfaron con el coral, aun sin renunciar, sino todo lo contrario, al contrapunto.

El compositor italiano Giovanni Pierluigi da Palestrina formó con Victoria y Lasso la divina trilogía de la música polifónica renacentista.

Nada de todo esto resta fuerza —y menos en este mundo de la *posverdad*— ni al interés que tiene la ópera de Pfitzner, ni al de la propia obra de Palestrina, cuya escucha es obligada para disfrutar de una espiritualidad que el mundo de los románticos enterró luego, y cuya defunción el hombre de nuestro tiempo ha sido incapaz de revisar con la suficiente justicia. La misa de Palestrina es un auténtico oasis de paz, que no debe escucharse únicamente desde su mensaje religioso. Es una música que, en su polivalente idea acerca de Dios, renuncia a éste como arma y como fuente de conflicto. Ciertamente el cardenal Borromeo (sobrino del papa Pío IV, santificado un cuarto de siglo después de su muerte) estaba en otra cosa al aceptar esta música casi panteísta como salvadora de una música eclesiástica de dudosa modernidad. Es un hecho que a medida que ha avanzado la composición musical, más valor absoluto ha ido adquiriendo en el resultado final el factor estético puro frente a la procedencia de sus mensajes extramusicales. Así, hoy podemos —y quizá debamos— escuchar músicas como éstas olvidándonos por completo de esa subsidiariedad, buscando de alguna manera una pureza espiritual que tiene más que ver con los sentimientos que somos capaces de generar que con su valor religioso. De hecho, la polifonía religiosa renacentista se escucha hoy en día tanto o más en salas de concierto que en las catedrales o las iglesias para las que fue pensada, un asunto éste que genera una importante polémica entre los intérpretes. La *Misa del papa Marcello* recorre una línea musical clara y diáfana, pero tras esa aparente sencillez sonora hay una complicada estructura a seis voces que, si bien renuncia al aspaviento, o a la simple pasión, levanta un fresco sonoro que incita a la reflexión y el pensamiento. Nada que ver con el resto de las obras propuestas en este capítulo.

BACH: *MISA EN SI MENOR*

Frente a tal remanso de paz, frente a tanto sonido transparente, de absoluta cristalinidad; frente al intimismo que exhala la misa de Palestrina, la *Gran Misa Católica*, como la llamó uno de sus hijos, o *Misa en Si menor*, como la conocemos hoy, es parte del testamento último de Johann Sebastian Bach (1685-1750). ¿Por qué decimos *parte de*? Pues porque Bach la entrega al mundo junto a otra creación única, tan determinante como la *Misa,* pero que se encuentra en las antípodas de ésta hasta el extremo de constituir su verdadera antítesis: la exaltación religiosa sin límites de la *Misa* compite con, quizá, el estudio musical más abstracto y de mayor contenido intelectual no ya de todo Bach sino de toda cuanta música se haya escrito hasta este momento: *El arte de la fuga,* colección de piezas que el compositor dejó inacabada, y de la que nos ocuparemos como cierre del libro.

Bach es uno de los compositores sobre los que más se ha escrito. Pero no sobre el que más se sabe. Hay bastantes lagunas en el conocimiento de su vida, pero sobre todo en las motivaciones que tuvo para escribir ciertas partituras y los porqués de sus decisiones para afrontarlas. Aparentemente la vida de Bach es la de un músico muy normal, entendida tal normalidad como la que podía alcanzar un profesional de primera fila en la sociedad protestante alemana a finales del siglo XVII y primera mitad del XVIII: trabajaba a sueldo para la nueva música de la Iglesia luterana, hacía lo que se le mandaba y como se le requería, sin mucho margen para la elección y en unas condiciones laborales que a veces rozaron la explotación, pero guardando en todas las ocasiones suficientes balas en su particular cartuchera para, finalmente, conseguir lo que quería. Siempre se ha dicho que Bach soportó estas presiones porque su fortaleza mental y ética, ambas a prueba de bomba, se lo permitieron. Y no son pocos los estudiosos que afirman que gracias también a sus fuertes convicciones religiosas. Y sí, la parte de la obra de Bach relacionada de una manera u otra con lo religioso irradia una fe y un convencimiento difícilmente atacables, pero su música más abstracta, es decir, la escrita para teclado (órgano o clave) o simplemente su música más especulativa (que está esparcida a lo largo de toda su producción, sea profana o religiosa) parecen producto de un proceso intelectual en el que las creencias sobre el más allá tienen poco protagonismo. Nunca nos encontramos en la música de Bach con esa angustia romántica, esa agonía existencial, tan presentes siempre en las grandes creaciones de la historia del arte, anteriores y posteriores al período romántico, pero sí repetidas preguntas incómodas de complicada respuesta. Y algún e importante período en el que el superprolífico creador calla, hundido en una especie de depresión a la que ningún biógrafo o estudioso del personaje ha sabido dar una explicación. Tras la figura recta y previsible de este hombre hubo un hermetismo que, en su soledad más absoluta, quizá marque el auténtico camino para comprender la grandeza de este autor irrepetible y verdadero guía técnico y espiritual de cuantos compositores le sucedieron.

Johann Sebastian Bach. Probablemente el compositor más importante, interesante y mejor de la historia de la humanidad.

Pero Bach sí deja buenos rastros en algunas de sus obras fundamentales. Uno sobre todo: como suele observar el crítico español Luis Gago, cuando una obra está hecha a trozos, es decir, cuando Bach vuelve a una partitura que ya había cerrado con anterioridad, hay rápidamente que poner la vista en ella, porque seguramente estaremos ante algo verdaderamente grande. Por ejemplo, éste es un buen criterio para analizar el valor de sus músicas cuando éstas son escritas por pura obligación, por pura relación contractual. Así, el caso de sus cantatas religiosas, piezas que, durante continuados períodos, tenía que escribir cada semana para el culto de las iglesias donde estuvo contratado, y en las que, naturalmente, tenía que desarrollar otras actividades, como por ejemplo *desasnar* a sus alumnos a base de pesadísimas clases de latín o solfeo, o enseñar el arte de tocar el órgano. Las cantatas de Bach constituyen uno de los cuerpos musicales más impresionantes y valiosos de todos los tiempos. Abordar su escucha es un trabajo quizá para toda una vida, y escucharlas en detalle, un ejercicio sólo para escogidos. La cantata, una forma musical que se compone de partes orquestales, partes cantadas por solistas vocales y coro, nace con anterioridad a la Reforma en versión más reducida y profana. Lutero la recoge para su liturgia, basándola en el uso de un coral básico, y Bach magnifica esta forma hasta el infinito. Muchas de ellas (hoy conocemos unas doscientas de las trescientas que probablemente compuso) se quedaron en la biblioteca; Bach no las volvió a ver. Pero hay unas cuantas que rehízo, que reformó, incluso que reescribió... Ésas son las verdaderamente grandes, pues cuando Bach volvía a una música anterior era por algo: la historia de una de las tres obras religiosas más importantes de su catálogo (junto a sus dos *Pasiones*, según san Juan y san Mateo), la *Gran Misa en Si menor*, para cuatro solistas vocales, coro y orquesta, es paradigma de este modo de operar.

La obra fue iniciada de forma circunstancial; y no se sabe por qué Bach, años más tarde, decidió retomar la parte que había quedado escrita y añadirle un buen trozo más, incluso con partituras todavía anteriores. Para comprender el proceso hay que entender que la mayor parte de la música religiosa que Bach tenía que escribir había de adaptarse al formato de cantata. De manera que rara vez Bach tuvo la necesidad de componer música para misas católicas. Pero sí escribió cinco partituras para otras tantas misas de las llamadas luteranas, y que conocemos por misas breves, por el hecho de contener sólo una parte del Ordinario de la misa católica: *Kyrie* y *Gloria* (el resto son: *Credo*, *Sanctus-Benedictus* y *Agnus Dei*). No se sabe si Bach tuvo alguna vez en su vida intención de escribir música para una misa católica, es decir, a cinco partes, pero lo que sí sabemos es que la *Misa en Si menor* es el resultado de ampliar una de esas cinco misas breves. Fue la que Bach envió a las autoridades sajonas en 1733 para, sencillamente, pedir un puesto de trabajo: maestro de la capilla ducal, o lo que es lo mismo, lo que por aquel entonces se entendía como la persona encargada de decidir, diseñar, organizar y gestionar la vida musical de la institución contratante. Bach, que presentó su trabajo con la siguiente nota: «Un producto insignificante de la habilidad que he logrado en la música», no tuvo mucha suerte, pues hubieron de pasar tres años para que se le concediera el cargo, aunque con carácter honorífico. De manera que esa pequeña misa (nada más y nada menos que el *Kyrie* y el *Gloria* de la futura *Misa en Si Menor*) se quedó en su biblioteca de partituras, hasta que, entre los años 1747 y 1749, y sin razón alguna, decidiera añadir el resto de los números hasta completar la *Gran Misa.* También es posible que utilizara materiales anteriores a la composición de la misa breve. ¿Hubo algún encargo? Nada se sabe al respecto. Salvo que Bach, una vez más, nos vuelve a enviar el mismo mensaje: volver a empezar sobre una música ya escrita que él consideraba especialmente buena: en este caso los increíbles, soberbios, únicos *Kyrie* y *Gloria* de la misa inicial, que rehízo y reformó, a los que añadió otras *pequeñas* piezas que tenía *guardadas* en su biblioteca (con toda probabilidad el *Sanctus,* que tenía escrito desde 1724) hasta completar el imponente fresco final.

Otto Klemperer, uno de los directores de orquesta cruciales del siglo XX, llevó esta obra al disco al final de su carrera. Y en una breve nota de presentación dijo: «La *Misa en Si menor* es la mejor y más interesante música escrita nunca». Se entiende que le pareciera la más interesante, por el valor experimental que se deduce de su trabajo al interpretarla, absolutamente emblemático. Pero decir que es la mejor no pasa de ser un maximalismo caleidoscópico que requiere mucha fe para ser asumido. Sin embargo, la frase va mucho más allá de la típica *boutade,* porque quien así hablaba probablemente era en aquel momento (1968) el más sólido e indiscutible investigador y experimentador de las músicas de los siglos XVII al XIX desde el podio de la dirección de orquesta. Y no andaría muy desencaminado: el primer editor de la partitura, Hans Georg Nägeli, afirmó en 1833 (obviamente y como otras tantas obras del *venerable* maestro, todavía no se había publicado) que se trataba de «la más grande obra musical de todos los tiempos y todos los pueblos». Nägeli moriría antes de ver culminado su proyecto, que sí lograría completar su hijo en 1845. La UNESCO, por su parte, la considera patrimonio documental de la humanidad desde 2015. ¿Con qué clase de cautelas y con qué respeto habríamos de afrontar la escucha de semejante monumento?

Ésta es una música que vence al descreído. Y al contrario: muy fácil de escuchar para el creyente. La parte de la primera versión de la misa, el *Kyrie* y el *Gloria,* lo que fue la original misa breve, es desde la primera nota una acción de gracias a la existencia del Altísimo. Pero hay muchas misas, y seguramente muy buenas, en las que estas dos partes también son lo mismo y, sin embargo, quedan muy lejos de la embriaguez a que nos somete Bach al hacernos escuchar sus partes corales. El poderío sonoro del coro en este *Kyrie* no tiene parangón emocional, pero Bach desciende al detalle teológico hasta extremos insólitos, tal es la capacidad de este hombre de dotar de humanidad a lo que sólo debería de ser divino. No es lo mismo para él decir *Kyrie eleison* (Señor, ten piedad) que *Christe eleison* (Cristo, ten piedad), porque el concepto de piedad que tiene un protestante no es el mismo que el de un católico. Bach descarga el coro sobre la primera y tercera estrofa, o sea sobre el *Kyrie eleison,* porque ahí está para él el gran colectivo al que se dirige, para lo que construye un interminable mural, de tres veces más longitud que el del *Christe eleison.* Bach, desde luego, aporta infinito talento a la causa, pero lo hace desde su órbita de protestante, no en vano la parte fundamental de la cantata, es decir, de la liturgia protestante, es el coral luterano. Después, ya en el *Gloria,* los matices se multiplican; Bach da más protagonismo a los cantantes solistas, pero el tono absolutamente glorificador (y magistralmente musical) no se alcanza al final, al hablar del Espíritu Santo en la Gloria de Dios, sin duda un asunto éste controvertido desde Lutero, sino en el centro mismo, cuando el coro comienza a decir: «Te damos gracias por tu inmensa gloria, Señor Dios», en un pasaje en el que Bach va acumulando los medios orquestales en el texto, añadiendo las trompetas y los golpes de timbal, hasta llegar al paroxismo de la celebración. Y la orgía sonora es de tal magnitud que, probablemente, la verdad interior (y exterior) que irradia esta música trasciende la propia fe religiosa de su autor, para asentarse en una idea del hombre que va más allá de lo que nos rodea, erigiéndose como el centro de todo. Sí; para Bach eso es Dios. Pero su música, sin duda, trasciende la propia idea porque es la expresión pura de la acumulación de todos y cada uno de los sentimientos más elevados del ser humano.

¿Hay algún tipo de salto en el *Credo*? Dentro de la enorme unidad que Bach es capaz de conseguir en el *corta y pega*, es cierto que hay alguna parte de este *Credo* para la que Bach reserva una música muy correcta, casi amable, e incluso en alguna ocasión de inspiración discutible. Por ejemplo, y muy claramente, cuando, tras los espeluznantes *Et Incarnatus est*, *Crucifixus* y *Et resurrexit*, ha de decir: «Creo en la Iglesia, que es una, santa, católica y apostólica». Bach era un profesional de primera, pero no pasaba por ciertas cosas. El *Sanctus* vuelve a las trazas corales del *Kyrie* y el *Gloria* (aunque seguramente esté escrito antes), y donde se percibe al gran Bach maduro (hablamos de un año antes de su muerte) es en el *Agnus Dei*: aquí el hombre de moralidad recta e insobornable está en su medio cuando nos habla de los pecados mundanos. Al final, es impresionante el encargo que hace al coro para que nos diga aquello de «Danos la paz». Bach aquí ya ha sobrepasado las esferas en las que se instalarán luego los románticos.

MOZART: *RÉQUIEM*

Es obvio, y más que lo va a ser en las próximas músicas que se van a proponer, que una misa como la de Bach no puede tener como objetivo la celebración de la Eucaristía. Se especula con que en tiempos de Bach pudo interpretarse. Sí lo fue después, casi un siglo muerto ya el autor. Pero es muy evidente que una música de estas características requiere una escucha de sala de conciertos, porque su valor trasciende con mucho la celebración eucarística. Es decir, a pesar de los pesares, su valor musical sobrepasa con mucho su valor litúrgico. Y su valor humano, también, porque no es una música que se dirija sólo a los creyentes. Bach lo era en grado sumo, pero cuando traslada su sentimiento religioso a la música se expresa como si se estuviera dirigiendo a la humanidad entera y no a individuos concretos. La gran tragedia del compositor hasta hace nada es que se tenía que pasar la vida esperando el correspondiente encargo; dependía de ello de manera casi esclava, con lo que le era muy difícil preservar su individualidad como creador. Nadie como Bach supo hacer de esto una virtud, pues elevó el tono moral de su creación hasta cotas inalcanzables. Durante las siguientes décadas a su fallecimiento, ese asunto cambió algo. Y si hubo un autor que intentara rebelarse de verdad ante el problema, ése fue claramente Wolfgang Amadeus Mozart (1756-1791). Esa rebelión consistió sencillamente en hablar al hombre directamente, no a través del grupo, de la colectividad. Mozart, que como Bach fue un genio incalificable, hizo de la individualidad una seña, y además frente al gran poder de la autoridad eclesiástica: Bach plantó a mucha gente en su vida, pero nunca le habría dicho que no a la máxima autoridad religiosa de la ciudad. Mozart lo hizo con el arzobispo Colloredo. Pero ¿a quién le fue peor, a Bach o a Mozart? Evidentemente, a Mozart.

Pintura inacabada de Joseph Lang. De los retratos deMozart que se conservan éste tiene fama de ser el mejor.

Si usted tiene un hijo pequeño, seguramente se verá impelido a comprarle cuanto antes un teléfono móvil, una *tablet* o un ordenador personal. Es lo que tenemos hoy. Pero sepa que su hijito, si no es un superdotado que transforme esa utilización del multimedia en genialidad creativa, es probable que pueda acabar más pronto que tarde en el sicólogo, para curar una de las adicciones más tremendas entre los jóvenes de hoy. A Mozart le pasó algo parecido con la música, porque su padre lo trufó de partituras e instrumentos antes de que empezara a andar. Pero como era un genio (sin que todavía nadie se haya atrevido a dar una explicación de por qué), superó la mediocridad imperante en su entorno familiar para convertirse en un compositor de primera antes de cumplir los quince. O menos: compuso su primera sinfonía a los siete años; su primera ópera, a los doce… Lo que bien mirado no es nada del otro mundo, pues ninguna de esas —y otras— músicas hoy interesan demasiado. Lo que sí es absolutamente irrepetible es que un hombre de treinta y pocos años fuera capaz de inventar una música como su misa de réquiem, su última e inacabada partitura, una obra alrededor de la cual gira una muy teatral leyenda: Mozart la escribió para su propio funeral.

La familia Mozart: Wolfgang y su hermana Nannerl, al teclado. Vigilante, Leopoldo Mozart, con su violín. Una pintura de Johann Nepomuk della Croce. ACRED: CASA DE MOZART, SALZBURGO

En realidad, una buena parte de esa misa (*Réquiem, K.626*) no fue escrita por Mozart. Pero rara vez se recuerda, y menos se reconoce lo muy bueno que no salió directamente de la pluma del maestro; un reconocimiento que, en todo caso, habría que plantear en un doble sentido: de cómo Mozart preexplicó a su discípulo, Franz Xaver Süssmayr, lo que tenía que hacer con los materiales que estaban ya preparados (pasaron horas juntos cantando a dúo buena parte de la obra, con Mozart desde la cama, moribundo), y de lo excelentemente bien que Süssmayr los trabajó. Todo el mundo suele decir que se nota muy bien hasta dónde escribió Mozart y a partir de dónde no, para significar una especie de diferencia entre lo divino y lo simplemente magnífico. Bien: es cierto; tras la *Gran Misa* de Bach, es la primera obra religiosa de la música moderna que entremezcla grandeza, compasión, consuelo y belleza dramática a partes iguales. Pero sobre todo, consuelo y grandeza, porque es un canto al individuo; es una obra que, a diferencia de lo que hace Bach en su *Misa,* no aspira a explicar la fe católica al mundo; sólo se dirige al individuo desvalido ante la muerte. Y lo hace no sólo con ese sentimiento de consuelo sino con una grandeza que parece asomarse a la ventana del Romanticismo. No se olvide: Mozart murió en 1791.

¿Es ésta una obra de encargo? ¿Es verdad que Mozart la dejó incompleta porque le envenenaron? ¿Existió el hombre de la máscara, una especie de resurrección teatral del propio Leopoldo Mozart, padre malévolo que ascendió desde los infiernos para acabar su obra y llevarse de la mano a su díscolo, desobediente e indisciplinado hijo, encargándole la música para su propio entierro? A los románticos, y a los que han venido después, les ha encantado pensar que fue así. Pero la triste realidad de la propia vida de un señor que escribe música en un siglo en el que todavía eso lo hacen los esclavos es terca y, sobre todo, exenta del misterio que los mentados románticos reclamaban a la hora de consumir la música (y los no tan románticos luego, ya instalados en las modernas sociedades de consumo: magnífica aunque evidentemente tramposa la escena del film *Amadeus,* de Milos Forman). Hubo encargo —y *encargador en diferido*—, pero la historia que lo rodeó fue del todo prosaica, nada interesante, una auténtica impostura, por más que a Mozart le mantuviera en vilo. Como ha observado en alguna ocasión el musicólogo español José Luis Téllez, quien alertó al mundo de la posibilidad de que Mozart podría haber sido envenenado por la persona que le hizo ese encargo fue Mary Novello, la hermana del famoso Vincent, en su no menos celebrado libro *A Mozart Pilgrimage*, de 1829. Allí se puede leer que el hijo menor de Mozart, Franz Xaver, se había referido a la posibilidad de que su padre creyera que le estaban envenenando. Él se mostró muy escéptico ante el asunto, que le parecía más bien producto de la calenturienta mente de su padre, un Mozart que se encontraba en un estado físico más bien lamentable: un riñón apenas ya le funcionaba, los pulmones los tenía encharcados y el reúma lo arrastraba casi literalmente. ¿Un asesinato por entregas? Había otro candidato, el bueno de su rival de siempre, Antonio Salieri, el maestro de capilla de la corte imperial de Viena. Falso. En realidad, lo que le sucedía a Salieri es que se moría de envidia y de admiración hacia el genio inalcanzable de Mozart. No; el encargo, efectivamente, lo realizó un conde aficionado a la música (como ha quedado acreditado documentalmente hace ya más de medio siglo, según ha recordado en detalle H.C. Robbins Landon), pero muy presuntuoso —y mentiroso hasta la médula—, pues solía pagar por obras de las que eliminaba el nombre del autor en la primera página de la partitura para poner directamente el suyo. Este señor fue Franz von Walsegg (1763-1827), y el encargo lo hizo porque su esposa, Anna von Flamberg, acababa de fallecer, recién cumplidos los veinte años, y quiso regalarle la música para un funeral a celebrar en su castillo de Stuppach. Ciertamente no se acaba de entender qué clase de desconsuelo incitó al conde a apropiarse de la obra. Al parecer, el mensajero fue Franz Anton Leitgeb (1744-1812), un músico que tocaba varios instrumentos y que por ello fue integrante de la orquesta que el conde Von Walsegg mantenía en su castillo. El funeral no se dio allí, sino en Wiener Neustadt, cerca de Gloggnitz, donde residía el conde, y dos años más tarde de que la obra fuera entregada.

El estupendo compositor Antonio Salieri se vio superado por el genio de Mozart. Sintió por él una morbosa mezcla de admiración y envidia.

Mozart sólo compuso dos partes completas para la misa: el *Requiem Aeternam*, para coro y soprano, y el *Kyrie Eleison*, para coro. En la *Sequentia* ya intervino Süssmayr en mayor o menor medida. Así, en el *Dies Irae*, para coro, este último trabajó algunas partes orquestales para el viento y la percusión; como también en las partituras para cuerda y viento del *Tuba Mirum*, para el cuarteto solista al completo. La parte coral y las de cuerda del *Rex Tremendae* pertenecen íntegramente a Mozart, pero de nuevo Süssmayr tuvo que completar las de los vientos y la percusión. La totalidad de las partes solistas y de la orquesta del *Recordare* salieron de la pluma de Mozart, con excepción de la intervención del fagot. En el *Confutatis Maledictis* el trabajo está repartido casi en un cincuenta por ciento. Mozart, por último, sólo escribió los ocho primeros compases del *Lacrimosa*. En cuanto al *Ofertorio*, sólo unos pocos materiales fueron escritos por él, mientras que *Sanctus* y *Agnus Dei* fueron llevados al pentagrama íntegramente por Süssmayr. Éste realizó un encomiable trabajo, muy dirigido desde el lecho de muerte por su maestro. Constanza, la esposa de Mozart, se empeñó, sin éxito, en que no se supiera que Süssmayr había intervenido en la composición, sencillamente para obtener mayor rédito económico.

BEETHOVEN: *MISSA SOLEMNIS*

¿Es cierto que la Iglesia católica ha ido perdiendo poder (poder real: cada vez a sus feligreses les cuesta más seguir ciertas normativas y, sencillamente, las incumplen) en la sociedad? No es éste el lugar para reflexionar sobre esto; pero sí para hacer alguna observación acerca de la evolución de la música eclesiástica a través del tiempo. Una escucha crítica de las tres músicas que llevamos propuestas en este capítulo nos hará comprender que efectivamente hubo una relación bastante reveladora entre los objetivos que se pretendían cubrir con los textos de la liturgia, y los que quiso alcanzar el músico en cada caso en la música que escribió para acompañarlos. La secuencia Palestrina-Bach-Mozart define, aun suave y lentamente, una progresión que va desde una idea de servidumbre musical al texto a una independización del compositor de las necesidades litúrgicas. Lo que, quiérase o no, significa una aproximación a la música profana. No es que Mozart sea menos espiritual que Bach y éste, a su vez, que Palestrina; la cuestión no es de fondo sino de forma: es que la manera en que los compositores se enfrentan a cómo ha de ser la música religiosa va poco a poco alejando los resultados de su origen litúrgico. ¿Por qué? Pues porque por mucho que aquéllos abrazaran la causa religiosa (a veces con auténtico fervor), siempre hubo otra para ellos mucho más importante y presente en su trabajo: la misma música que inventaban. En la siguiente obra que se propone, el salto hacia ese encuentro con la libertad, con la independencia, es gigantesco; se podría decir, sin temor a exagerar, que descomunal. Se trata de la *Missa solemnis, op. 123*, de Ludwig van Beethoven (1770-1827), una composición escrita en los últimos años de su existencia.

La admiración que Beethoven siempre profesó hacia Bach se puso de manifiesto desde su más tierna infancia. Su caballo de batalla pianístico de niño fue *El clave bien temperado* (véanse capítulos finales), que siguió al pie de la letra en copias del original, porque para cuando la obra de Bach se publicó Beethoven ya tenía treinta años cumplidos. Y años más tarde buscó la partitura de la *Misa en Si menor,* que tampoco encontró porque no se publicó hasta 1845, para tener un modelo para su misa. No lo logró, pero pudo reencontrarse con Bach en sus últimos cuartetos y sus postreras sonatas para piano (véanse de nuevo esos capítulos).

Ludwig van Beethoven: el compositor más original e imaginativo de cuantos han sido... y probablemente serán.

Hay unas cuantas obras de Beethoven que suponen, individualmente o en conjunto, un punto final, aun para un hombre que había vivido tan pocos años. No es el caso de Mozart, pero cincuenta y siete años tampoco parecen muchos como para hablar así de un genio. La *Novena sinfonía,* los seis últimos cuartetos de cuerda, las tres últimas sonatas para piano representan, junto con la *Missa solemnis,* la encarnación de una especie de autoridad suprema sobre la música de un período indefinido; que arrastra todavía los cánones del Clasicismo pero que quiere abrir una gran y nueva puerta, la de un Romanticismo que se lo traga todo con sus sicologismos y su alergia a la razón. Así, es muy frecuente leer que hubo un último Beethoven (es decir, al que nos acabamos de referir con estas obras), y delante otros dos, primerizo y medio. Bien; es frecuente pero está muy pasado de moda y es simplista y no revela a varios Beethoven, unos más o menos románticos que otros. Hablar en esos términos es una manera de referirse a un señor que nunca se repitió ni inventó nada nuevo, pero cuya música, en continua evolución, es radicalmente diferente a toda la que le antecedió. Y a la que le siguió. Probablemente Beethoven no haya sido un compositor mejor que Bach o Mozart, pero sí ha sido el más original; el de mayor poder de transformación de una tradición que ya había consolidado un estilo moderno. Y eso está en sus obras desde el minuto uno, por más que sus últimas partituras constituyan una especie de éxtasis emocional y sonoro, entendido este término en su mayor grado de abstracción.

La *Missa solemnis* es una composición compleja. Pero su inteligibilidad, como la de la *Novena sinfonía,* es absoluta, lo que no caracteriza precisamente a sus cuartetos y sonatas, una música en cierta medida más hermética, como tendremos la oportunidad de ver más adelante: el carácter de la Misa, en cambio, es muy expansivo y ampliamente extrovertido, con lo que consigue penetrar en el alma del oyente desde la primera audición. Es compleja por la riqueza de su escritura, por los recursos técnicos y los medios orquestales que maneja, y lo es porque interpretarla es extraordinariamente difícil. La obra requiere una orquesta, un coro y cuatro solistas que venzan un grado de exigencia técnica que está al borde del maltrato. Ya en la *Gran Misa* de Bach sucedía algo de esto, pero aquí las cosas se llevan a un límite que quizá a excepción de la obra que escogeremos tras ésta (el *Réquiem* de Verdi), no se ha vuelto a alcanzar nunca, ni siquiera en los grandes frescos sinfónicos de Bruckner, Mahler o Richard Strauss décadas más tarde. La obra es extrema en grado sumo. Y aplastante. Porque si comparamos su *Kyrie* y su *Gloria* con los de la Misa de Bach, nos daremos cuenta de que allí los acontecimientos se producen uno a uno, individualmente, mientras que aquí lo que tenemos son inmensos bloques sonoros que funcionan como apisonadoras; y mientras que allí los solistas se expresan mediante un canto razonablemente asumible por sus gargantas, aquí los esfuerzos rozan lo sobrehumano. El *Credo,* por ejemplo, es como una obra de teatro: la vida, la muerte y la resurrección se materializan como si de un drama con final feliz se tratara, y las luces y las sombras se entremezclan en una especie de pasta sonora que se va espesando y diluyendo en medio de continuos sobresaltos y contrastes extremos. Durante mucho tiempo se le ha criticado a Beethoven esta manera de escribir, particularmente para la voz, y más de uno y de dos musicólogos se han atrevido incluso a decir que Beethoven no sabía escribir para la voz humana. Da risa. Él era totalmente intransigente en esto, hizo lo que le vino en gana sin perseguir intereses comerciales más o menos espurios, y no nos parece un fracaso que, efectivamente, casi nadie pueda cantar esta misa, y otras obras vocales que salieron de su pluma (en su ópera, *Fidelio,* hay bastante de esto), o tocar sus sonatas o cuartetos. A excepción de los muy buenos.

Resulta interesante, y muy gratificante, comparar las partes corales de las misas de Palestrina, Bach, Mozart y Beethoven. Los dos primeros utilizan como técnica base la polifonía, es decir la superposición de voces. Pero Mozart y Beethoven, también. ¿Dónde está la diferencia? Para Palestrina era el método al uso; no había otro. Y para Bach, un intento de perfeccionar el método, algo que consiguió con creces. Pero ¿por qué Mozart insiste, si en su tiempo la moda dicta otros caminos, es decir el del procedimiento homofónico, basado en el trazo melódico con acompañamiento? Y no digamos Beethoven. No hay respuestas convincentes; y más teniendo en cuenta, como veremos luego, que el asunto no se acaba en Beethoven. La nuestra es que la polifonía y el contrapunto imitativo no tuvieron fin, como pudo pensarse después de Bach; tampoco con los autores de los siglos XIX y XX. Los han matado las malas artes de la música religiosa (la mucha mala música religiosa) de nuestro tiempo, salvo honrosísimas excepciones, un verdadero paso atrás.

MENDELSSOHN: *ELÍAS*

Técnicamente, la evolución de la música para la liturgia desde el siglo XVI produjo aparentes e interesantes escisiones. Utilizando la misma base formal en la que se movían los autores de misas y otro tipo de piezas litúrgicas para la Iglesia católica o en la Alemania protestante con la introducción de la cantata, aparecieron otras maneras de expresión musical religiosa: el oratorio y las pasiones. Un oratorio (etimológicamente, lugar para rezar) es un drama musical de texto religioso que no requiere puesta en escena. Pero cuenta con una importante figura, la del narrador, que le insufla un carácter profundamente dramático. Por su parte, una pasión es una versión musical de los sufrimientos y muerte de Cristo, según el relato de los evangelistas, en forma de oratorio, pues da voz a los personajes que rodean a la figura de Jesús en sus últimos días de vida. Son formas barrocas que triunfan en Alemania e Inglaterra de la mano de Bach (de las algunas pasiones que escribió Bach sólo se conservan dos —según Juan y según Mateo— y las dos son obras maestras absolutas) y Haendel, los dos grandes de la época, los dos nacidos el mismo año, 1685. La figura de Bach se esparce por diversos capítulos de este libro, asunto necesario donde los haya, y de Haendel también tendremos noticias en su momento. Pero ahora nos interesa hablar de él de manera puntual, por un hecho concreto: fue quien desarrolló el oratorio barroco hasta exprimir la forma de tal manera que la hizo morir de éxito. O no. A Haendel se le recordará siempre —injustamente— por la composición de *El Mesías,* su oratorio más famoso aunque no el más interesante y desde luego no el mejor, y por sus óperas, un género que impulsó en la dinámica e inquieta corte inglesa tras, nacido como alemán, establecerse en ella. Y si de Bach se podría hablar como del autor completo (aunque no le interesó la ópera), de Haendel lo que habríamos de destacar es su portentosa intuición musical, su inventiva, su fantasía y, sobre todo, una visión cosmopolita de la música de la que Bach careció.

Haendel dejó de escribir oratorios cuando la forma estaba en pleno apogeo. Seguramente por razones comerciales. Probablemente porque la gente quería ver lo que en los oratorios sólo podía escuchar; porque prefería la ópera, en un momento en el que los cantantes se habían convertido en los reyes del espectáculo, con los *castrados* a la cabeza. Así que el oratorio quedó arrinconado, aunque a Haydn, en los albores del siglo XVIII, todavía le diera tiempo a componer una obra maestra llamada *La creación*. Medio siglo después surge una notable excepción, este *Elías,* estrenado en 1846 en plena efervescencia romántica, por un autor lleno de magníficas singularidades, Felix Mendelssohn Bartholdy (1809-1847), que ya había triunfado en Londres con otra pieza similar, *Paulus*. En esta ocasión Mendelssohn escogió el pasaje bíblico del Libro de los Reyes, que utilizó desde el original sin alteración alguna. Aunque este autor, fino y elegante, culto e ilustrado, multicreador y sensible, responsable de una importantísima obra de casi todos los géneros, no hubiera sido ni hecho nada de esto, gozaría de un lugar de honor en la historia por otra circunstancia que más tiene que ver con la divulgación: durante la primera mitad del siglo XIX Bach había caído en el olvido, y particularmente su prodigiosa *Pasión según san Mateo*. Mendelssohn la programó y dirigió, y eso supuso para Bach el renacimiento de su música, que se ha prolongado hasta hoy.

El profeta Elías recibe pan y agua de un ángel. Pintura de autor desconocido que se halla en la basílica de Santa Maria della Salute, en Venecia.

Elías es el oratorio que Haendel no pudo llegar a componer. Es una partitura espectacular, en el buen sentido, que rememora esa fantasía haendeliana a que antes nos referimos, pero con un añadido importante: ese punto pasional, y un tanto sicológico, propio de la música romántica. Escrito para cinco solistas vocales, gran orquesta y potente coro, desde el primer momento mete al oyente en un mundo sonoro fabuloso, lleno de emoción y una credibilidad que se echa en falta en el oratorio barroco, quizá, en general, más reiterativo y seco. Es impresionante cómo Mendelssohn se gana al receptor en el imponente recitativo de entrada por parte del barítono anunciando años de sequía, al que le sigue una obertura orquestal de fuerza beethoveniana que va creciendo hasta la entrada del primer coro bramando «¡Help, Lord!». El efecto es impresionante. La obra evoluciona entre potentes recitativos, imponentes corales y arias de enorme intimidad, consiguiendo lo más difícil para una obra coral de temática religiosa: la unidad. Y no va a ser la última vez que defendamos la idea de que tal unidad se alcanza en una obra de estas características cuando los materiales temáticos son repetidos con sabiduría a lo largo de una partitura. En *Elías* el procedimiento es de una maestría admirable, y por eso las dos horas largas que dura se nos pasan de un tirón al escucharla sin el más mínimo desvanecimiento. A propósito de esta maestría, seguramente volveremos a traer a Mendelssohn a nuestras páginas más adelante.

BRAHMS: *UN RÉQUIEM ALEMÁN*

Ésta es una reveladora obra desde su mismo título, al incluir delante de la palabra réquiem el indeterminado *un*. Para Johannes Brahms (1833-1897) la idea de escribir una obra que reflexionase sobre la muerte, que no una misa de muertos, estuvo presente en su vida desde bastante joven. Se trataba de idear algo parecido a una cantata fúnebre, para lo que recopiló materiales incluso desechados de obras anteriores. Pero el agravamiento de la enfermedad de su madre precipitó los acontecimientos. Corría el año 1865 cuando tuvo que viajar apresuradamente desde su residencia en Viena hasta su Hamburgo natal tras el empeoramiento del estado de salud de aquélla, y llegó tarde. Fue para él un duro golpe que le abrió el paso de inmediato a expresarlo escribiendo música. En abril de aquel año ya había compuesto varios coros para lo que él llamaba su réquiem alemán, insistiendo desde el primer momento en el asunto. Para el verano del año siguiente Brahms ya tenía escritos seis de los siete números finales. Y los dio a conocer, en una mala decisión, pues la versión estuvo pésimamente dirigida. Brahms siguió trabajando en la partitura durante el año siguiente, y la obra, tal y como la conocemos hoy (siete partes: Coro-coro-barítono y coro- coro-soprano y coro- barítono y coro- coro), fue estrenada el 18 de febrero de 1869. El nuevo número, el de soprano y coro (núm. 5), fue añadido por Brahms como indisimulada dedicatoria a su madre. Sin embargo, acabó equilibrando claramente el contenido total, al sumar un número con cantante femenina.

El corrientemente conocido por *Réquiem alemán* de Brahms es una obra de un intimismo brutal. Está concebido como una cantata a lo Bach (es posible encontrar alguna similitud con alguna en concreto) y no se parece en nada a las grandes misas para muertos de su entorno, casi siempre alegatos contra la muerte, y con los días de ira del Juicio Final por delante. Ésta es, al contario, una obra para la observación reflexiva, realizada desde una perspectiva casi opuesta a la planteada por el rito católico. Música y pensamiento a la una, pero no temor y petición desesperada de piedad para la salvación. Música alejada del miedo, a la espera, paciente y piadosamente, del perdón divino. Un sentimiento de paz y amor recorre la partitura, sin que el autor sienta el más mínimo interés por acumular *efes* y sí una disposición constante hacia los sonidos suaves, salvo algún momento excepcional. En realidad se trata de una música de poca religiosidad al uso; más bien vemos en ella un canto al paso del tiempo, al envejecimiento, en un tono altamente sensual y se podría decir que profano. Al elegir los textos Brahms prescinde de la figura de Jesucristo, así como de su muerte y resurrección, amén de la propia redención. Hay pues mucho más del hombre que de Dios en esta música, que parece más que una obra de traza religiosa un otoñal canto a la vida que se extingue, que desaparece envuelto en un halo de misterio y dudas permanentes.

Por si a alguien le quedara alguna duda acerca de las diferencias expresivas entre los brumosos sonidos del norte y el acaloramiento soleado del sur, ahí va la siguiente música escogida.

VERDI: *RÉQUIEM*

Enlacemos ahora con la *Missa solemnis,* de Beethoven. Hemos visto que esta obra tiene mucho de drama teatral; su religiosidad está expresada desde el enfrentamiento, más que desde la aceptación. Beethoven habla a Dios de tú, contándole cuán dramática es la vida del hombre, y cuánta necesidad tiene éste de creer. Pero no hay documento alguno que acredite que, ni siquiera veladamente, jugara a ser agnóstico. La siguiente obra que hemos escogido es la de un compositor que casi todo lo que escribió fueron óperas y que era agnóstico declarado: es posible que la anécdota sea apócrifa, pero allá va. Alguien alguna vez preguntó a Verdi: «Maestro, ¿cómo es posible que un no creyente como usted haya ideado una obra de espíritu tan religioso...?». A lo que Verdi respondió: «Es que soy un buen compositor».

Giuseppe Verdi (1813-1901) compuso dos obras religiosas absolutamente capitales, las *4 Piezas sacras* y una misa de réquiem. No nos vamos a referir a la primera, salvo para decir que se trata de una música adscrita a una modernidad enormemente adelantada, amén de una música de extraordinaria belleza, pero sí al *Réquiem,* al que situaremos en la cadena que estamos creando, como un eslabón más. Y desde Italia. Tras el pacífico *Réquiem alemán,* adrenalina pura.

Verdi siempre sintió una honda admiración hacia la figura de su paisano Gioachino Rossini, al que consideró una gloria para la música italiana. Cuatro días después del fallecimiento de éste, el 13 de noviembre de 1868, Verdi propuso que «los compositores más distinguidos de Italia compongan una misa de réquiem para celebrar el aniversario de la muerte de Rossini». Se formó una comisión para la elección, y el propio Verdi encargó cada parte para los compositores elegidos, reservándose para sí el responsorio final, «Libera me», cuya redacción dio por concluida el 21 de agosto de 1869. La obra resultante, *Messa-Rossini* en trece partes, se concluyó pero nunca se interpretó. Las partituras se conservan en los archivos del editor de Verdi, la casa Ricordi, de Milán, y hace algunos años circuló por el mercado una grabación discográfica.

Hacia 1873 Verdi comenzó a componer una misa de réquiem, de alguna manera para aprovechar los materiales que había dejado escritos para la *Messa-Rossini,* y el fallecimiento de otro de sus ídolos, esta vez un escritor compañero de reivindicaciones políticas, precipitó los acontecimientos. Alessandro Manzoni murió en mayo de ese año, con casi noventa años, y Verdi encontró así la excusa para superar una idea en la que llevaba ya instalado un par de años, tras el estreno de su ópera *Aida:* no escribir otra ópera, para dedicar sus esfuerzos a alguna otra composición. Una parte la cumplió (además del *Réquiem* escribió un cuarteto de cuerda, casi a la vez) pero la otra no: todavía compondría dos óperas más antes de desaparecer en 1901: *Otello* y *Falstaff.* Verdi estrenó su *Réquiem* en el primer aniversario de la muerte de Manzoni, en la iglesia de San Marcos de Milán, como misa conmemorativa, pero tuvo claro desde el principio que ésta no era una música para la iglesia; de hecho los siguientes lugares donde se interpretó fueron el teatro de La Scala, en Milán (el templo sagrado de la ópera italiana), varias veces; París, en 1874, 1875 y 1876; Londres y Viena, en 1875, y Colonia, en 1877.

Detalle de *El Juicio Final,* de Miguel Ángel, en la Capilla Sixtina. Pocas expresiones plásticas describen tan bien esta música extrema. Seguramente porque ambas son igual de extremas.
ACRED.: PEDRO GONZÁLEZ MIRA

Esta misa sigue en la forma los pasos de la de Mozart, pero con el añadido, fuera del Ordinario de la liturgia, de la parte escrita por Verdi, por decisión suya en el comité de elección para el réquiem dedicado a Rossini. Verdi compuso el resto de la obra, pues, sobre una parte ya finalizada, que de alguna manera condicionó el resultado final, pues todo lo escrito después lo fue sobre esa especie de célula germinal. ¿En qué manera? Pues en el carácter de la música y en el absolutamente fundamental papel dedicado a los cuatro solistas, que a su vez define un relato mucho más unitario que el de una misa según el Ordinario puro. Verdi buscó un hilo dramático, una manera de relacionar las partes, para conseguir un relato comprensible y no, como sucede en la misa, una suma de partes inconexas, una suma de ideas diferentes. En parte por una cuestión técnica, en parte porque al dedicar esta música a su amigo Manzoni debía de respetar una idea con la que él no comulgaba: Manzoni era un conservador católico y él un agnóstico. La búsqueda de la coherencia en el relato, en el hilo conductor, llevó a Verdi a usar una técnica que en ópera ya había dado resultados espectaculares: la repetición temática, el usar el mismo material para partes distintas. Ésa es la primera razón por la que el *Réquiem* de Verdi suena continuamente a otra cosa. La segunda es el inmenso *Dies Irae* que Verdi sitúa como centro de toda la pieza, esparciendo por la misma los acongojantes sonidos que inventa para esta terrible música. Hay desde luego estudiosos que no quieren aceptar que esta obra es la gran ópera religiosa de Verdi. Bien. Nosotros nos preguntamos: ¿hay algo más teatral que hacer rugir a un coro al fondo del escenario repitiendo aquello de «Día de ira será aquel en el que el mundo será reducido a cenizas», mientras que una falange de trompetas lanza desde fuera del escenario sus estruendosos gritos, compitiendo en cantidad de sonido los unos con las otras en una salvaje antífona que parece emerger desde las profundidades de la tierra? Y también, ¿hay algo más profundamente operístico que la manera en que Verdi hace cantar a sus solistas? ¿Se ha escrito alguna vez un cuarteto entre soprano, mezzo, tenor y bajo de mayor vuelo sonoro, de mayor sensualidad y, a la vez, de mayor exigencia vocal como el *Offertorio* de esta obra? Verdi pasa de la tristeza al consuelo no como Mozart, que habla a la muerte como a una amiga; no como Beethoven, que echa en cara a Dios el porqué de tal anomalía de la existencia, sino desde un escenario de ópera, que es un lugar donde la gente se quiere y se odia, un lugar donde se ama o se desprecia, porque los protagonistas no son entelequias religiosas sino seres de carne y hueso. Verdi consigue con esta obra recuperar la credibilidad perdida que tenían las fatuas palabras de un texto litúrgico al que ya nadie hacía caso. Y lo consigue transformando el enigma en fuego real, el apocalipsis intelectual en músculo dolorido. Verdi se niega a recurrir a especulaciones metafísicas o teológicas, poniendo sobre la mesa algo más sencillo: la inmediatez de las últimas cosas de la vida y el precio que hay que pagar para su disfrute. Bellísimas y sensuales melodías hacen frente al horror y la miseria humana. Un producto absolutamente operístico.

MAHLER: *OCTAVA SINFONÍA*

Gustav Mahler (1860-1911) es seguramente el compositor postromántico que más ha visitado las salas de conciertos del mundo en los últimos cincuenta años. Y no parece que su música vaya a desvanecerse entre las nuevas programaciones; está y vuelve a estar, y el público aficionado compra una y otra vez su entrada para escuchar por enésima vez alguna de sus nueve sinfonías (diez, la última incompleta). ¿Por qué?

En primer lugar, es un soberbio sinfonista, es decir, un compositor que exprime la orquesta como al limón, utilizando las mil y una combinaciones instrumentales, además de un señor que escribe con cabeza. Lo que quiere decir que tras cada una de sus obras hay una estructura sonora e intelectual sólidas y un discurso inteligible, hasta el punto de que es casi imposible no darse cuenta enseguida tras la escucha de cualquiera de sus obras que de ellas emerge siempre un mensaje moral claro y contundente. Y aquí es donde su música encuentra su primer talón de Aquiles: en los mensajes, que además prolonga en larguísimas e inagotables peroratas acerca de lo divino y lo humano. Se comprenderá que tal apreciación es muy personal, y es más que probable que lo que para nosotros sea un defecto conlleve precisamente una de las razones principales por las que se trata de una música comúnmente admirada hasta extremos incondicionales.

Mahler era judío, pero se hizo católico, casualmente cuando fue nombrado director de la Ópera de Viena. Se ha dicho que el acceso al cargo fue moneda de cambio, pero da exactamente igual, porque una buena parte de su sinfonismo está ideológicamente construido alrededor de los grandes temas católicos. Ahí están, por ejemplo, su segunda sinfonía, titulada *Resurrección,* o la que hizo el número ocho, llamada *De los mil,* un nombre más publicitario que real, porque fue el empresario que gestionó su estreno quien se empeñó en que ese día fuera interpretada por mil músicos, entre orquesta, coros y solistas. No se sabe si Mahler aceptó a regañadientes o encantado de la vida. Pero hasta ahí. Desde entonces, afortunadamente, la interpretación de la sinfonía nunca tiene lugar en su literalidad. Ni siquiera el mediocre Havergal Brian (1876-1972) en el estreno de su mastodóntica *Sinfonía Gótica* de 1922 logró reunir a más de setecientos intérpretes entre orquesta, coros y solistas, que ya está bien. La *premier* de la obra fue dirigida por el propio Mahler el 12 de septiembre de 1910, ocho meses antes de morir.

Traemos esta página a nuestra cadena porque creemos que se trata de un experimento que tiene que ver con esas músicas religiosas raras, que desde luego no guardan relación con la liturgia o con otro tipo de temáticas religiosas. La obra se desarrolla sobre dos textos sin aparente conexión. El primero es un himno del fraile benedictino Rabanus Maurus, datado en el siglo IX, llamado *Veni Creator,* y el segundo la escena final de la segunda parte del *Fausto* de Goethe. Ni que decir tiene que tal juntura ha traído de calle a estudiosos y especialistas, que han tenido que hacer serios esfuerzos para explicar la aparente dicotomía entre espíritu y cuerpo que parece sugerir en una primera lectura, desposeída de cualquier adorno especulativo. Mahler, en un ataque de sinceridad, dijo una vez que él nunca habría compuesto una misa; pero que su *Octava sinfonía* es su misa. Y efectivamente, los temas que se tocan en esta obra no pueden ser de orden menos dogmático, e incluso eclesiástico.

El *Veni Creator* de la primera parte es revelador de la fuerza del Espíritu Santo como tercera persona de la trinidad salvadora; mientras que en el texto de Goethe se invoca otra fuerza más terrenal aunque más mística, la Virgen María, una mujer, una mujer redentora. Mahler, al unir estos textos, se refiere a ello: es la Virgen quien llama a Fausto a su lado, para, tras la redención de éste, ascender al cielo.

El fraile benedictino y teólogo Rabanus Maurus (776-856), autor del texto de la primera parte de la *Octava sinfonía* de Mahler.

Toda esta mística, que a más de uno le podrá parecer de vía estrecha, es en la que Mahler se monta para escribir una música inacabable, llena de giros repetidos y bastante reiterativa. Si en general se trata de un autor que tiene tendencia a un gigantismo triunfador para explicar (tratar de) los grandes misterios de la vida, de la naturaleza, del hombre, la retórica alcanzada en su octava sinfonía llega a ser un punto cargante. Nada de eso sucede en sus veraces sexta y novena sinfonías, y en el último movimiento de su obra maestra, *La canción de la tierra*.

BRITTEN: *RÉQUIEM DE GUERRA*

Benjamin Britten (1913-1976) fue uno de esos compositores en los que vida y obra corrieron de forma paralela, con todos los inconvenientes y los problemas que ello conlleva cuando se trata de un creador de verdadera trascendencia. Quizá es el compositor del siglo XX que más ha tardado en reconocerse como lo que ha sido, uno de los más grandes no ya de su tiempo sino de la historia de las islas británicas. Las campañas contra su manera de ser, de pensar y de comportarse fueron durante mucho tiempo comunes. Britten era homosexual, pacifista irredento y nunca se apuntó a las corrientes de vanguardia que invadieron Europa tras la Gran Guerra. Eso le propinó duros ataques por parte de la crítica, que lo vieron durante mucho tiempo como un isleño provinciano, apartado de la lógica —según la Europa continental— y de la rápida evolución que se estaba produciendo. Pero a él no sólo nunca le importó nada de esto, y otras muchas más críticas, sino que siguió sus propios credos e ideas. Fue igualmente acusado de falso pacifista al viajar a EE.UU. tras solicitar la objeción de conciencia. Pero salió claramente vencedor de esta discusión estéril e interesada, y a partir de los años 60 del siglo XX se convirtió en un creador respetado y admirado. Hombre de enorme cultura y exquisita sensibilidad, nunca rehuyó la polémica en sus asuntos personales, entre los que ocuparon siempre un primer lugar sus gustos para con los chicos jóvenes, un asunto recurrente en sus mejores óperas. Cada día se le reconoce más como uno de los mejores operistas del siglo XX, pero entre sus más celebradas composiciones, que son muchísimas, hay una que no es una ópera y que alcanza una especial singularidad, este *Réquiem de guerra*, un título que ya de entrada encierra un mensaje atípico.

El *Réquiem de guerra* fue un encargo que Britten recibió para la consagración de la reconstruida catedral de Saint Michael, en Coventry. El 14 de noviembre de 1940 cuatrocientos bombarderos de la Luftwaffe dejaron caer cincuenta mil bombas incendiarias sobre la ciudad. A estas cargas se sumaron quinientas toneladas de explosivos y ciento treinta minas de demolición, lanzadas con paracaídas. Fueron diez horas de fuego y destrucción las que los alemanes necesitaron para arrasar la ciudad en su totalidad. Se enterraron quinientos ochenta cadáveres. A las ocho y cuarenta de aquel día empezó a arder la catedral; al poco tiempo se desplomó el techo, quedando en pie solo el muro exterior y la torre principal. La historia del templo se remontaba al año 1043, y tras pasar por diversas vicisitudes históricas, volvió a estar operativa en 1918, hasta que aquella noche fue absolutamente devastada. Pero aunque el templo quedó reducido a escombros, al mismo día siguiente ya había un proyecto para restaurarla, lo que, como es lógico, llevó su tiempo. Corría el año 1961 y la fecha escogida para la celebración de la reapertura fue el 30 de mayo de 1962.

Winston Churchill visita la catedral de Saint Michael, en Coventry, tras el bombardeo alemán.

Britten, muy estimulado por el proyecto, trabajó con denuedo, sorprendiendo a propios y extraños al plantear este réquiem como una combinación de liturgia y poesía. De las partes en latín se encargarían una soprano con la orquesta y el coro, mientras que un tenor y un barítono cantarían poemas de Wilfred Owen (1893-1918, poeta, pacifista y soldado;

perdió la vida en un bombardeo una semana antes de finalizar la primera guerra europea), acompañados por una pequeña orquesta y situados entre los textos tradicionales del réquiem. La obra es muy oscura y, sobre todo, supone un alegato frente a la contienda de una fuerza en algunos momentos sobrecogedora. Britten no se planteó realizar ningún homenaje, sino una denuncia contra la guerra. Él tenía muy buenas relaciones con artistas del otro lado del telón de acero, como el compositor Dmitri Shostakovich o el famoso violonchelista Mtislav Rostropovich, que estaba casado con Galina Vishnevskaia, la soberbia soprano rusa. Y pensó que el estreno de la obra podría también servir de reconciliación para las partes en conflicto, invitando al barítono alemán Dietrich Fischer-Dieskau (algo así como el cantante alemán más completo del siglo XX), Peters Pears (el tenor inglés que fue su compañero sentimental toda su vida) y la mencionada soprano. Pero el estreno se tuvo que realizar sin la soprano, porque las autoridades soviéticas le negaron el permiso de salida. La parte de soprano la cantó Heather Harper, pero un año después Britten logró reunir a los tres cantantes que había querido para el estreno a fin de grabar la obra en disco. Se trata de un documento auténticamente histórico.

El *Réquiem de guerra* es una de esas músicas espeluznantes que dejan al oyente sin respiración. Como sucede con casi toda la música de Britten, y particularmente con sus maravillosas óperas, es una partitura que exhala misterio, inseguridad, inestabilidad emocional; que trata las relaciones humanas como si sus protagonistas se encontraran —sin saberlo— en una inmensa cuerda de funambulista sin la más mínima ayuda para encontrar la orientación debida. Nadie en sus historias es capaz de presentar una identidad reconocible; todos están expuestos a un permanente escrutinio por parte de una colectividad estúpida y falta de capacidad para la consolación. Los personajes brittenianos son de una fragilidad que choca directamente con el ambiente violento de los entornos en los que se mueven. Para acabar la mayor parte de las veces desapareciendo entre brumas o mares embravecidos. En el *Réquiem de guerra,* el «Libera me» final, el texto de este responsorio que

Britten, como Verdi, también añadió a los textos de la parte del Ordinario de la misa de muertos, se superpone con el poema de Owen *Extraño encuentro*, que relata una conversación virtual entre dos soldados muertos, uno británico, que ha matado al segundo, alemán. Ambos se lamentan del horror de la guerra, y se disponen a descansar en paz al tiempo que soprano y coro piden que los ángeles conduzcan al soldado británico al paraíso. Es la manera con que el antibelicista Britten explica la más absoluta de las inexplicables sinrazones.

MESSIAEN: *SAN FRANCISCO DE ASÍS*

Nos vamos a detener algo más en esta obra y su autor, pues, ambos, nos parecen paradigma de una idea que, aun subliminalmente, ha latido a través de este capítulo, de alguna manera referida a la dialéctica histórica entre el significado de un texto religioso y el resultado final de la obra al añadirle una música específica. También porque se trata de una excelente y muy apropiada ocasión para aproximarnos a un músico muy cercano a nosotros en el tiempo, y, por otro lado, porque *San Francisco de Asís* es una ópera única, no ya por su excepcionalidad musical, sino por el valor simbólico que alcanza en el tiempo en que es creada. De alguna manera simboliza una contestación a la contestación, un rizar el rizo que nace en el hermético carácter de su texto, para una música que no lo es.

San Francisco de Asís es una música no ya fácil de digerir (bastante más que la que se puede escuchar en alguna ópera del siglo XX aceptada ya como *clásica*), sino por momentos pegadiza. Los ritmos, las armonías, sus diversos perfumes orientalistas, la escritura de sus partes cantadas nunca son rebuscados, forzados o producto de la aplicación de una matemática academicista. La expresión es un valor constante, y es absolutamente falso que Messiaen la desarrollara sin fundamento dramático o de manera estática. Hay mucha reflexión en las palabras del libreto, que escribió el propio autor, y bastante filosofía. Los personajes no se mueven, pero la música ilumina la escena en un complejo de ritmos y colores no ya hermosísimos sino desarrollados en el tiempo a una velocidad de vértigo; sin alentar al desánimo o el aburrimiento. En realidad es una ópera muy personal y moderna, pero no hay nada en ella que mire atrás con ira.

El texto de la obra es una auténtica inyección de catolicismo en vena; y el resultado final, de una radicalidad intelectual apabullante. Les cuento de qué van estas cuatro horas y media de música increíble.

Gracias a las buenas artes de Gerard Mortier, se pudo ver en Madrid un impresionante *San Francisco de Asís*. En la foto, un momento de la representación. ACRED.: JAVIER DEL REAL.

La obra se desarrolla en Italia, en el siglo XIII. San Francisco de Asís, un barítono, es el personaje central. Messiaen nos muestra al santo como lo conoce la imaginería clásica: sobrio, pobre, naturalista empedernido y rendido al Señor, pero mucho más filósofo e iluminado. De alguna manera en él se refleja el propio superego personal de un Messiaen católico hasta la terquedad. Hay un ángel, que es interpretado por una soprano. Es la voz de la verdad, la luz, la sabiduría suprema emanada de Dios, y enviado por Él para poner orden en el mundo de la carne. Personaje resplandeciente, limpio, con una parte canora elevada y blanca, casi infantil. Es el portador de la música, el elemento salvador que conduce directamente a Dios. Y después hay todo un desfile de personajes utilitarios, tales como el leproso, un hombre agobiado y descreído y, tras el milagro de su cura, un converso predestinado a ver a Dios; los frailes Léon (el miedo constante, la inseguridad más angustiosa), Massée (el conformismo, el fraile práctico que se encarga de la intendencia), Élie (el intelectual. Permanentemente ocupado en asuntos teológicos, no advierte en el Ángel al enviado de Dios. Y se equivoca), Bernard (el más dócil. El más entregado. Cree en el mensaje del Ángel. Y acierta), y otros más. Y el Coro, que es la voz de Cristo.

En el primer acto Messiaen pone en juego el miedo que provoca el conocimiento; los designios de las estrellas, las virtudes de los pájaros, los peces y los árboles, de las piedras y las aguas… El saber no supone poder alcanzar un estado de alegría; sólo puedes alegrarte en la Cruz y para la Cruz. Miedo, muerte y alegría son distintas representaciones metafísicas de la propia vida, del misterio que encierra ésta y de las respuestas que se pueden encontrar a las incógnitas que plantea. San Francisco hace ahora una alabanza a la grandeza de la naturaleza como expresión de Dios: la hermosa Tierra, la Tierra madre; las flores con sus mil olores. Pero surge la gran duda: la naturaleza también puede generar asco, suciedad… Surge de nuevo el miedo. Piensa en los leprosos, en el olor a su enfermedad. Y pide a Dios que le capacite para amar a uno de ellos. Sale el leproso, que dice: «Si los hermanos sufrieran lo que yo sufro se alzarían en rebelión». San Francisco le habla, en vano, de virtud, de amor y de la Resurrección. Y entonces aparece el Ángel: «Dios es más grande que tu corazón. Él es el amor; el que reside en el amor, reside en Dios». Para el enfermo, sin embargo, éstas no son palabras asumibles. San Francisco: «No te he amado lo suficiente». Le besa y le abraza. Se produce el milagro; las yagas desaparecen de sus brazos. Pero la culpabilidad lo atenaza: «No merezco ser curado» (¡¡).

Acto II. En una montaña de la Toscana. Se escucha una música. Los hermanos Léon, Massée y Élie tratan de la intendencia, pero no dejan de filosofar. Llama a la puerta el Ángel. Entra y pregunta por el hermano Élie: «¿Qué piensas de la predestinación?». El hermano Élie no contesta. «No se rechaza al viejo para admitir al nuevo», dice el Ángel. Pero el arrogante hermano Élie, un intelectual muy seguro de sus conocimientos, sigue sin atender a esas ideas. El Ángel se enfada, y la música, que cambia bruscamente, nos lo explica. En este proceso, el hermano Massée se muestra más pacífico y comprensivo. El Ángel llama al hermano Bernard. El Ángel le hace la misma pregunta acerca de la predestinación. Éste es más contemporizador con la idea. El hermano Bernardo reflexiona: «Cuando muera, Jesucristo me mirará como mira a las monedas de tributo y me dirá: "¿De quién es la imagen de la inscripción?", y, si Dios quiere en su gracia, me gustaría decirle: "De Ti"». La música se torna delicada, inocente, pura. San Francisco alaba al hermano Sol, al Señor, a la hermana Luna y a las estrellas, a los astros, a toda la creación de Dios. Y habla entonces el Ángel: «Que Dios nos deslumbre con abundancia de verdad. La música nos lleva a Dios cuando la verdad abruma. Si hablas con Él a través de la música, Él te responde a través de la música. Escucha la música que suspende la vida de las escalas del cielo. Escucha la música de lo invisible». El Ángel se dispone a tañer la viola (la música que se escucha aquí es pura magia sonora). San Francisco entra en éxtasis. El hermano Massée diserta sobre los pájaros, la tórtola, el petirrojo, la alondra, la curruca... Tiene lugar el «Pequeño Concierto de pájaros», una música absolutamente incorpórea y maravillosa. San Francisco nos habla de cómo

Cristo reunirá a todas las criaturas, haciendo un listado de hermanos-pájaros. «Gran Concierto de pájaros». Más cielo, mayores alturas musicales. San Francisco predica, los pájaros se callan. «Y el número de la Cruz, el cuatro, es el de las cuatro direcciones hacia las que vuelan los pájaros, y la Cruz se extenderá en todas las direcciones. Los pájaros no poseen nada. Dios los alimenta. Con fe todo se os será entregado».

Acto III. San Francisco pide dos gracias a Dios antes de morir: «Sentir el dolor corporal que Tú soportaste y que mi corazón experimente el amor que a Ti te afirmaba y te permitió aceptar ese sufrimiento». Y entonces habla Cristo (el coro): «Te ofrezco las cinco heridas de mi cuerpo en la Cruz. Acepto tu sacrificio en solidaridad conmigo. Sigue elevándote como una melodía cada vez mayor». San Francisco se lamenta de su debilidad, y Cristo le apremia: «Soy el que va delante del que va atrás y el que va atrás del que va delante. Soy quien creó el tiempo y el espacio, quien inventó las estrellas, lo visible y lo invisible, las criaturas. Soy la verdad. Soy la primera palabra. Voy del futuro al pasado». La música se torna muy violenta. San Francisco levita, todo se tiñe de rojo y violeta.San Francisco se va despidiendo de los hermanos, de todos, las personas y los que integran la naturaleza, y de su Asís natal (aquí la música se torna especialmente trágica). Los hermanos manifiestan su debilidad. San Francisco se debate entre el deseo de morir y la angustia que le produce la idea. Los hermanos le siguen, anonadados. Aparece el Ángel: «Él lo sabe todo». El Ángel trae consigo al leproso, para conducirlo junto a San Francisco a la vida eterna, abriéndoles las puertas del paraíso. Habla San Francisco: «Señor, libérame, embriágame, ciégame para siempre con tu abundancia de verdad» (la música aquí alcanza tonos auténticamente únicos, el empaste de la orquesta y el coro es absolutamente maravilloso). Coro: «Aleluya» (se escuchan los temas aparecidos en el primer acto). Y desde ese momento hasta el final de la obra la música es una acumulación de colores. La luz de la resurrección es en Messiaen lo más sencillo y emocionante que un músico haya podido inventar: un inmenso acorde de Do mayor (coro y orquesta) en *crescendo* hasta acabar en fortísimo, sobre un interminable calderón.

El compositor francés Olivier Messiaen, una de las figuras más relevantes de la música del siglo XX.

La obra de Olivier Messiaen (1908-1992), extensa y singular, está enclavada en la vanguardia más activa y representativa del siglo XX, pero, al seguir las claves, aclaraciones y explicaciones dadas por el propio autor para comprender cuáles fueron sus principios ideológicos, nos parece inmersa en un mar de contradicciones, aunque la posibilidad de que el compositor jugara al *despiste* al hablar de él y su música —cosa que hacía cada dos por tres— es plausible. «En mi música se hace patente la yuxtaposición de la fe católica, del mito de Tristán e Isolda y un uso extremadamente desarrollado de los cantos de las aves». «Mi única ambición en la vida es amar y ser amado»... Y así podríamos seguir, pues la obra *literaria* de Messiaen está repleta de declaraciones lapidarias de esta guisa. Frente a este gusto por el mensaje vistoso, fue parco a la hora de establecer con propiedad las claves de su música; las, por ejemplo, referidas a sus complicados y riquísimos mundos rítmico y tímbrico, que sólo sintetizó por escrito y de manera muy técnica. Messiaen puso su música en el *mercado* tratando de alejarse —al menos en apariencia— de la dicotomía que más daño hizo a la música de su tiempo, y a la que él dio una respuesta tan inteligente como práctica, e incluso interesada: obvió el espinoso asunto de la vanguardia de la forma más elegante, es decir, situándose al lado de unos y otros, no haciendo de esa dualidad cuestión de Estado y mirando hacia otra parte, o sea, al ritmo, a la tímbrica, para abolir el concepto de tiempo musical según las normas establecidas en la música occidental y tratar de encontrar un tiempo que él definió como «tiempo interior». *San Francisco de Asís,* tras ese libreto tan místico y a la vez tan radicalmente intelectual, encierra ese espacio temporal interior.

Como se puede apreciar a lo largo de la ópera, la naturaleza, con sus montañas rocosas flanqueadas por caudalosos ríos y encantadores torrentes; con sus bosques frondosos en continuo contacto con los huidizos rayos de sol; con sus mares en estallido, protagonistas de imponentes tormentas y desatados oleajes; con sus incontrolados vendavales; con sus indómitos y escandalosamente sonoros y cromáticos volcanes, y con, para Messiaen, sus más musicales pobladores, las aves, fue una de sus primeras fuerzas creativas. Pero una naturaleza enclavada en un sentimiento de grandeza inaprehensible; en una necesidad de trascender a lo inconmensurable; anclada en una fe religiosa, católica y sin condiciones, a la que califica de tan fuerte y verdadera que «es probable que sea lo único de lo que no me arrepienta nunca». Sin embargo, este elemento religioso se entremezcla con otros de índole más terrena. Por ejemplo, un sentido dramático que heredó de su padre, un traductor especialista en Shakespeare (aunque Messiaen no aprendió a hablar el inglés nunca).

Una experiencia que dirigió directamente a Messiaen hacia *San Francisco de Asís* fue rodearse de ornitólogos y otros especialistas en la materia, convirtiéndose en un amplio conocedor de las costumbres y estilos canoros de los pájaros; llegó a distinguir por su canto más de cincuenta especies francesas y a identificar más de cien fuera de su país, en lugares como Argentina o Japón. Incluso *bautizó* algunas de ellas de manera gráfica: «Éste es Mozart; éste, Berlioz, este otro Debussy…». Pues bien, fruto de esta pasión avícola vio la luz su ciclo *Catalogue d'oiseaux* (1956-1958), para piano, más de tres horas de expansión zoológica para cuya experiencia auditiva es necesario prepararse antes. Pero ahí están ya diseñados los conciertos de pájaros de *San Francisco de Asís.*

Fue en la última década de su vida cuando Messiaen cierra dos capítulos de suma importancia en su obra: la música para órgano, a la que se dedicó toda su vida, y su contribución al género lírico con su quilométrica ópera. Pero todavía se hizo esperar. Messiaen comenzó a trabajar en ella en 1975, por encargo de Rolf Liebermann, director de la Ópera de París, pero no la tuvo preparada hasta 1983, fecha de su estreno por el director japonés Seiji Ozawa, y con el barítono José van Dam en el papel protagonista: más de dos mil páginas de partitura para siete mil compases de música que sintetizan la tradición de la gran ópera francesa, los hallazgos de Debussy y, de alguna manera, los *efectos* wagnerianos.

Messiaen se declara en su *San Francisco* como un buscador ferviente de la fe, como un creyente activo (¿), pero para dar cuerpo a esta doctrina utiliza un lenguaje sonoro demasiado complejo, demasiado cargado de razón sonora y de razón matemática, muy poco compatible con la elementalidad y sencillez de una fe que por naturaleza propia cierra los ojos ante tanto laberinto estructural. Pero al final, lo que suena parece sencillo. Las grandes versiones de *San Francisco de Asís* quizá nos sumen más en el vacío ideológico, en pensamientos cargados de escepticismo agnóstico que en el estado emocional positivo propio del creyente. ¿Qué significa esto? ¿Los que escuchamos una obra como ésta no sabemos entender el mensaje y lo tergiversamos? ¿El intérprete cambia el sentido original de la lectura deliberadamente, cargando tintas, prolongando tiempos, agriando sonidos, acentuando de determinada manera en determinados pasajes, recreando ciertas atmósferas y texturas, etc.? ¿O es que a veces la palabra del compositor no es lo mismo que la música del compositor?

El dilema debería de tener respuesta, y por eso la música es el arte más grande, por su incapacidad para la definición. En este capítulo hemos querido echar una ojeada a la historia de la música religiosa, a determinadas obras capitales claramente religiosas o a otras que han rozado el contenido religioso, bien porque el autor así lo indicara fuera o dentro de la partitura, bien por *accidente*. Queremos que nuestra propuesta haya funcionado como una reflexión ante las muchas formas que la música religiosa tiene de expresarse. Hay más obras, hay otras obras, hay otras maneras. La nuestra es sólo una de ellas, pero hemos querido plantearla de manera crítica. Nos gustaría haberlo conseguido.

Capítulo 7.
La ópera

La primera música no religiosa acabada que va a ser referenciada en este libro es una ópera de Claudio Monteverdi (Cremona, 1567-Venecia, 1643). Podría haber sido un madrigal o colección de ellos, o una cantata, géneros limítrofes a la ópera, que es el espectáculo que más ha aportado y sigue aportando a la historia de la música. Además, traemos a nuestras páginas la primera ópera de la historia, tras los experimentos de la Camerata Florentina.

La ópera es la consecuencia lógica del desarrollo de una serie de fórmulas musicales que van surgiendo entre finales de los siglos XIV y XVI. La canción profana, música de calle por excelencia en la Baja Edad Media, deriva hacia el madrigal, cuando el texto de partida al que se le añade la música va adquiriendo un mayor y más elaborado valor poético. Monteverdi es uno de los practicantes más significativos de este género, del cual contabiliza hasta ocho libros de piezas. Pasó sus primeros cuarenta años de vida musical dedicando sus esfuerzos a la composición de madrigales, defendiendo una idea básica: la música debe de estar sometida al texto; primero la palabra, luego la música, solía decir. Ésta es una declaración de principios muy importante, además de una guerra declarada a los procedimientos polifónicos, cuya mezcla melódica, como ya hemos visto, acababa por arrasar al texto. Y un potente signo de modernidad. Monteverdi hizo evolucionar la forma madrigal hacia la forma cantata, nombre que, no obstante, no utilizó en ninguna de sus obras. Sin embargo, a partir del quinto libro sus madrigales dejan de tener una estructura poética para convertirse en auténticos relatos, o lo que es lo mismo, por su carácter narrativo, en cantatas. Pero ésta, una forma no representada, pronto se transformó al subir a escena, convirtiéndose a su vez en ópera. Acababa de nacer un espectáculo que ha llegado hasta nuestros días con un grado de salud envidiable.

Las primeras experiencias al respecto fueron pergeñadas por un grupo de intelectuales florentinos al final del siglo XVI llamado Camerata Florentina o Camerata Bardi (por el nombre de su patrocinador: Giovanni Bardi). Desde este grupo de literatos, músicos y artistas plásticos se defendía la idea, muy genérica al principio, de unir las artes que representaban cada uno en una sola, tomando como modelo el teatro griego. Hablaban de «imitar con el canto la palabra hablada», una, en ese momento, más que original idea. La primera obra fruto de esos experimentos que ha llegado hasta nosotros es una ópera llamada *Dafne,* con música de un tal Jacobo Peri, que fue representada en 1567, o lo que es lo mismo el año en que nació Monteverdi. En 1602, el mismo Peri, en colaboración con otro miembro del grupo, Giulio Caccini, compuso *Eurídice,* que fue otra ópera que no pasó del puro ejercicio de laboratorio. Otra experiencia primeriza. Los resultados fueron muy precarios, entre otras razones porque a la música le faltaba alma, verdad; porque, dicho en plata, eran músicos a los que les faltaba el talento necesario para organizar formas tan complejas. A quien, sin embargo, le sobraba, era a Monteverdi, cuyo *Orfeo* ha de considerarse no sólo como la primera ópera de la historia sino como una obra maestra cerrada y de una modernidad que traspasa al futuro.

Las razones musicales por las que Monteverdi evolucionó hacia la ópera son varias. Pero hay una muy determinante: el autor cremonense no dio un salto de unas formas a otras de manera brusca o iconoclasta, pero con él la estética musical cambió radicalmente. El gran mérito de sus hallazgos, a veces considerados como una verdadera revolución, consistió en inventar sin perder la tradición, sin abandonar lo ya consolidado. De hecho, sus primeros libros de madrigales están dentro de lo que los estudiosos han denominado *Prima prattica* renacentista, que evoluciona hacia la *Nuove musiche* o *Seconda prattica* barroca. Un representante típico de la primera fue Palestrina, del que ya se habló en el anterior capítulo. Él, como Victoria o Lasso, practicó el motete y la misa polifónicos, mientras que Monteverdi se introdujo en el mundo de la armonía, de la verticalidad, de los acordes, procedimientos y fórmulas con los que los efectos dramáticos y las pasiones cambian la faz de la expresión musical. De esos procedimientos, el más determinante fue el recitativo acompañado, generalmente por lo que llamaron un bajo continuo, algo que entendemos muy bien cuando en un grupo pop, por ejemplo, pensamos en la función que tiene el bajo eléctrico y la batería. Con esta técnica, la melodía acompañada, lo que se consigue es dar una mayor importancia al texto, un principio que Monteverdi defendió desde el primer momento. Para él se trató de conseguir *hablar cantando.* De ahí al canto teatralizado, a la ópera, había ya muy poco.

Monteverdi estuvo al servicio de la familia Gonzaga, en Mantua. Vista del palacio ducal donde se representó *Orfeo*, hoy atracción turística.

Monteverdi nació en un año de bonito número, 1567, cuyo cardinal tiene para la música un crucial significado: es el año de defunción de un concepto, el de la música antigua, para pasar a otra cosa, que al principio llamamos Barroco, luego

Clasicismo, después Romanticismo, etc. Antes de cumplir los treinta, pasó al servicio de la corte de los Gonzaga, en Mantua, donde trabajó durante veinte años y donde desarrolló el estilo de la *Seconda prattica.* Allí surgió el encargo de componer la ópera *Orfeo,* hecho por Vicenzo Gonzaga, duque de Mantua, tras haber asistido éste, en Florencia, la cuna de la Camerata, a la representación de la antes mencionada *Eurídice.* El duque manifestó a su empleado que quería algo parecido pero de mayor excelencia y, sobre todo, más moderno, único, lo nunca visto y oído; porque Mantua habría de quedar por encima de su competencia medicea en la capital del Arno. Corría el año 1606.

CLAUDIO MONTEVERDI: *ORFEO.* PRIMERA REPRESENTACIÓN: 24 DE FEBRERO DE 1607

*Fanfarria de metales. Estamos en los jardines de Tracia, donde reina Orfeo, hijo de Apolo y de la musa Clío, y acompañante de los argonautas en busca del vellocino de oro. Acaba de regresar a su tierra y disfruta del amor con la hermosa Eurídice. Pero Silvia, amiga de ésta, anuncia que tras haberle mordido una serpiente, Eurídice ha fallecido. Orfeo, loco de amor, decide bajar al reino de los muertos para recuperar a su amada. Para llegar allí ha de cruzar la oscura laguna Estigia, antesala de las profundidades, antes de arribar al nefasto imperio. Él, armado con su lira, desafía las sabias palabras de Dante «Lasciate ogni speranza o voi ch´*entrate», *enfrentándose al barquero Caronte, a quien logra adormecer con los sonidos de su instrumento, la lira. Orfeo toma la barca para cruzar las sombrías aguas y adentrarse en el infierno. Allí habitan Proserpina, hija de Zeus y Deméter, y su esposo Plutón, ante el que intercede aquélla para que Eurídice pueda regresar a la tierra de la luz junto a su amado cantor. Plutón acepta, pero con una condición: Orfeo no deberá mirar a su esposa hasta que ambos hayan abandonado la sima infernal. En caso contrario, Eurídice volverá a hundirse en el hondo infierno. Ambos emprenden el viaje de regreso, y en el camino, tras escuchar un fuerte ruido, Orfeo gira su cabeza… para ver cómo Eurídice, como había quedado pactado, comienza a desvanecerse entre la niebla, descendiendo para siempre en el magma infernal. Orfeo regresa solo a Tracia, renunciando al amor, donde su padre, Apolo, lo hace inmortal. Orfeo y Apolo ascienden a las* *esferas, desde donde el tañedor de lira podrá contemplar la imagen de su amada entre los astros del firmamento.*

La competencia establecida entre florentinos y mantuanos azuzó el ingenio de Monteverdi, inclinándolo hacia un tipo de composición diferente. Pero inteligentemente no escribió la obra atendiendo sólo a los criterios de modernidad que marcaba el uso del recitativo —como hizo Peri en su *Eurídice* florentina, que es un recitativo único sin alma— sino combinando éste con los hallazgos de la música de la *Prima prattica.* Claro que tuvo la audacia de añadir un conjunto de instrumentos (una verdadera orquesta, cuando tal idea no existía) y efectos escénicos absolutamente inéditos. La obra se estrenó en la Accademia degli Invaghiti, una dependencia del palacio de los Gonzaga. No fue una buena decisión, porque el lugar era pequeño y los invitados, multitud. Un detalle importantísimo: el duque mandó, por indicación de Monteverdi, que se imprimieran programas con el texto de la obra para repartirlos entre los invitados. Nadie había pensado que eso fuera necesario; porque nadie todavía se había dado cuenta de que aquello era algo realmente nuevo; de que lo que se iba a presenciar era un drama musicado, y que, por consiguiente, el orden de los ingredientes de aquel banquete debía de ser: primero el texto, después la música que explica ese texto. O sea, una ópera. A los teatros de ópera modernos les ha costado los suyo instalar paneles con traducción simultánea de los textos, cosa que hacen desde tiempos muy recientes.

Tanto en *Eurídice* como en *Orfeo y Eurídice,* la obra maestra de Gluck ciento cincuenta años posterior, el texto original tiene final feliz; Orfeo recupera a su amada. Con Monteverdi no lo tuvo en el estreno. Pero algo debió suceder en palacio en alguna de las reposiciones de la obra, porque al comparar el libreto y la partitura originales con los publicados dos años más tarde las cosas habían cambiado. En el original —lo que se vio en el estreno—, la ópera finalizaba con un tremendo ritual en el que Orfeo era despedazado sin compasión por un ejército de bacantes. Mientras que en la edición impresa de la obra se adoptaba una solución de compromiso: Orfeo no sucumbe, y se opta por un divino desenlace celestial. ¿Hubo censura?

Orfeo es hoy una ópera que se programa continuamente. Se idean bellas puestas en escena, y los cantantes de mayor prestigio acuden a ella para agrandar su currículo. Es una música de fácil y agradable escucha, y de una muy notable inspiración. Pero no deja de ser una ópera alejada en el tiempo, de lectura unidireccional. Una bonita e inspirada historia de amor a la que no se le debería sacar más punta. Sin embargo, ahí están algunos directores de escena, bisturí en ristre, para sicoanalizar al señor de la lira, tan romántico, soñador y adolescentemente enamorado o a la desgraciada Eurídice, incapaz de controlar las irresponsables acciones de su chico. Por el contrario, se han visto producciones en las que los directores de escena optan por estilizar el contenido y abstraerlo del espacio y el tiempo. Nosotros creemos que por ahí han de andar las cosas en esta preciosa y entrañable ópera.

Entre los estrenos de *Orfeo* y *Las bodas de Figaro,* de Mozart, título del que nos vamos a ocupar ahora, transcurren ciento setenta y nueve años. Y, claro, la inmediata pregunta a hacerse es: ¿qué ha pasado en esos casi dos siglos? ¿Qué le ha sucedido al género en ese tiempo? ¿Cómo ha evolucionado? La respuesta es bastante desoladora.

Ya nos hemos referido en el capítulo anterior a la pujanza de la ópera barroca en Inglaterra tras la muerte de Monteverdi. Haendel, patrocinado por la casa de los Hannover, moderniza la música en las islas, y sin dejar de ser alemán (lo era de nacimiento) se convierte en todo un símbolo, *britanizando* sus orígenes alemanes. Son inolvidables sus, por ejemplo, *Rinaldo, Rodelinda* o *Ariodante.* Pero si la ópera funciona en Londres de manera espectacular (son varios los teatros de ópera que compiten hacia 1750), ya hemos apuntado a qué tipo de ópera nos estamos refiriendo: salvo excepciones muy contadas (por ejemplo, *Dido y Eneas,* del gran Henry Purcell), mucho canto, mucho ornamento, mucho melodrama insustancial, y muy poca continuación real de la brecha abierta por Monteverdi, con su *Orfeo* y con los dos otros títulos suyos que se conservan de los nueve en total que escribió: *La coronación de Popea* y *El retorno de Ulises a su patria.*

El *Grand Siècle* francés en música es mucho más gran siglo. París y Versalles lo dominan todo, y el nuevo estilo barroco, tan ornamental y recargado, es perfecto para la idiosincrasia francesa. El *ballet* y la danza se adueñan de la corte, con unos Luis XIII y Luis XIV participantes activos de la fiesta. Se crea allí un espectáculo llamado ópera-ballet, cuya única aportación estética real está en la posibilidad que ofrece para desarrollar una música instrumental curiosa. Estamos en los principios del llamado Estilo galante, que se impondrá, aunque tardíamente, con respecto al fin del Barroco en el país galo. Ejemplo patrio de gran valor fue *Las indias galantes,* de Rameau. Otra cosa es el teatro, pero en música la aportación musical de Francia a la ópera durante el Barroco es bastante pobre. Las dos grandes figuras del período, Jean-Baptiste Lully, florentino de nacimiento, y el ya mencionado Jean-Philippe Rameau son celebridadades en su país, pero como operistas, y aunque innumerables enciclopedias digan que son figuras imprescindibles, para nosotros aportan poco a lo que ya dejó dicho Monteverdi en la materia.

La decadente España barroca no aporta nada a la ópera. Hay un país trufado de talento literario, pero mojigato en ópera. Las austeras cortes felipistas habían causado estragos.

Ya en el crepúsculo del Barroco, el panorama es bastante triste. Los italianos andan con su particular pelea entre los partidarios de la ópera de carácter cómico, típica de Venecia, y la ópera bufa (burlesca, algo más que cómica) napolitana. Y en Francia, tras la disputa entre los que quieren que la ópera siga el mismo camino que en Venecia y los que están por una reforma seria, no hay más que una frívola toma de partido entre los gustos del rey y los de la reina. Un episodio como el denominado *querella de los bufones* sólo pudo ocurrir en un país como la Francia de antes de la Revolución. La historia fue la siguiente. Una compañía de ópera napolitana representó en París una ópera bufa llamada *La serva padrona,* de Giovanni Pergolesi, una ópera admirable, por otro lado. Los partidarios de ese estilo se revolvieron contra Rameau, al que sacaron del mapa operístico de su país. Resultado: las insoportables óperas cómicas de gentes como Philidor, Monsigny, Grétry, etc., hoy resuelta y justamente sepultadas por el peso de la historia.

A la llegada del período clásico, hacia 1750, las cosas siguen, pues, igual desde Monteverdi. No se ha avanzado nada. Por eso la figura de un reformista como Christoph Willibald Gluck (1714-1787) es determinante en esta guerra de intereses superfluos. ¿Qué hace este señor? Pues algo tan sencillo como volver al patrón (Monteverdi), subrayando texto y drama y eliminando los ornamentos innecesarios. Ya hemos nombrado su *Orfeo y Eurídice;* no es casual el título; no es casual a quién mira Gluck para recuperar las esencias del género.

El mito de Orfeo y Eurídice renació para la ópera en el siglo XVIII de la mano del gran Gluck. En la foto, dos cantantes en una representación de alrededor de 1900.

Pero si Gluck referencia una reforma del género necesaria, Mozart es el verdadero protagonista del cambio; es él quien irrumpe en este mercado como elefante en cacharrería. Este niño se estrena con una piececilla llamada *Bastián y Bastiana,* escrita, como ya hemos dicho antes, a los doce años. De ahí en adelante impone su criterio, y lo hace, una vez más, no atendiendo a guerras inútiles o falsas modernidades. Mozart escribe de todo: ópera seria, ópera cómica, *singspiel* alemán (como en nuestra zarzuela, una mezcla de canto con partes habladas), ópera dramática, etc. Sólo que lo hace muy bien desde el primer momento y alcanzando cotas inalcanzables a partir de un determinado punto. No vamos aquí a especular al respecto, pero sí diremos que su trilogía con libreto de Lorenzo da Ponte formada por *Las bodas de Fígaro, Don Giovanni* y *Così fan tutte* está en el corazón de un espectacular centro creativo, y en el centro de una transformación sin la cual el género habría muerto de éxito. Para muchos la mejor ópera de Mozart es la segunda de esa lista; otros suspiran con *La flauta mágica,* su testamento operístico; y otros se sienten especialmente cómodos (como no hace mucho nos lo explicó Michael Haneke en su montaje para el Teatro Real, de Madrid) con *Così fan tutte.* Pero nosotros vamos a traer a nuestras páginas la primera de las tres, una pieza cuyas lecturas humana y política nos interesan especialmente.

WOLFGANG AMADEUS MOZART: *LAS BODAS DE FÍGARO.* PRIMERA REPRESENTACIÓN: 1 DE MAYO DE 1786

Los personajes de esta ópera son herederos de los de *El barbero de Sevilla* y la comedia homónima de Beaumarchais, ambas dedicadas a ese exótico país llamado España, cuyo perfume navajero eliminó Lorenzo da Ponte en el texto para el libreto de la ópera de Mozart.

Un palacio en los alrededores de Sevilla. Habitación de los criados Fígaro y Susana. Preparan su boda. Ella le hace ver que la habitación está demasiado cerca de los aposentos de los condes Almaviva, por lo que puede ser reclamada por el Conde para ejercer su derecho de pernada. Fígaro promete a Susana que lo impedirá. Marcelina, ama de llaves, muestra un contrato por el que Fígaro se había comprometido a pagar una fuerte cantidad de dinero en concepto de préstamo, que ahora reclama para impedir su boda. El Doctor Bártolo apoya a Marcelina porque quiere vengarse de Fígaro, que hace tiempo ayudó a raptar a Rosina, su pupila, para que el Conde pudiera esposarla. Cherubino es un paje que se declara enamorado de todo aquello que lleve faldas. Ha sido sorprendido por el Conde en actitud amorosa con Barbarina, hija de Antonio el jardinero, por lo que ha sido despedido. Cherubino pide a Susana que interceda por él ante la Condesa. Al darse cuenta de que se aproxima el Conde, se esconde tras un sillón; Susana es cortejada por el Conde, pero entonces llega el sacerdote Basilio, profesor de música, con lo que el Conde se ve obligado igualmente a esconderse. Basilio comenta que a Cherubino le atrae fuertemente la Condesa, con lo que el Conde sale, enfadado, de su escondite. Susana finge un desmayo, y el Conde, al intentar ayudarla, descubre al oculto Cherubino. Susana y Don Basilio intentan disculparlo. En ese momento llega Fígaro capitaneando a un grupo de campesinos, que cantan una buena nueva: el Conde ha renunciado a su derecho de pernada. Fígaro entrega al Conde el velo de novia para que se lo ponga en la cabeza a Susana. El Conde entiende la artimaña de Fígaro y promete venganza. Perdona a Cherubino, pero con la condición de que se incorpore al ejército.

Estamos ahora en los aposentos de la Condesa, quien se queja del poco caso que le hace su esposo. Susana le hace saber las intenciones del Conde para con ella, y Fígaro urde su propio plan de venganza: Basilio le hará llegar una nota en la que se da a entender que su esposa, la Condesa, se va a citar con un amante. A la par, se hará saber al Conde que al mismo tiempo podrá verse con Susana, en realidad Cherubino disfrazado de mujer. Se disponen los preparativos. Pero Cherubino y la Condesa se sienten atraídos. Cuando están a punto de besarse, llega el Conde y Cherubino tiene que encerrase en el gabinete. El Conde, muy irritado, escucha un ruido tras la puerta, y la fuerza. Cherubino ha saltado por la ventana al jardín, y Susana, que lo ha oído todo, reemplaza a Cherubino, por lo que el Conde, al verla, ha de pedir disculpas a la Condesa. Llega Antonio, el jardinero, con una maceta que alguien ha roto, y un papel que perdió quien la rompió: es el despacho de Cherubino, pero Fígaro logra disculparlo, diciendo que el papel era suyo porque estaba haciendo un trámite. Llegan, como locos, Bártolo, Basilio y Marcelina, que sigue reclamando su dinero, y el Conde, acorralado y desprovisto de toda razón, más irritado que nunca, los lleva a todos a juicio.

La acción se desarrolla ahora en el salón del palacio. Susana coquetea con el Conde; se encontrarán por la noche, pero a cambio le tendrá que dar el dinero para resarcir la deuda que tiene Fígaro con Marcelina. El abogado Don Curcio exige a Fígaro que pague la deuda o se case con aquélla. Fígaro se niega alegando que pertenece a un alto linaje, y la prueba está en una marca que tiene en el brazo. Pero al mostrarla, Marcelina reconoce en él *a su hijo, fruto del amor secreto con Bártolo. Aparece Susana con el dinero, y se encuentra a Marcelina y Fígaro abrazados, con lo que estalla en ira. Una vez aclarado todo, Marcelina y Bártolo deciden casarse junto a Fígaro y Susana. Salen todos, y entran Barbarina y Cherubino, al que esconde la primera. Antonio ha encontrado el sombrero de Cherubino y se lo hace saber al Conde. La Condesa, melancólica y abatida, dicta a Susana una carta dirigida al Conde para encontrarse con él. Llegan unos campesinos, entre los que se oculta Cherubino. Antonio le descubre, y cuando el Conde va a castigarle, Barbarina le pide permiso para casarse con él, a cambio de los besos que a escondidas le da. El Conde, acosado, accede.*

El jardín del palacio. Está anocheciendo. Fígaro cree que Susana ha accedido a las pretensiones del Conde. Se queja de la infidelidad de las mujeres. Llegan la Condesa y Susana con sus vestidos cambiados. Se esconden. Susana quiere escarmentar las sospechas de su novio. Aparece Cherubino, que confunde a Susana con la Condesa. Trata de besarla. Llega el Conde, que intenta abofetear a Cherubino, pero es a Fígaro a quien realmente pega. El Conde se dirige hacia la supuesta Susana (su esposa), y Fígaro, que ha reconocido a Susana por la voz, flirtea con la supuesta Condesa, de quien recibe otra bofetada, es decir de la verdadera Susana. En fin, cuando todo el enredo se aclara, se reúnen todos, todos se perdonan y se dirigen a la fiesta de las bodas.

Lorenzo da Ponte (Emmanuele Conegliano), libretista de la triada *Las bodas de Fígaro, Don Giovanni* y *Così fan tutte.* Emprendedor, mujeriego, amigo de Casanova, fue capaz de abrirse paso en la Corte hasta llegar al mismísimo emperador. ACRED.: ÓLEO DE AUTOR DESCONICIDO. UNIVERSIDAD DE COLOMBIA.

Las bodas de Fígaro es con toda probabilidad la primera ópera cómica sin flecos; la primera ópera en clave de comedia en la que todo queda dicho con una asombrosa precisión y un pasmosa claridad. Todo. Lo fundamental y lo accesorio; todo lo inherente al género, que en su momento es modelo y que hoy es ejemplo de perfección. Pura incandescencia, chispas que saltan de y por todos los lados convirtiéndose en teas incendiarias de cuanta norma o precepto puedan regir la vida del común de los mortales. Incandescencia amorosa, social, sexual, política; un puro desorden del orden establecido, presentado en el corazón de la corte, bajo un texto reformado de uno absolutamente prohibido en toda Europa, la famosa españolada de Pierre-Augustin Caron de Beaumarchais, que tantos estragos había causado en la nobleza. Con estos mimbres el genio del libretista, Lorenzo da Ponte, monta un *sarao* en el que todos los personajes lo quieren todo de todos; en el que todos se confunden con todos, sin importar la máscara que cada uno haya de usar para complacer al resto. Y así, la ausencia de moral, de principios, o mejor, la burla, el escarnio de esos principios, que no sirven para nada, produce una catarsis, una transmutación de valores físicos, sicológicos y sociales. Se cae todo un sistema, todo un régimen, porque todos se sitúan a la vez dentro y fuera de él. En primera línea, los que mandan: un noble que quiere seguir siendo dueño y señor de todo, incluida su esposa, incluida su criada. Ella, la Condesa, una insatisfecha y a veces lánguida, pero otras, dominante, harta de su marido y siempre receptiva a la carne fresca. Segunda línea: Fígaro y Susana, dos pícaros, siempre atentos a las circunstancias, siempre listos como el hambre, siempre dispuestos al engaño con tal de conseguir lo que desean. Muy sueltos de corazón… y de cuerpo. Y en tercera línea una legión de criados —y asimilados— , personajes de segunda —en apariencia—, a través de los cuales se expresan el Conde y la Condesa; Susana y Fígaro, y por supuesto el gran travestido, Cherubino, dos en uno siempre, un manjar de buen disfrute para todos. Tómese todo esto y envásese en un inmenso recitativo, marca Mozart, único, plagado de celestiales arias, y obtendremos una pieza cuyo poder de corrosión política nadie entendió en su momento. Claro que la música, tampoco.

En realidad, y tras nuestro primer contacto con el género en estas dos óperas, parece que surge ya una pregunta algo más que retórica: ¿Es cierto que la ópera es un espectáculo que ha pervivido porque, al fin y al cabo, nos cuenta historias que, de alguna manera u otra, giran en torno al amor, el mejor de los motores creativos en cualquier tiempo o época? La respuesta es sí, pero con matices. O mejor, con un matiz: amor y muerte; la mayor parte de los grandes —y no grandes— títulos de la historia de la ópera, directa o indirectamente relacionan dos principios, el de la fuerza del amor y el empuje inevitable de la muerte. Para *Orfeo,* Monteverdi acude, como era de rigor en su tiempo, a los clásicos para contarnos una historia de amor, pero mirando de reojo a la muerte. Y si en las siguientes óperas de las que vamos a hablar nos vamos a hartar de la doble temática amor-muerte, digamos que con *La bodas de Fígaro* nos hemos adentrado en un terreno menos habitual: una especie de amores todo terreno cuyo todo revuelto marca, ya lo hemos dicho, el fin de una época. La carga política de esta comedia es brutal, y Mozart lo sabía, y por eso hizo una ópera coral, colectiva, alejándose de las historias personales, como sucede en su *Don Giovanni,* otro ejemplo de ópera amorosa, pero esta vez de un amor pasional y destructivo.

Entre 1786, fecha de estreno de *Las bodas de Fígaro,* y 1851, el año en el que sube a escena nuestro próximo título escogido, tienen lugar en Europa varios acontecimientos operísticos que no podemos obviar. El primero, la composición de una ópera que es única en el género, que si bien recibe influencias musicales de la penúltima de Mozart, esa maravillosa *comedia seria* en forma de canto y habla llamada *La flauta mágica,* es imposible de catalogar o adscribir a ninguna escuela. Se trata de *Fidelio,* de Beethoven, que como siempre sucede con este señor, nos regala una partitura llena de originalidad y unicidad, aun tratando temas convencionales: aquí hace disfrazarse de hombre a Leonora para, con el nombre de Fidelio, descender a los calabozos para salvar a su marido, Florestán, injustamente encarcelado. Obra política en donde se ensalza la vida marital pero en la que también se hace una cerrada defensa del concepto de justicia. Beethoven puro de oliva. Sin embargo, la línea de desarrollo de la ópera alemana, que precisamente empieza con *La flauta mágica* y cristaliza en todo su esplendor en Wagner y Richard Strauss, como veremos en páginas posteriores, la traza Carl Maria von Weber, nacido el mismo año en que se estrena *Las bodas de Figaro* y fallecido un año antes que Beethoven, con títulos como la magnífica *Der Freischütz* (*El cazador furtivo*), cuyo esotérico libreto marca el paso hacia el mundo de leyendas germánicas en el que se moverá Wagner.

Capítulo aparte sería el referido al *bel canto* romántico. Ya hemos habado en un capítulo anterior de este asunto. Naturalmente sentimos el máximo respeto hacia este género, que además es el que más adora el gran público, pero no compartimos tales entusiasmos. Entendemos mal que el origen y final de todo en una ópera sea la defensa de una bonita voz, de una gran voz; y entendemos peor el esfuerzo del compositor por poner toda la representación al servicio de la exhibición de medios vocales que ello supone. La idea nos parece, al menos, un tanto circense. Sin embargo, y como siempre sucede, en la música y fuera de ella, es posible encontrar obras, o incluso autores al completo, que llevan la idea del *bel canto* a terrenos de mejor calificación. Autores como Vincenzo Bellini (1801-1836) o Gaetano Donizetti (1797-1848) componen unas cuantas obras en ese estilo, y consiguen grandes momentos sin apartarse de ese camino. El primero, a quien Wagner admiraba por su extraordinaria capacidad para inventar melodías, escribió una, perteneciente a su obra maestra, *Norma,* que tararean hasta los gatos, y por las que las marcas de perfumes y otros abalorios cosméticos suelen pujar para sus anuncios televisivos; ya saben, marinero regresa en un gran barco en busca de rubia lánguida y bien dotada físicamente. Nos referimos a la maravillosa *Casta Diva.* En cuanto al segundo, que hizo óperas como churros, sus libretos suelen ser bastante imposibles, pero escribió una pieza llamada *Don Pasquale,* que en su refinada y compleja comicidad recuerda, aun sin parecerse, al más genial de los compositores italianos de ópera de su entorno temporal, Gioacchino Rossini (1792-1868), un genio absoluto que compitió con Beethoven en la Viena de las primeras décadas del siglo XIX y que siempre salió triunfante de la brega. Rossini fue un belcantista, pero algo más, bastante más, que un belcantista. Porque adaptándose como un guante a una mano al estilo, cada una de sus treinta y siete óperas contiene una música diferente y única. La clave del éxito de Rossini estuvo en que practicó una comicidad no pasiva, basada en el uso de la ironía y una autocrítica feroz del medio en que se movía. Y que aplicó a rajatabla a su propia vida: esas treinta y siete óperas, cómicas pero también serias, salieron de su pluma entre 1819 y 1829. Cuando se dio a conocer la última, *Guillermo Tell,* tenía treinta y siete años. La edad perfecta para jubilarse, cosa que hizo, pues no volvió a escribir ninguna más. Compuso más música, desde luego, pero nunca otra ópera. A todas ésas las llamaba *pecadillos de vejez.* Pero si hay una obra que le representa al cien por cien ésa es *El barbero de Sevilla,* cuyo argumento cuenta la historia precedente al de la mozartiana *Las bodas de Figaro.*

Siguiendo el camino que nos hemos trazado, vamos a ir viendo cómo funcionan los diversos modelos, pero las paradas siguientes son de nuevo óperas de amor y muerte. El salto en el tiempo es ahora de algo más de medio siglo, y nuestra estancia alcanzará los dos nombres más definitivos y cruciales de la historia de la ópera: Giuseppe Verdi (1813-1901) y Richard Wagner (1813-1883). Siempre se ha dicho que el agua y el aceite. O no.

Verdi es la cumbre del teatro en ópera. Hay mil biografías suyas, aunque, como en Bach, los conocimientos que se tienen de su vida no es que sean escasos, pero sí escuetos. Porque siempre se habló mucho de él, pero él poco de sí mismo. Fue un hombre muy apegado a su tierra, que amaba sobre todas las cosas. El campo, la tierra y, por consiguiente, los valores auténticos de la vida dirigieron sus gustos. En realidad en su música hay una rara mezcla entre lo culto y lo rural, que hace que en sus óperas convivan los valores populares, llenos de sencillez y nobleza, con la literatura y el teatro de alto vuelo. Nació en el medio rural, pero su talento le guio hacia las capitales italianas con más arraigo operístico, Milán a la cabeza. La vida de Verdi estuvo plagada de obstáculos y penalidades, pero tuvo la suerte de encontrar en su propio medio gentes que supieron ver su talento y que le ayudaron. Trabajador infatigable, escribió casi medio centenar de óperas en sus ochenta y ocho años de existencia. Fue un hombre desconfiado, un punto huraño, de proverbial mal genio, que tuvo que sortear la censura en más de una ocasión para poder dar vida a sus óperas.

Sus primeros títulos se agrupan en lo que él llamaba *años de galeras*, un período en que tuvo que multiplicarse para salir adelante. *Rigoletto* es su decimosexta ópera y, junto con *Il trovatore* y *La traviata,* forma una trilogía que todos los estudiosos de su obra sin excepción consideran como el arranque del gran Verdi. Nosotros pensamos que algo más que el arranque: es cierto que hay muchos otros títulos posteriores más relevantes, sobre todo desde el punto de vista de la evolución del autor, pero la fuerza, la verdad, el alma de la música que Verdi idea para *Rigoletto,* y la manera en que expande sus sentimientos, no tienen igual.

Giuseppe Verdi encarna como ningún otro el espíritu de la ópera italiana como espectáculo popular.

GIUSEPPE VERDI: *RIGOLETTO.* PRIMERA REPRESENTACIÓN: 11 DE MARZO DE 1851

Rigoletto es un bufón al servicio del Duque. Debe de ser defendido por un barítono de carácter, fuerte y resistente. Es el padre de Gilda, una chica cuya personalidad se presta a confusión en el desarrollo que le da Verdi: vemos cómo pasa de jovencita a mujer sin que sepamos muy bien cómo, aunque con las suficientes pistas para que lo imaginemos. El Duque de Mantua es un odioso personaje para una caracterización vocal de ensueño, algo común en Verdi, pero aquí de manera mucho más notable: este mujeriego sin causa llega a decirle a Gilda: «El amor es vida y luz del alma», para embaucarla. No es más que un noble corrupto y sin escrúpulos para conseguir sus caprichos, que Verdi parapeta tras una música excelsa. El típico tenor lírico con agilidad y belleza vocal. Sparafucile es el mercenario contratado por Rigoletto para matar al Duque, y Magdalena, su hermana, una mujer de dudosa moralidad, que aspira a los favores del Duque. Monterone, por último, es un pequeño papel para bajo, que tiene una intervención breve pero argumentalmente fundamental. Un padre atípico, el jorobado Rigoletto, descubre con horror que su preciosa hija, prendada del duque-jefe, ha sido seducida por éste; a las burlas propias del oficio ha de añadir tal humillación sanguínea. Así que prepara el asesinato del Duque, pero todo se tuerce y la muerta será su hija. Todo ello debido a una maldición, la del viejo Monterone.

Éstos son los personajes y la historia, sin duda menos determinante e interesante ésta que el retrato sicológico de los personajes, en realidad el gran salto que supone esta ópera con respecto a las anteriores de Verdi. La obra, basada en un drama de Víctor Hugo del que el libreto se aparta sustancialmente, plantea uno de los aspectos de los seres humanos que más gustaba a Verdi: su dramática fragilidad. Una fragilidad que se manifiesta en todos los sentidos, en el físico, el sentimental, el ético, el moral. El siempre humillado y engañado Rigoletto no es un cualquiera; de alguna manera forma parte del Poder, pues está más cerca que nadie del rey (duque) y como pocos puede influir en las decisiones políticas de éste. Así que es tan cínico como la autoridad a la que sirve, aunque extraiga de su interior grandes dosis de nobleza, amor y elevados sentimientos cuando las cosas se le ponen feas, o sea, cuando la *vil razza* decide usar a su hija (guapa, y por eso rara, inmerecida hija suya, es decir, otro producto más de las transgresiones de la corte, pero esta vez a cargo de un *clase baja*) como moneda de diversión y burla hacia él. Naturalmente, el factor desencadenante último de la historia, la maldición de Monterone, no es más que la excusa —aunque este tipo de elementos teatrales son consustanciales al rural Verdi, al pesimista y supersticioso Verdi— para reflexionar acerca de un mundo hecho de farsa, engaños y corrupción, en el que el débil siempre pierde ante los poderosos. Políticamente el mensaje es demoledor: cuando la izquierda *aprende* de la derecha y decide utilizar sus métodos, siempre fracasa: cuando Rigoletto contrata a Sparafucile para matar al Duque está provocando su más grande desgracia, la muerte de su hija.

Hay un montón de razones por las cuales *Rigoletto* es una obra crucial en el devenir de la producción verdiana, y por consiguiente en el de la propia historia del género. Pero por encima de todas hay algo que define con un fundamento más directo y definitivo esa importancia: el manto popular de la pieza, la bendición dispensada por todos los públicos a sus partituras escénica y musical, su aceptación incondicional por todo el mundo, especialistas, aficionados y neófitos diversos, aun supinos ignorantes en materia musical, desde el día siguiente a su fecha de estreno.

Verdi siguió un ritmo lento en su evolución como hombre de teatro; y *Rigoletto* es, ya ha quedado dicho, un verdadero punto de inflexión en su obra, pero también un punto de partida y el final de un proceso consistente en una lenta suma: al autor de teatro de argumento se va añadiendo poco a poco el de personajes. A lo largo del resto de su carrera Verdi seguirá desarrollando esta segunda faceta (y su última pieza, *Falstaff,* será el logro supremo), pero sin permitirse la más mínima flaqueza en la primera. *Rigoletto* encabeza, como hemos dicho, la famosa trilogía en la que el operista-sicólogo disecciona no ya situaciones teatrales límite sino personajes de una carga marginal fronteriza; Verdi comienza aquí a apretar tuercas, para superar los cantos nacional-sentimentales de *Nabucco,* los tormentos erótico-políticos de *Macbeth* y las miserias humanas de *Ernani,* sus óperas anteriores. Desciende hacia las zonas más oscuras de sus personajes, que además escoge y caracteriza sin piedad alguna: un bufón, una gitana y una prostituta para *mover* el drama, por ese orden, en *Rigoletto, Il trovatore* y *La traviata.* Verdi puede hablar más alto, pero no más claro: ópera es explicar con música los comportamientos humanos.

Musicalmente *Rigoletto* —y las que la van a seguir— suma más cosas: a lo anterior, una idea dramática —dramatizada, habría que precisar— del *bel canto*, que desde luego el compositor ya no abandonará hasta el fin de sus días. Y siempre, y como siempre a partir de entonces, unos modos cada vez más soberbiamente asentados en una inspiración melódica proverbial, natural, que en algunos casos llegó a rozar lo escandaloso. En fin, un ejemplo único, de apariencia sencilla, muy difícil de calificar. Y si dos siglos y medio antes Monteverdi nos había embaucado con sus perfumes amorosos y su llanto por la pérdida de la amada, Verdi hunde su daga en las miserias de un duque que recuerda al público que «La donna è mobile» como pluma en el viento, con gran capacidad para cambiar de ideas; o en la tragedia de un bufón que nos cuenta:«Pari siamo!... Io la lingua, egli ha il pugnale» (¡Somos iguales!... Yo tengo la lengua y él el puñal). Es decir, un contrahecho que juega con un poder intelectual que, alejado de la violencia, cuenta con el favor del Poder, porque está a su lado. Un Verdi que deja al público atónito cuando Rigoletto descubre que en el saco que va a echar al río no está quien espera, el chulesco Duque, sino su hija, un descubrimiento que se hace patente porque, de pronto, escucha a lo lejos a alguien que repite «La donna è mobile»... Más teatral, imposible.

El jorobado muestra su desesperación al descubrir que es su hija Gilda quien ha muerto y no el malvado Duque.
ACRED.: TEATRO REAL/JAVIER DEL REAL.

Wagner es la teórica antítesis de Verdi. Mientras éste se ocupó en sus óperas de la parte real del hombre, de las personas de carne y hueso y sus problemas, de sus miserias y grandezas, Wagner casi siempre se situó en un terreno superior, en lugares habitados por seres que no pertenecen a este mundo. Lo que se explica por la naturaleza humana de cada uno de ellos. Frente a la innata humanidad rural de Verdi, Wagner en cambio pareció aterrizar en el mundo envuelto en un batín de seda, a la espera de que todos le rindieran pleitesía. Con él asistimos al caso más flagrante de desconexión entre vida y obra que podamos imaginar. Los personajes a los que da vida alcanzan siempre una elevada cota moral, mientras que él, en su día a día, no deja dudas acerca de su comportamiento, mentiroso y tramposo. Wagner engañó a todo el mundo; a sus amigos y sus enemigos; a decenas de inocentes prestamistas; a sus rivales amorosos y sus amantes; a su amigo, el director Hans von Bulow, a quien le quitó su esposa, Cosima Liszt, y hasta al mismísimo rey de Baviera, al que exprimió como a una naranja. Wagner no fue, como Verdi, un observador de la vida, sino un inventor de la vida, cosa que hizo a través de leyendas y sagas de origen nórdico y alemán. Por eso Verdi siempre acudió a un libretista para los textos de sus óperas, mientras que Wagner se los escribió él mismo. Se pasó media vida huyendo de sus acreedores, pero eso no le supuso el más mínimo malestar o inconveniente para vivir. Al contrario, estuvo rodeado de todo tipo de lujos hasta el día de su desaparición. Fue el hombre de las mil ideologías, cristiano y agnóstico, antisemita y anarquista, revolucionario y burgués, admirador de la figura de Cristo y ateo descreído o ultracatólico. Un crisol, en fin, de personalidades diversas. Y más. Pero un músico y operista que nada tuvo que ver con su tiempo, con el tiempo de antes de su tiempo y con el tiempo de después de su tiempo. Una isla en la historia de la ópera.

Seguramente no habrá habido otro compositor con mayor capacidad para sublimar su vida cotidiana; para, a través de sus músicas pero también de las historias que inventaba, dar a su realidad circundante un aspecto sublime y elevado que, al menos para el común de los mortales que le rodeaban, estaba muy lejos de tener. Ética y estéticamente. Wagner nos habló no de mucho, sino de todo; eso quería él: convertirse en el creador global y totalizador, único e irrepetible, un maestro y un ejemplo para el futuro del arte. Demasiadas cosas. Sin embargo, si es más que discutible que lo consiguiera en la mayor parte de los palos que tocó, en uno sí, y de manera categórica: aunque sus exégetas digan los contrario, no fue un gran poeta, ni filósofo, ni escritor, ni siquiera libretista, pero su legado musical puro se puede considerar como patrimonio de la humanidad para todos los tiempos. Él, el músico, siempre lo supo, y por eso fue el primero que extrajo de sus óperas oberturas, preludios, interludios o posludios para ser interpretados en conciertos sinfónicos. Ciertamente, más se conoce a Wagner por la escucha de estos trozos de música que por la de sus óperas completas. Escribió trece, aunque se suele reducir esa cifra a once, e incluso muchos la dejan en diez. Porque compuso dos obras de juventud que raramente se interpretan (*Las hadas* y *La prohibición de amar)* y una tercera con demasiadas influencias de la moda de su tiempo, llamada *Rienzi.* A partir de ésta, ven la luz sus óperas románticas (así las llamaba él) *El holandés errante, Tannhäuser* y *Lohengrin;* su obra de arte total *El anillo del Nibelungo,* formada por cuatro títulos (*El oro del Rin, La valquiria, Sigfrido* y *El ocaso de los dioses)* y los dramas (así los llamaba él) *Tristán e Isolda, Los maestros cantores de Nuremberg* (una comedia, en realidad) y *Parsifal.* Todas ellas obras capitales, pero con abundantes detractores. Sin embargo, si Wagner se convierte en autor indiscutible en alguna de ellas, ésa es *Tristán e Isolda,* obra maestra aceptada por todo el mundo, lo que quiere decir por los pocos que han tenido la paciencia, el buen gusto, la talla intelectual y un montón de virtudes más para dedicar toda una vida a comprenderla y degustarla.

Tristán e Isolda, pues, es la cuarta ópera de un minicatálogo en el que no cuentan las anteriores a *El holandés errante.* Para él fue su primer drama; para nosotros, un producto de varios sobresaltos vitales; posiblemente de la combinación de algunas crisis. Tras dar carpetazo a *Lohengrin,* Wagner no quiso seguir por el camino que había abierto *El holandés errante,* y por el cual habían transitado después las otras dos, *Tannhäuser* y *Lohengrin.* En estas tres había hecho sufrir a Senta, Eva y Elsa, sus abnegadas protagonistas, como productos subsidiarios y dependientes de sus hombres, siempre enzarzados en sus misiones salvadoras, aun en busca de su propia redención. Y en las tres había ensayado un tipo de relato que ya le quedaba pequeño al mirar hacia el futuro. Nació así en su mente la figura de Sigfrido, para pensar ya en su futura tetralogía, como explicaremos en la cuarta parte del libro. Pero cuando ya había avanzado bastante en el proyecto sucedió un imprevisto: conoció a una señora (señora, señora, pues estaba casada y felizmente casada) que trastornó su poderosa capacidad para transformar la vida cotidiana en hecho prodigioso. En su calenturienta mente se había convertido en amante imposible de una mujer de otras esferas, sujeta sin embargo a la vida de a pie por un comerciante de sedas de alto poder adquisitivo. Éste, de apellido Wesendonck, regaló a Wagner una casita al lado de su mansión, en la que el compositor acabó aparcando a Sigfrido para abrazar a Tristán. Allí trabajaría en el nuevo poema (así llamaba él a su libreto; él, el poeta) para su ópera, y allí, en el llamado Asilo (la *casita* de dos plantas y unos cuantos dormitorios y dependencias para los criados), se instaló junto a su esposa en 1857. Pero fue un año antes, a finales de 1856, cuando Wagner ya había escrito los primeros esbozos para *Tristán e Isolda*, uno de los motivos fundamentales de la ópera, el del Deseo (enseguida explicamos qué son los motivos wagnerianos), que experimentaba una revolucionaria opción de futuro: frente a la estabilidad del Mi bemol Mayor de la soberbia introducción de *El oro del Rin,* base y sustento de las dieciséis horas siguientes de música para el *Anillo*, aquí el cromatismo (hablaremos de este concepto más adelante) invadía esa estabilidad surcando peligrosos terrenos emocionales. Al año siguiente, en abril, Wagner ya había entrado en harina lo suficiente, y envió a Mathilde (Wesendonck) un borrador de la orquestación del preludio del primer acto. A partir de ese momento comienza el gran culebrón: la esposa de Wagner, Minna Planer, interceptó la carta en la que Wagner enviaba a su amante imaginada esa música (junto a otras consideraciones acerca del poder de seducción de sus ojos, etc.), se enfrentó a ella, se fue a tomar una cura de aguas y los Wesendonck huyeron a Italia en viaje turístico…

Pero Wagner, afortunadamente, siguió escribiendo febrilmente... su *Tristán e Isolda*. Cuando los Wesendonck regresaron, los Wagner tuvieron que buscar nuevo domicilio.

Richard Wagner, un compositor que se eleva en el pensamiento, aunque el verdadero poder de su música está en el enamoramiento incondicional que produce.

La parte más escuchada de *Tristán e Isolda* es el preludio del primer acto. Conviene detenerse algo en él, pues es una obra en sí mismo, antes de la avalancha operística que le sigue. Wagner, después de *Lohengrin*, comenzó a trabajar con lo que él llamaba motivos conductores, que son temas característicos de sus personajes o de determinadas situaciones de la obra. En el preludio se escuchan ya dos motivos, los de la Confesión y el Deseo, que lo recorren. En el primer motivo, descendente, los violonchelos se hacen los dueños; en el segundo, el rey es el oboe. Y durante tres repeticiones escuchamos un acorde disonante que ha pasado a la posteridad como el acorde de Tristán (Fa-Si-Re #-Sol #). Con él y frente a él desfilan los temas del filtro y de la liberación por la muerte. Y todo ello en tonalidades opuestas, en matices y agógicas extremas, en ritmos breves y largos, en un discurso dinámico de enormes contrastes, etc. Diríase que es una locura como preludio, pues de lo que se trata más bien es de un imponente pórtico que encierra valores independientes, e incluso cerrados. La imagen y la descripción de una locura de amor y sexo, pero, por encima de ello, una música de extraordinaria elocuencia y grandiosa emocionalidad. Pero ¿qué sucede después?

WAGNER: *TRISTÁN E ISOLDA*. PRIMERA REPRESENTACIÓN: 10 DE JUNIO DE 1865

Tristán es un caballero de origen bretón. Está al servicio de su tío, el rey Marke. Isolda, princesa irlandesa, está prometida con el rey. Kurwenal y Brangania son el uno escudero y amigo de Tristán, criada y confidente de la princesa la otra. La obra comienza en el barco en el que Tristán traslada a Isolda desde Irlanda a Cornualles. Se oye la voz de un joven marinero, que recuerda amores dejados en Irlanda. Isolda, furiosa, ordena a su criada que llame a Tristán. Explica a Brangania cómo en las guerras entre galeses e irlandeses cayó Morold, su prometido, y cómo luego llegó a las costas un moribundo de nombre Tantris, no otro que Tristán, vencedor de Morold. Apabullada por su falta de valor para matarlo en venganza por la muerte de Morold, tuvo que aceptar ser entregada por Tristán al viejo Marke. Pero de su alocución se desprende una extraña mezcla de odio, amor y venganza hacia Tristán. Brangania recuerda a la maga Isolda que posee un filtro de amor, pero ésta prefiere recurrir a otro filtro, el de la muerte. Kurwenal anuncia a Tristán. Se produce un diálogo al principio frío y distante. Pero luego Isolda le invita a beber. Ambos saben que van a morir, pero no es así, porque Brangania ha cambiado el filtro de la muerte por el del amor: los ahora amantes quedan extasiados y ardientes de deseo. Las trompetas anuncian la llegada del rey Marke.

Segundo acto. Ya en Cornualles. Tristán e Isolda se encuentran en el jardín, donde tienen una apasionada conversación. Es el famoso dúo de amor, auténtico corazón y alma de la obra. Llega el rey. No entiende la traición de Tristán. Y éste tampoco sabe explicarla. En un impresionante monólogo Marke expresa su decepción. Tristán desafía al criado Melot, se abalanza contra él, y prácticamente se clava la espada. Cae malherido en los brazos de Kurwenal.

Tercer acto. En el castillo de Kareol. Tristán está moribundo. No hace más que preguntar a Kurwenal cuándo llegará Isolda. Delira. Pero de pronto se anuncia la llegada del barco donde viaja Isolda. Tristán se arranca los vendajes y sale a su encuentro. Llegan Isolda y Marke, que, enterado de lo que realmente ha sucedido con los filtros, se lamenta. Tristán apoya la cabeza en el regazo de Isolda y muere. Ella, entonces, se eleva transfigurada en busca de su amado, más allá de las esferas, allá donde no hay noche ni día ni existe la conciencia humana.

Óleo del pintor santanderino Rogelio de Egusquiza. Tristán e Isolda, exhaustos de amor.
ACRED.: COLECCIÓN PRIVADA.

¿Por qué una obra que en todos los aspectos nace como hija de la duda, de la insatisfacción personal, de la intranquilidad, de la clandestinidad amorosa —¿lo menos parecido al disfrute?—, incluso del pesimismo, puede acabar convirtiéndose en una creación tan redonda, única y, eso, indiscutible? *Tristán e Isolda* es, ante todo, una historia de amor. Y de muerte. Las dos cosas en una. Una especie de manual de metafísica acerca de la existencia. La obra maneja valores universales, y no sólo el amor o la muerte, sino los límites del poder, el honor, el vasallaje, la amistad e incluso la magia. La imposible pareja formada por Tristán e Isolda se transforma en una realidad sensual superior por obra de las artes esotéricas. Con la acción del filtro. Pero clandestinamente. Y sólo temporalmente. Porque las cosas deben de quedar en su sitio: la muerte buscada y sustituida, en un auténtico regreso desde la realidad irreal que provoca el filtro a la realidad de verdad, la de las promesas que deben ser cumplidas. El resultado final de este doble plano teatral es fabuloso, una división radical del virtual y en cierta medida sobrenatural mundo que ha creado esta galería de seres incomunicados e insatisfechos.

Vemos *Tristán e Isolda* como uno de los ejemplos más acabados de una brutal crisis entre vida y arte. Sólo pudo salir algo así de la pluma de un loco lunático de incontrolada genialidad. La musicología más alicorta siempre se ha sentido incómoda al reconocer que gran parte de la música romántica —la de Wagner en primera fila y *Tristán* como su más preclara avanzadilla— es producto de un desencuentro entre el hombre y el creador. Se trata de hacer ver que hay una abismal diferencia entre cómo es el hombre y las ideas y valores emanados de la creación de éste, pero, eso sí, deteniéndose al final del razonamiento para no comprometerse con teoría alguna que explique ese binomio de contrarios. La explicación es que no hay explicación, o, si se quiere, que la solución al conflicto es aceptar que lo único que puede contar es el propio conflicto. O sea, las más grandes obras de la humanidad, como este *Tristán e Isolda*, lo son precisamente por nacer de ese desencuentro, envueltas en esas contradicciones, que además son a su vez producto de imponentes crisis de todo orden, personales pero también propiamente creativas.

En fin, es posible que *Tristán* sea una solución a un complejo acumulativo, torturador, embarullado y a veces estéril conjunto de ideas que avanzan en la cabeza de Wagner hacia ninguna parte; una solución para una crisis, desde luego, pero atención, al mismo tiempo la apertura de otra de mayor envergadura, que sólo se solucionará, años más tarde, en los últimos compases de *El ocaso de los dioses*, cuando el sublime tema del *amor dichoso* surja, de entre las cenizas del mundo, para explicar, muerto ya violentamente Tristán, muerta ya en transmutación espiritual hacia las esferas Isolda y muerta ya Brunilda entre el caos y la destrucción de todo, que sólo la fuerza del amor puede regenerar al hombre. Lejos de las ideologías y de cualquier tipo de poder. (Ver cuarta parte del libro).

¿Cuál podría ser, pues, la respuesta a la pregunta «qué es Tristán»? Nosotros pensamos que una solución musical nueva pero transitoria para una crisis personal incipiente. Porque su inflación cromática, su inestabilidad armónica, su hipermelodismo y su máxima expresión dramática del *hablar cantando* (¡Viva Monteverdi!), insoportables atrevimientos todos ellos, no sólo no cierran esa crisis, sino que abren otra de mayor calado, sólo resuelta definitivamente tras la consecución del *Anillo*. ¿*Y Parsifal*? La obra religiosa de Wagner, al final de su vida, será la paz, la facilidad, la sencillez, el *método compositivo* hecho carne.

Pero *Tristán e Isolda*, a la postre, es sólo una obra puntual dentro de un conjunto también puntual. Volveremos a Wagner en otro lugar de este libro, porque en realidad, *Tristán e Isolda* puede que sea su obra más hermosa; incluso puede que sin ella la historia del género se hubiera detenido; pero no es la obra crucial de su autor. A pesar de todo. El Wagner que se eleva sobre todo y sobre todos; la aportación wagneriana a la historia del arte en sentido amplio está en la tetralogía *El anillo del Nibelungo*.

Cuando en el devenir de la historia de la música surge un autor como Richard Wagner, el hueco dejado tras su desaparición es tremendo. Preguntarse quién lo rellenó, quién toma el testigo, la herencia, es tarea inútil. Bach no dejó escuela, pero todos han dependido de él hasta anteayer; sus hijos protagonizaron un cambio histórico-musical brutal. Con su desaparición, Beethoven deja desorientados a propios y extraños, por más que todos quisieran seguirle. A la muerte de Verdi, la ópera italiana baja la persiana. Sin embargo, junto a Verdi y Wagner conviven otros autores, que crean obras puntuales que es necesario consignar. Por ser segundos espadas con categoría de primer matador. Hector Berlioz (1803-1869), por ejemplo, lega un título de repercusión, *Los troyanos* (1858); Charles Gounod (1818-1893), un estimable *Fausto* (1859); Bedrich Smetana (1824-1884), una deliciosa *La novia vendida*

(1866); Arrigo Boito (1842-1918), libretista de Verdi, sorprende con su *Mefistofele* (1868); en el área rusa se define el género con una obra crucial y definitiva, *Boris Godunov* (1874), de Modest Mussorgsky (1839-1881), a la que le sigue, cinco años después, *Eugene Oneguin* (1879), de Piotr Ilich Tchaikovsky (1840-1893), y en la adormecida Francia surgen unas cuantas obras maestras: *Carmen* (1875), de Georges Bizet (1838-1875); *Sansón y Dalila* (1877), de Camille Saint-Saëns (1835-1921); *Manon* (1884), de Jules Massenet (1842-1912), o *Louise* (1900), de Gustave Charpentier (1860-1956), antes de la llegada de la ópera francesa más importante de su tiempo, y para algunos, entre los que no nos encontramos, del siglo XX, *Pelléas et Mélisande* (1902), de Claude Debussy (1862-1918). En Italia, antes de que Verdi dé el carpetazo con su *Falstaff*, para muchos la cumbre de su obra, una ópera cómica que el joven de setenta y nueve años escribió en 1893, de alguna manera la vida sigue: *La Gioconda* (1876), de Amilcare Ponchielli (1834-1886); *Cavalleria rusticana* (1890), de Pietro Mascagni (1863-1845), obra maestra del verismo, un subgénero que se pone de moda y que nos habla de la vida misma en un lenguaje plano; *Andrea Chenier* (1896), de Umberto Giordano; *Adriana Lecouvreur* (1902), de Francesco Cilea (1886-1959), y, cómo no, la aportación del gran y muy popular Giacomo Puccini (1858-1924), que para 1904 había ya firmado tres piezas inolvidables, de una perfección melodramática intachable, y servidas en sorprendentes orquestaciones: *La bohème, Tosca* y *Madama Butterfly*.

Pero, y volviendo al hilo conductor del relato, qué sucede con la ópera alemana, ¿realmente no hubo un postwagnerismo? Sí y no. Un autor de mucho talento que siguió sus pasos musicales, que no dramáticos, fue Engelbert Humperdinck (1854-1921), que escribió una muy estimable ópera llamada *Hänsel y Gretel*, un precioso y muy singular cuento infantil. Y poco más. Se supone que el auténtico seguidor habría de ser el compositor bávaro Richard Strauss (1864-1949), un señor al que el talento le fluía de manera natural, y al que no le dolían prendas al reconocer la influencia de Wagner. *Elektra* es su cuarta ópera, tras dos experiencias fallidas (*Guntram* y *Feuersnot*) y una obra maestra absoluta que dejó a todo el mundo en auténtico estado de *shock*: estrenada tres años antes que *Elektra,* la *Salomé* de Strauss sigue al pie de la letra el vitriólico texto de Oscar Wilde. Curioso: al principio fue rechazada por el público y la crítica, pero en poco tiempo proporcionó a Strauss unos dividendos que le permitieron construir una enorme casa al lado de las montañas de Garmisch-Partenkirchen, un lugar en las antípodas del opresivo paisaje lunático en que se desenvuelve la historia de la joven y bella princesa Salomé. En 1909 estrenó su siguiente ópera. Todo el mundo pensaba que los largos paseos por las montañas bávaras habrían suavizado al joven (a cumplir los cuarenta y cinco) Strauss, y que su siguiente ópera sería menos *wagneriana.* Sucedió todo lo contrario; hay muy pocas óperas tan salvajes como *Elektra.*

Elektra es el producto de una fusión entre los trabajos de dos genios, se podría decir que en su primera madurez; el de un músico que había sorprendido al mundo dos décadas antes con el poema sinfónico *Don Juan,* una maravilla orquestal sin parangón, y el de un poeta que atravesaba una crisis de lenguaje de mucho calado y que buscó su propia redención como escritor intentándolo en el mundo del teatro, y concretamente en el de la ópera. Hugo von Hofmannsthal fue el autor de este y otros posteriores libretos de Strauss, dejando su huella como uno de los mejores libretistas de la historia del género. Hofmannsthal ya había escrito en 1904 una versión de la *Electra* de Sófocles, que el reputado escenógrafo Max Reinhardt estrenó. La crítica recibió mal esta versión, que calificó de distorsionadora del espíritu de Sófocles, por ser demasiado pasional. En 1906 Strauss propuso a Hofmannsthal escribir el libreto para una ópera. Empezó así una colaboración que daría, además de *Elektra,* unos frutos extraordinarios: *El caballero de la rosa* (1911), *Ariadna en Naxos* (1912) y *La mujer sin sombra* (1919). Fue una asociación entre libretista y compositor muy atípica al principio, y, al sosegarse más tarde, perfecta. Porque la idea que tenía Strauss para su *Elektra* no casaba con el carácter intimista y suave de las maneras de Hofmannsthal. Después del grito desgarrado del Bautista, Strauss quería más; más fuego, más contestación, y más y más voluminosa música. Hofmannsthal tuvo que plegarse a esas necesidades. Pero no renunció, en cambio, a introducir en su versión del texto otros matices; más de un mensaje político subliminal haciendo referencia a la Viena fin de siglo. Hofmannsthal rehace la figura de Clitemnestra. En Sófocles ella justifica el asesinato de su marido Agamenón, pero en la ópera de Strauss el personaje da un giro porque es presentada como la asesina de Agamenón, poniendo en primer plano a la figura de su hija Elektra. Orestes, el hijo varón, pertrechará la venganza. Hofmannsthal, en su versión para Strauss, hace tener pesadillas a Clitemnestra, en un guiño a lo que está sucediendo en Viena, no otra cosa que las mil y una interpretaciones de *La interpretación de los sueños*, la obra que unos años antes había publicado Sigmund Freud. Por último, otra modificación importante con respecto al original es la muerte de Elektra, de un efecto dramático-musical importantísimo. Se realza así, además, el conflicto político: Clitemnestra es la reina, y Elektra la heredera.

RICHARD STRAUSS: *ELEKTRA*. PRIMERA REPRESENTACIÓN: 25 DE ENERO DE 1909

Elektra es la protagonista. Hija de Agamenón y Clitemnestra. Hermana de Orestes y Crisotemis. Clitemnestra es la asesina de Agamenón a manos de su amante Egisto. Orestes vengará la muerte de su padre. Ésta es, a grandes rasgos, la versión del original de Sófocles que propone Hofmannsthal.

A partir de aquí Strauss y su libretista desarrollan un intenso, carnoso y densísimo drama sicológico de tremenda atmósfera sonora. El personaje de Elektra evoluciona hacia la degradación y la locura para acabar en la aniquilación (¿descanso espiritual?), una vez materializada la venganza, mientras que a Crisotemis, la otra cara, sólo le preocupa formar una familia, tener hijos, ser feliz. Hay un claro discurso político en el contraste entre las hermanas: en una sociedad en la que el arte de la guerra y el manejo de las armas corre a cargo de los hombres, la *hermana buena* suspira por el regreso del exiliado Orestes para cumplir su misión, frente a una Elektra impaciente y nada sumisa a sus obligaciones sociales y políticas. Se crea fantasmas y enemigos a partes iguales, y cada vez más desorbita su comportamiento. Clitemnestra, por su parte, está atormentada por el peso de la culpabilidad; sus terroríficos sueños son confiados a su hija Elektra, de la que recibe el más singular de los consejos: un sacrificio... pero de ella misma. La impaciencia de Elektra llega a su límite cuando recibe la noticia del fallecimiento de su hermano; urge desenterrar el hacha de guerra para hacer efectiva la venganza. Pero es entonces (elemento dramático genial) cuando llega un desconocido que resulta ser Orestes. El final es una orgía de sangre: Clitemnestra y Egisto muertos a manos del hijo del rey (en un lúgubre y pesante pasaje, de asfixiante atmósfera sonora), y Elektra, tras una delirante danza de alegría por la venganza, rota, en el suelo, deshecha.

Dos históricas del Metropolitan de Nueva York: Annie Krull y Ernestine Schumann-Heink, como Elektra y Clitemnestra, en una representación del famoso coliseo.
ACRED.: TEATRO METROPOLITAN, NUEVA YORK.

Tres lustros separan *Elektra* de *Wozzeck,* la siguiente y última ópera en la que nos vamos a detener en detalle. Seguramente no es la mejor ópera del siglo XX, pero tiene algo —en grado sumo— que la hace única: su colosal inteligibilidad. Es una ópera de lenguaje y sintaxis modernas pero que se entiende enseguida; su poder de comunicación no tiene igual entre sus —más o menos— contemporáneas. Naturalmente, con independencia de su calidad, que es enorme. Para entonces, Richard Strauss había ya descendido de su pedestal vanguardista en el que se había subido, componiendo una obra otoñal protagonizada por una señora en edad de buen ver que se enamora de un joven díscolo, a su vez prendado de otra jovencita..., una maravilla de las maravillas llamada *El caballero de la rosa*; el autor húngaro Béla Bartók (1881-1945, que aparecerá de nuevo en este libro) había contribuido a la causa con una apremiante ópera llamada *Barbazul* (1918), y un autor desconocido llamado Erich Wolfang Korngold (1897-1957) se había desmarcado con una pieza tan atípica como hermosa de título *La ciudad muerta* (1920).

Wozzeck es una de esas poquísimas óperas que se pueden contemplar y escuchar sin tener la impresión de estar en un museo. Y por eso, siendo una creación en sí, no es apta para experimentos escénicos, aunque por supuesto se siguen haciendo de todo tipo. En *Wozzeck,* como sí sucede en muchos de los títulos clásicos, no hay ninguna vergüenza que ocultar: todo es lo que es sin que sea necesario ser otra cosa; es una ópera actual y rabiosa; esencialmente de hoy. Probablemente sea así por los factores que confluyeron en su creación. Todos ellos de marcada proyección humana y social. En primer término, es una obra de su tiempo pero a contracorriente del mismo, la reaccionaria y exasperante Viena del primer cuarto del siglo XX. Encierra, de este modo, un contenido profundamente rebelde, una soberbia capacidad de denuncia. En segundo lugar, es un admirable y sincero epígono del último romanticismo, de ese que mira de frente a Wilde a través de la *Salomé,* del ya tratado Richard Strauss, pero, a la vez, sin renunciar a la confesión personal, a la —tan querida por Wagner— identificación artista-obra: Alban Berg (1885-1935), su autor, hizo la guerra (a pesar de estar inhabilitado por asmático) pero la mayor parte sirviendo desde los despachos, en los que tuvo mucho tiempo para pensar en la soldadesca y sus avatares; para pensar en cómo dar vida al famoso personaje de la obra original de Büchner. Él mismo se vio maltratado y humillado como soldado, pues si en un principio había defendido la guerra como revulsivo, como catarsis destructiva para la inoperante y conservadora burguesía imperante, profundamente decepcionado luego se convirtió en un pacifista militante. Y de ahí nació la angustiosa figura musical del Wozzeck vilipendiado y ultrajado. La conjunción de música y drama se convierte ahora en retrato sicológico individual y colectivo; el retrato de una miseria humana cuyos resortes emocionales motivan especialmente a Berg, confluyendo en una irrepetible ópera, una pieza de teatro cantado de una inquietante y desestabilizadora credibilidad.

Wozzeck fue estrenada por Erich Kleiber el 14 de diciembre de 1925 tras una larga gestación, que empezó prácticamente en 1914, el día que Alban Berg vio representada la pieza teatral de Georg Büchner, un adelantado a su tiempo de primer orden.

ALBAN BERG: *WOZZECK*. PIMERA REPRESENTACIÓN: 14 DE DICIEMBRE DE 1925

Wozzeck es un soldado del ejército, un hombre deprimido, infeliz y, para el resto, loco de remate. Convive, malamente, con Marie, con la que tiene un hijo. Insatisfecha con su pareja, infeliz, su vida es una miseria. Se deja seducir por el atractivo y muy masculino Tambor Mayor, para ella exactamente lo contrario del aburrido Wozzeck, al que acaba engañando. El Tambor Mayor es el objeto de deseo de Marie. Ataviado hasta las cejas, preside los desfiles militares causando la atracción de las mujeres, y por supuesto de Marie. Un macho vistoso. El Capitán es el jefe del acuartelamiento militar donde tiene lugar la historia; es un maltratador, un enfermo; humilla a Wozzeck continuamente, a quien pone al corriente de la aventura de Marie con el Tambor Mayor. El Doctor es un medicucho que se cree Freud, y que —más loco que nadie— se dedica a experimentar con sus pacientes. Trata a Wozzeck como una causa perdida para la gran medicina. En realidad este personaje encierra una feroz crítica en contra de las corrientes médicas de la época. El joven soldado Andrés, por último, es el único amigo que tiene Wozzeck. La historia se desarrolla en tres actos. En el primero vemos a Wozzeck atendiendo las explicaciones de su filósofo y muy conservador capitán. Se ponen al descubierto sus desequilibrios mentales, producto de la inseguridad y la miseria. Y también aparece un aguerrido y viril Tambor Mayor, excitando la libido de una Marie que no tiene relaciones sexuales con su compañero, del que está harta, y que, por otro lado, se muestra como una madre amorosa y sensible. Wozzeck se presta a que el erudito pero chiflado Doctor experimente con él a cambio de un poco de dinero. El Tambor Mayor vuelve a escena; acaba compartiendo lecho con Marie.

En el segundo acto, Wozzeck se entera de lo que ha sucedido. Discute con Marie, a la que decide matar tras verla en una fiesta bailando con su amante. Antes se pelea violentamente con éste, con muy mala fortuna para él: todo el mundo se burla de su endeblez física y mental y lo ridiculiza tras la paliza recibida del Tambor Mayor.

Tercer acto. Aparece Marie leyendo la Biblia. Se siente culpable. Recuerda a María Magdalena. Llega Wozzezk. Pasean juntos. La luna está grande y roja. Wozzeck apuñala a Marie. Desencajado y con la ropa ensangrentada, arroja el cuchillo al estanque. Pero el cuchillo no se hunde, y él se adentra en el agua, que está como una balsa de aceite. De sangre, a sus ojos. Se ahoga. Y se ve al pequeño jugar. Los demás niños le dicen que su madre está muerta. Pero el niño, sin inmutarse, sigue jugando.

Un buen crítico español de música clásica, y sin embargo amigo, nos contó un día una historia personal un tanto sorprendente para gentes de nuestro oficio. Había un día sentido correr el sudor por su espalda cuando un periódico de tirada nacional le encargó un trabajo sobre la ópera *Las bodas de Fígaro*, de Mozart. Era su primer artículo extenso, serio, sobre esta obra y no sabía qué decir (qué escribir, más bien). Lo raro es que se trataba de una partitura que (creía) conocía perfectamente, y no sabía, sin embargo, cómo explicar los porqués de una obra tan indiscutiblemente maestra; no sabía trasladar al lector algo que parece obvio: las razones por las que su discurso lírico y la historia que cuenta llevan casi discientos cincuenta años conmoviendo a todo el mundo (o casi). Sin embargo —nos decía—, no hacía ni un mes que había escrito unas notas a programa para otra ópera, esta vez *Wozzeck,* de Alban Berg, y se había sentido mucho más cómodo y seguro a la hora de manifestar sus opiniones y, lo que es más raro, había comprobado que comprendía mejor a Berg que a Mozart. Habida cuenta de que *Wozzeck* es una obra escrita en el siglo XX y de que su temática es mucho más obtusa y sórdida que la de la ópera de Mozart, no acababa de entender lo que le estaba sucediendo, a él que —pensaba— sabía ya casi todo sobre la música de los siglos pasados y que estaba ahora en proceso de aprendizaje de la de su tiempo.

Wozzeck y el capitán. No se sabe quién es más mísero, si el loco lúcido Wozzeck o el *lúcido* completamente loco capitán.
ACRED: TEATRO REAL/JAVIER DEL REAL.

Al contarnos todo esto, también a nosotros nos pareció chocante, pero rápidamente nos aplicamos a encontrar alguna explicación plausible. Nos pusimos a pensar en cómo habríamos reaccionado nosotros mismos en similares circunstancias. Comenzamos a darle vueltas al contenido musical y dramático de *Las bodas de Fígaro* y *Wozzeck*, y no tardamos en elaborar una condena fácil a la actitud de nuestro amigo, cometiendo un sacrilegio que es moneda común entre pedantes y, sobre todo, ignorantes integrales y que, en años sucesivos, encontramos repetido una y otra vez: es que *Wozzeck* es modernidad pura y *Las bodas de Fígaro* caspa sobre librea. Convertíamos así las tribulaciones de un crítico sincero en una descalificación, sin plantearnos siquiera que sus motivaciones tenían mucho más sentido de lo que podría parecer.

Transcurridos algunos años de aquello, podemos ahora afirmar que nuestras ideas acerca de la linealidad progresiva de la historia (de la música o de cualquier otra creación) no han dado ningún vuelco; seguimos defendiendo que ese discurrir es un hecho objetivo e incuestionable; tenemos claro que sin Bach no habría sido posible Mozart, y sin éste Beethoven, y sin éste Wagner, etc., etc. Pero igualmente creemos que la auténtica y última (o casi) comprensión de las consecuencias creativas contenidas en cada uno de los dientes de esa inmensa cadena es muchísimo más difícil de lograr si el estudio se hace en un orden cronológico puro que exactamente al contrario; nos parece menos complejo leer a Joyce que a Dante.

Así que volviendo a estas dos óperas, que prácticamente han abierto y van a cerrar este capítulo, lo que en *Wozzeck* vivimos es la historia de un loco que acaba asesinando a su amante al comprobar su infidelidad; y situada en un ambiente opresivo y trufado de injusticia social. Mientras que en *Las bodas de Fígaro* asistimos a una suerte de símbolo de la caída del Antiguo Régimen, personificado en un noble que utiliza el derecho de pernada y que al final es engañado por las gentes a las que él ha estado engañando durante toda su vida. Sucede que los matices contenidos en *Wozzeck*, y la música que le da vida, un ejercicio ya fuera de las armonías tonales de toda la vida, son fácilmente identificables por el receptor, aun sin estar en posesión de una gran habilidad para leer la intrahistoria. En Mozart, por el contrario, el ejercicio del descubrimiento de su feroz crítica interna a todo y en todos los aspectos, se hace mucho más complejo. La música aquí, además, es (parece pero no lo es) mucho más amable. Conclusión: *Bodas de Fígaro* igual a divertimento, *Wozzeck* igual a sustancia dramática. Rigurosamente falso.

Hemos hecho un recorrido muy rápido por la flor y la nata del repertorio operístico, y es hora ya de extraer conclusiones. No hay conclusiones. En la ópera nada es lo que parece, como en el teatro nada es lo que parece. Contemplar, mirar, escuchar, estudiar, disfrutar de una ópera requiere comprender de entrada que lo más importante no es lo que queda dicho en el libreto (¡ni siquiera en la música!) sino lo que nos quieren comunicar los subtextos y las múltiples combinaciones sonoras que los visten. Son tantos los factores que definen esta arte total llamada ópera que es imposible detenerse en cada uno de ellos por separado. Lo que importa es el resultado final. El emperador José II de Habsburgo, al escuchar por primera vez *Las bodas de Fígaro,* se quedó como una estatua, sin saber qué decir. Enseguida surgió el comentario erudito, cargado de malsana envidia, del maestro de corte: se volvió a Mozart y le dijo: «demasiadas notas, amigo Mozart». A lo que el emperador añadió: «Eso, Mozart, demasiadas notas». Nadie había entendido nada. Tras la Gran Guerra europea, contemplar obras como *Wozzeck* fue como andar por casa. La ópera es muchas cosas al mismo tiempo: un arte para la reflexión, la explicación, la teorización, el puro disfrute, y un mecanismo para la autoafirmación. O sea, es todo.

Tras *Wozzeck* llegaron óperas de gran complejidad, como *Król Roger* (1926), de Karol Szymanowski; el gran fresco coral de Arnold Schoenberg, *Moses und Aron* (1932); *Lady Macbeth del distrito de Mtsensk* (1934), de Dmitri Shostakovich; la segunda ópera de Berg, *Lulu,* inacabada; el primer gran logro de Benjamin Britten, *Peter Grimes* (1945); la quilométrica *Guerra y Paz* (1953), de Sergei Prokofiev; *Diálogo de carmelitas* (1957), de Francis Poulenc; *Los soldados* (1965), de Bernd Alois Zimmermann; *Las bacantes* (1966), de Hans Werner Henze; la ya tratada en el capítulo anterior *San Francisco de Asís, Nixon en China* (1987), de John Adams… Suma y sigue.

Capítulo 8.
Música incidental

Tras abordar el fenómeno de la ópera como género, es interesante fijarse en otro que, aunque para muchos estudiosos no deja de ser una especie de sucedáneo, aporta a la historia de la música algunas obras que no se pueden pasar por alto, aun en un texto tan general como el nuestro. Nos referimos a la música incidental. En general, se entiende como tal cualquier música que aparezca conectada a una obra teatral: conectada en cualquier manera, es decir, aparte del texto o superpuesta a él. También se considera música incidental la que estuvo pensada para ser interpretada antes de empezar una obra de teatro, antes de un determinado acto o entre dos actos, en forma de obertura, entreacto o interludio. Hay músicas incidentales instrumentales o cantadas, indistintamente, o también para ser escuchadas como fondo de un monólogo o una escena de dos o más personajes. Incluso podríamos afirmar que por ser en realidad una banda sonora para una película una música incidental, este género ha perdurado en el tiempo gracias al cine y a compositores tan populares y valiosos hoy en día como Nino Rota, Ennio Morricone, John Williams, Hans Zimmer o Howard Shore. Por no hablar de ese género tan de moda, los musicales, para el que se han escrito obras verdaderamente maestras. Por ejemplo, la inolvidable banda sonora para *West Side Story,* de Leonard Bernstein.

Las primeras músicas incidentales proceden del siglo XVII, siendo especialmente destacables las de Henry Purcell (1659-1695), autor que vuelve e aparecer en estas páginas, y del que es ahora necesario añadir que se trata de una gloria británica, una de las pocas glorias de verdad que han dado las islas en materia musical. Ciertamente la producción musical de Purcell para el teatro es espectacular; y no sólo para el teatro: piénsese en su patética *Música para los funerales de la reina Mary,* que Stanley Kubrick utilizó magistralmente en *La naranja mecánica* o en la obra que su paisano (otra gloria) Benjamin Britten ideara a partir de un tema de su pieza teatral *Abdelazar,* en clave pedagógica, es decir, las *Variaciones sobre un tema de Henry Purcell,* también conocida como *Guía orquestal para jóvenes.* Pero volviendo a su música para teatro, en 1691 escribió la que muchas veces se considera una auténtica obra dramática, *King Arthur,* con libreto de John Dryden y no publicada hasta 1843. Un año más tarde completaría *The Fairy Queen,* la adaptación de *El sueño de una noche de verano* de William Shakespeare, partitura redescubierta en 1901, a la que siguió en 1695 *The Indian Queen,* además de canciones para una adaptación de *La tempestad* de Shakespeare. Éstas eran obras en las que se combinaban los textos hablados con los cantados, como en el *singspiel* alemán o la zarzuela española. Y había mucha música instrumental y canciones que acompañaban a la danza.

Un siglo después Mozart participó del género con una obra, en todo caso, de difícil adscripción: *Thamos, rey de Egipto.* En teoría Mozart escribió esta música para acompañar una pieza teatral de Tobias Philipp Freiherr von Gebler, que se estrenó en 1774. Lo oriental, y especialmente lo turco y lo egipcio, tanto monta para un alemán de la época, estaba muy de moda. Sin embargo, es posible que a Mozart le motivara más el origen de la historia que se contaba, relacionada con aspectos masónicos. El resultado fue una obra de calidad musical más que suficiente, que tuvo éxito en su día pero que al paso del tiempo ha ido desapareciendo del repertorio.

El siglo XIX, sin embargo, sí dio un buen puñado de obras maestras dedicadas a la escena. Sirvan como ejemplo, *Egmont,* de Beethoven; *El sueño de una noche de verano,* de Mendelssohn; *La arlesiana,* de Bizet, o *Peer Gynt,* de Grieg.

Beethoven, que admiraba a Goethe mucho más que éste a Beethoven, considerado por el escritor un buen pianista pero un compositor al que le quedaba mucho por aprender, mostró en más de una ocasión su interés por escribir música para la representación de *Guillermo Tell,* de Schiller. Sin embargo, otro compositor, ése sí de segunda fila, se llevó el gato al agua. De la música escrita para el drama de Schiller por Adalbert Gyrowetz no se acuerda hoy nadie. Beethoven recibió el encargo de componer para Goethe, y la idea le entusiasmó, pues se trataba de *musicar* la tragedia *Egmont,* que consideraba un tema perfecto para desarrollar sus ideales revolucionarios. Tras unos ocho meses de trabajo, Beethoven escribió nueve números musicales, y cuando ya tuvo claro el contenido total se enzarzó con la obertura, que desde luego es lo mejor de esta obra de circunstancias, pero con la suficiente chicha dramática para no ser olvidada. Sin embargo, no llegó a tiempo para el estreno de la obra teatral, el 15 de junio de 1810, para la que sólo pudo entregar los nueve números sueltos. La obertura no se tocaría hasta una década después. E.T.A. Hoffmann, en una crítica escrita en 1813, se congratuló de que «se hayan unido semejantes dos talentos para una obra magnífica». Pero no había escuchado todavía lo mejor: la obertura.

Beethoven, como hemos visto en el capítulo anterior, sólo compuso una ópera. Y para esa ópera, que primero se llamó *Leonora* y después reescribió asignándole el nombre definitivo de *Fidelio,* dejó escritas cuatro oberturas. La obertura de una ópera tiene como principal objetivo situar al espectador ante el drama que va a contemplar. Ha de funcionar como una especie de aviso-resumen. Bien. Beethoven no lograba que las sucesivas versiones que iba preparando no *dijeran* más de lo necesario o indispensable; su tremenda elocuencia las convertía en resúmenes poco resumen, es decir músicas de desorbitado descriptivismo, perdiendo así su funcionalidad. La cuestión es que Beethoven no fue un compositor de óperas; a Beethoven le motivó mucho más hablar desde el sonido, sin la palabra por delante, para expandir sus ideas de manera musical pura. Y vaya si lo consiguió: escuchar la obertura de *Egmont* es comprender el drama entero de Egmont. Quizá sea ésta la razón por la que al cabo del tiempo, injustamente, la música incidental completa para *Egmont* se haya olvidado, y, del mismo modo, por la que la Obertura *Egmont* ha acabado convirtiéndose en una de las obras orquestales más populares de su autor. Su hipercapacidad descriptiva llega a ser en algún momento excesiva. La ruina de Egmont como individuo y la victoria frente a la tiranía politizan la figura del personaje, bastante idealizado en la obra de Goethe. Para Beethoven es necesario situar en un muy primer plano la violencia del tirano español y los ruegos de los esclavizados neerlandeses. Hay mucha más carne en el *Egmont* de Beethoven que en el de Goethe. «Beethoven ha logrado maravillas», dijo un Goethe rendido ante la sabiduría sinfónica de su compañero de viaje en esta obra, cuyo resto de números cuenta con la intervención de una soprano para el papel de Clara, el amor de Egmont, que es una auténtica maravilla, y que contrasta con la escena de la ejecución de éste, ya descrita en la obertura de manera bastante gráfica.

Otra muy notable música incidental que no podemos obviar es *El sueño de una noche de verano* (no *una* sino la noche de San Juan, muy en concreto), de Felix Mendelssohn, autor que ya apareció en un capítulo anterior. La obra fue concebida en dos tiradas. La inicial fue producto de la primera lectura de la obra de Shakespeare que Mendelssohn pudo hacer en alemán, una traducción de 1826. Tenía diecisiete años y un talento rebosante. Él era miembro de una cultísima familia judía, y había tenido ya la ocasión de haber leído alguna traducción de su abuelo, el filósofo Moisés Mendelssohn, y, con su hermana Fanny, pianista de precoz talento, imaginar todo tipo de fantasías y soluciones para sus teatrillos de juguete. En muy poco tiempo, Mendelssohn escribió la obertura para la obra de teatro, sin duda su primera obra maestra absoluta. La pieza rebosa magia y está plagada de intrincados significados feéricos. Es un prodigio de construcción y está orquestada de manera magistral; de forma impropia para un muchacho de esa edad. Hay en ella un sólido equilibrio entre frescura, ilusión de vivir e intelecto. Se nota que es la música de un joven, por su descarado ludismo y alegría, pero delata al músico maduro con una antelación incomprensible. Dieciséis años más tarde llegó el resto, la conversión definitiva de la obra de Shakespeare en música para teatro. Fue un encargo de Federico Guillermo IV de Prusia, hombre de fino olfato musical y dramático, y aficionado de buen gusto. Lo hizo para celebrar su cumpleaños, para la fecha del 14 de octubre de 1843. Inmediatamente después la obra se pudo escuchar en Berlín, Leipzig, París o Londres.

A la maravillosa *Obertura* siguen nueve números que desgranan los momentos clave de la obra del dramaturgo. Primero, un *Scherzo*, después un entreacto (entre los actos primero y segundo en Shakespeare) de gran delicadeza, con las flautas saltando en primer plano. Más tarde, tras una breve marcha, una canción («You spotted snakes») que surge como una lluvia de pétalos para preparar el *Intermezzo*, que hace la función de nuevo entreacto (segundo a tercero en la obra original). Llegamos así a la segunda de las grandes músicas de esta partitura después de la *Obertura*, el etéreo *Notturno*, una página de esotérica belleza en la que las cuerdas agudas hacen volar los sonidos por encima de luces y sombras hasta un espacio superior. Para el entreacto del paso del cuarto al quinto acto en Shakespeare, Mendelsshon reserva otra marcha, la celebérrima marcha nupcial que todo el mundo quiere que se toque en su boda. A ésta sigue otra, fúnebre, y la puntiaguda danza de los *clowns*. La obra se cierra con un *Finale* con coro en que el autor juega con los materiales sonoros de la *Obertura*, dando así a la obra un carácter cíclico.

Georges Bizet es como un islote en la música francesa de su tiempo. Una idea ésta con la que seguramente más de uno no estará de acuerdo. Particularmente en Francia. Pero el caso es que, sin desmerecer a nadie, vemos la prodigiosa fuerza teatral y la raza que transpira la obra dramática del autor de *Carmen* como ajena a la media de su tiempo, más académico, menos musculoso e infinitamente menos sanguíneo. *Carmen*. Sí, una de las obras más reconocidas del repertorio operístico, que es casi obligación considerar como la obra maestra de Bizet. Seguramente sea así. Pero lo auténticamente noticiable es que este señor hizo otras cosas de igual o parecido mérito, y, como poco, igualmente admirables. Una de ellas fue la música incidental para *La arlesiana*, de Alphonse Daudet, pieza basada en una de sus *Cartas desde mi molino* (recopilación de escritos publicados en varios periódicos franceses entre 1866 y 1874).

Con estos mimbres, un melodrama montado sobre un hecho real, un accidente de un chico al caerse por la ventana de un granero, y un episodio amoroso añadido, Bizet escribe una música altamente sensible. Veintisiete números que luego dividió en dos *suites*, que son las que se suelen escuchar hoy, cuya en exceso valorada capacidad de describir pasa a un segundo plano al analizar los hallazgos sonoros puros que Bizet consigue, la calidad melódica de las piezas que integran las dos *suites* y el atractivo perfume rural que despiden.

Busto del compositor noruego Edvard Hagerup Grieg.

Edvard Grieg (1843-1907) no sólo fue un significativo representante del Romanticismo tardío, sino una gloria nacional. Se pasó la vida recopilando canciones folclóricas de su Noruega natal, aunque su familia era de origen escocés. Fue embajador en el mundo de la música de su país, pero su mejor y más personal música nada tiene que ver (al menos en una lectura rápida) con esa vena nacionalista: es de una universalidad manifiesta. En sus orígenes hay una mezcla de esa vena, la que le transmitió su maestro, Niels Gade, ése sí un romántico nacionalista, y las enseñanzas de Felix Mendelssohn, con el cual tomó lecciones en Leipzig. Tuvo la suerte de conocer a Franz Liszt, icono del pianismo romántico de toda una época, quien quedó enamorado de su música para piano desde la primera escucha. Liszt fue el inventor, entre otras cosas, de las giras (recorría Europa con un enorme carro de caballos de color rojo, donde hacía la vida rodeado de amantes y aduladores), cosa que recomendó a Grieg, dado, según él, su talento como pianista.

En una de esas interminables giras Grieg conoció al escritor Henrik Ibsen. Fue en Roma, la eterna. Y enseguida Ibsen le propuso una colaboración: poner música a su obra teatral *Peer Gynt*. Más que una obra de teatro se trata de un poema dramático, en el que se narran las aventuras del personaje, un muchacho de espíritu soñador, romántico, intrépido y ambicioso. Un exaltado cuya única forma de poder serenar su espíritu es el conocimiento del amor. La historia del romántico errante redimido por el *eterno femenino*, del que nos habló Byron en *Manfredo* y que encontró su máxima expresión en la primera gran ópera de Wagner, *El holandés errante*, se repite una y otra vez en la literatura de la época. Grieg compuso una obra larga, veintidós números, que rara vez hoy se escuchan en su totalidad, aunque contengan una estupenda música. Al paso de los años Grieg, como Bizet en su *Arlesiana*, decidió agrupar varios números en dos *suites*. La primera pieza de la primera *suite*, «La mañana», es una muy conocida y sin embargo maravillosa música. Diversos anuncios televisivos la han inmortalizado, particularmente para lanzar mensajes relacionados con los inconmensurables fiordos noruegos. Pero cuando Grieg la escribió no había televisión (gracias a Dios), sobrándose y bastándose para idear un mundo de increíblemente bellas imágenes al escucharla. Lo gracioso es que Grieg de lo que nos habla aquí es de la salida del sol en… el desierto egipcio y no en los fríos glaciares. El asunto lleva truco; esta música es de un bucolismo noruego que echa para atrás; nada calórica, desde luego. «La muerte de Ashe», «Danza de Anitra», «En la gruta del rey de las montañas» (magistralmente adaptada en 1931 por Fritz Lang para su *M, el vampiro de Düsseldorf*), el «Lamento de Ingrid», la «Danza árabe», etc. son otras danzas que acrecientan un poder descriptivo del que es conveniente olvidarse dada la enorme calidad y belleza de la música. Inefable la «Canción de Solveig», un canto de enamorada que espera el regreso del aventurero con el único objetivo de proporcionarle la paz espiritual que necesita su atribulada vida.

Capítulo 9.
El *lied*

El *lied* es una de las formas musicales más lógicas, previsibles e inteligibles que se han dado en la historia de la música. Y, aunque no entendida en los términos en que se entiende hoy, más antigua. Éste no es un libro de investigación, pero sirvan unos pocos datos rápidos, cuando por *lied* entendamos sencillamente la palabra alemana (*lieder,* en plural) cuyo significado es sencillamente *canción.* Los primeros *lieder* se podrían datar en la Baja Edad Media. Desde *chansons* francesas hasta baladas en italiano, que derivaron luego en el madrigal, del que ya se ha hablado. Y aunque en el siglo XVII ya se dan ejemplos de *lieder* de texto alemán (en Haendel y Bach, por ejemplo), nosotros vamos a situar el nacimiento de la forma en el período clásico, y su consolidación y apogeo en el siglo XIX.

La palabra *lied* adquiere a partir de entonces un valor universal de casta, aunque sólo signifique canción. Una pieza breve en la que un compositor pone una melodía al servicio de un poema en idioma alemán, para ser cantado por una voz masculina o femenina con acompañamiento de piano. Pero en su origen clásico sus valores le delatan, pues no se debe de olvidar que esas canciones son el objeto de entretenimiento de las clases altas cuando sus miembros se reúnen en un salón. Además, parte de la educación femenina de esos miembros de clase. En principio, pues, no es disparatado pensar que estamos ante amables piezas de salón, para ser cantadas y acompañadas al piano no precisamente por profesionales.

Naturalmente hay que matizar —y de qué manera— todo esto. El *lied* se cultiva antes del siglo XIX. Es más, en términos generales es antes del período romántico cuando lo ya expuesto cobra sentido, y no durante y después. Por razones musicales, claro, pero sobre todo por el papel que van jugando los textos en las obras. Los románticos mostraron un fuerte afán de poetización de la creación musical, con lo que consiguieron cambiar de manera rotunda la manera de componer. Y una de las expresiones más típicas de esa especie de fusión entre poesía y música fue el género liederístico, que protagonizó un cambio radical de concepto. Tanto que en pocas décadas se convirtió en el género romántico más puro y auténtico, pues la inventiva melódica no tiene límites, o mejor dicho, al marcar el límite la complejidad del texto y su desarrollo formal, la forma y el resultado se enriquecen notablemente. Los románticos, de otra parte, encontraron en el piano su objeto de expresión más deseado (más adelante volveremos a ello), en una continua búsqueda de la expresión en el menor espacio de tiempo, es decir en formas pequeñas, alejadas de la gran orquesta, su enemigo más encarnizado. Sala frente a salón. Y, como también veremos más adelante, en la música de cámara. Piano, pequeña forma, formatos instrumentales escuetos, siempre medios para colmar un deseo de encontrar la máxima intimidad, la mirada hacia el interior, la introspección.

Una vez más Beethoven marca la línea divisoria. Haydn y Mozart ya escribieron *lieder*, algunos muy hermosos, pero es Beethoven quien consolida —que no inventa— el género en ciclos de canciones como *A la amada lejana,* cuyo nombre no deja dudas acerca de los problemas del compositor. Sin embargo, el primer liederista del que es necesario hablar es Franz Schubert (1797-1828), que escribió la friolera de seiscientos *lieder* aproximadamente, que interpretaba en reuniones privadas con amigos y cantantes aficionados, que llamaba *schubertiadas.* También algunas veces en conciertos públicos. Los temas de las canciones estuvieron con frecuencia influenciados por el movimiento alemán *Sturm und Drang* (Tempestad e ímpetu), que oponía a la estética racional del siglo XVIII el valor de la subjetividad y el sentimiento, buscando refugio en la naturaleza. Textos anhelantes de amor, desesperación y muerte, escritos por los grandes poetas alemanes del momento: Goethe, Schiller, Heine, Rückert, Eichendorff, Mörike, Müller, etc. Algo más tarde que Schubert aparecen otros liederistas, como Robert Schumann, Johannes Brahms o también Franz Liszt, y luego Hugo Wolf, Richard Strauss o Gustav Mahler. Los compositores de la llamada Segunda Escuela de Viena, Arnold Schoenberg, Alban Berg y Anton Webern contribuyen al género de forma significativa más en la calidad que en la cantidad, junto a, más tarde, Kurt Weill, Paul Hindemith, Hans Eisler o Hans Werner Henze.

SCHUBERT FUNDAMENTAL

Se podrían consignar decenas de *lieder* de Schubert, pero sólo nos referiremos a sus últimos ciclos, *La bella molinera, Viaje de invierno* y *El canto del cisne.* Los dos primeros fueron escritos en base a textos de Wilhelm Müller (1794-1827), que, como Schubert, tuvo una corta y desdichada existencia. Fue un poeta viajero, amoroso y marcadamente erótico. Aunque quizá a veces algo reiterativo en el tratamiento de la temática romántica: mucho arroyo, mucho pajarillo y esas cosas. Sin embargo, proporcionó a Schubert unos materiales perfectos para desarrollar su inspiración melódica. Los veinte poemas del primero tienen un especial encanto, pero son muy superados por la música. Nada que ver con los veinticinco del segundo, un ciclo donde impera el equilibrio y la hondura. En él se cambia totalmente de registro, pasando de las alegrías amatorias a una tremenda desolación. Schubert lo llamó *ciclo de canciones terribles*, y efectivamente es un viaje del invierno de la vida, unas canciones profundamente tristes y de una fuerza sicológica muy reconcentrada en su mortuorio dramatismo. Schubert escribió esta música un año antes de morir, en un estado de gran excitación que reconocieron sus amigos, y sí, en toda ella se produce una despedida, pero quizá más la del artista que la del hombre, ya atacado por una terrible sífilis y en un estado físico bastante lamentable tras adquirir una fiebre tifoidea. Dolor y muerte se hacen dueños de las situaciones a lo largo del ciclo, en medio del desamparo y un terrible sentimiento de soledad. Hay árboles, pero están secos; hay pájaros, pero son cuervos; hay personas, pero andando entre el frío sobre la nieve. Impactantes las primera y última canciones: «Gute Nacht» (Buenas noches) y «Der Leiermann» (El tañedor de zampoña). Dice la primera: «Vine como un extraño/como un extraño me voy». Y acaba en la última: «Hay un tañedor de zampoña... nadie desea oírle... los perros gruñen alrededor del anciano... Maravilloso viejo, /¿puedo ir contigo?».

Pintura anónima de Franz Schubert. Como Mozart, fue otro prodigio. En muy pocos años legó una enorme obra de todos los géneros. Pero el *lied* es su marca.
ACRED.: SOCIEDAD DE AMIGOS DE LA MUSICA DE VIENA.

En cuanto al tercer y último ciclo, no es en realidad tal. Se trata de un conjunto de canciones que Beethoven no llegó a musicar, de tres autores, uno de los cuales fue Heinrich Heine, algo que se nota en los resultados finales. Las catorce canciones fueron agrupadas por el editor Tobías Haslinger. La siete primeras con poemas de Heinrich Ludwig Rellstab (1799-1860);

las seis siguientes con versos del mencionado Heinrich Heine (1798-1856), y la última sobre un poema de Gabriel Seidl (1804-1875). Un mes después de la composición de esta canción moría Schubert a la edad de treinta y un años. Rellstab fue un reputado crítico, que en los ratos libres escribió poemas e incluso alguna novela. Como crítico fue beligerante con el movimiento romántico. Fue el *genio* que bautizó la *Sonata Claro de Luna* de Beethoven con ese nombre. No son, pues, unos textos a retener, aunque cumplen muy bien su función. Están siempre muy superados por el arrollador melodismo schubertiano, a veces en grado sumo, como sucede por ejemplo en *Ständchen* (Serenata), cuyo vuelo poético sobrepasa con mucho la calidad del texto. Como hemos dicho, con Heine el salto es muy grande. En los poemas del escritor judío hay una profunda verdad romántica, exenta de la pura coreografía naturalista, y plagada de pasión y emoción. Su capacidad para profundizar en las viejas leyendas germánicas convirtieron a Heine en un poeta fantástico, muy adecuado para convertirse en vehículo para grandes canciones; así, el binomio Schubert-Heine funciona en este ciclo como un verdadero mecanismo de alta relojería. El último *lied* del ciclo, con texto del aplicado Seidl, ahonda en el amor erótico, no sin un cierto encanto y una inocencia algo desfasada. Nuevamente la música de Schubert se eleva por encima del texto.

ROBERT SCHUMANN

Con Schumann (1810-1856) el género liederístico da un considerable salto. Por dos razones. La primera porque el papel del acompañamiento pianístico es mucho más importante que en Schubert. Con Schumann a veces es el verdadero protagonista. Y la segunda, por el especial buenísimo gusto con que siempre están escogidos los poemas. También por la capacidad que tenía Schumann para definir estados sicológicos en historias breves. Schumann escribió unos doscientos cincuenta *lieder*, generalmente en un tono más exaltadamente romántico que su predecesor. En realidad, hasta bien pasada su adolescencia no supo a ciencia cierta hacia dónde dirigir sus facultades creativas, si hacia la música o la literatura. Homero o Beethoven, en ese o contrario orden, fueron sus más fuertes inspiradores, pero la razón más poderosa que Schumann encontró para abrirse camino en la música fue el descubrimiento del piano como instrumento integral de los principales medios de expresión musicales: su marca a solo, el concierto o el *lied* fueron para él una especie de guía. La razón por la que Schumann pasó de ser un enorme compositor de música para piano solo a cultivar el *lied* casi de manera compulsiva tiene nombre de mujer: Clara Wieck, su amada Clara, convertida en Clara Schumann.

Óleo de J.F. Klima. Robert Schumann, crítico reputado, compositor reconocido, felizmente casado, genio absoluto, murió en un manicomio.
ACRED.: ROBERT SCHUMANN-GEDENKSTÄTTE, BONN.

Robert y Clara Schumann protagonizaron una historia de amor que inspiró al compositor mucha y buena música.
ACRED.: SOCIEDAD DE AMIGOS DE LA MÚSICA, VIENA.

Este giro hacia el *lied*, en su tercera década de existencia, marcó la liberación de nuevas fuerzas creadoras; y una nueva manera de entender la música vocal. En un solo año, 1840, escribió ciento treinta y ocho canciones. Tras la explosión de ese año, no volvió a componer *lieder* hasta una década más tarde. El poeta escogido por Schumann para su primer ciclo, *Liederkreis,* fue Heine. No fue casualidad. Es un grupo de poemas de carácter bastante dual, con los que Schumann se encontró como pez en el agua: se dicen cosas como «Por la mañana me pregunto al levantarme: ¿vendrá hoy mi dulce amada?», al lado de otras como: «Caminaba bajo los árboles con mi dolor a solas cuando los viejos sueños volvieron a mi corazón». Más tarde compuso otro de sus ciclos básicos, *Dichterliebe* (*Amor de poeta),* otra vez sobre poemas de Heine. Son dieciséis canciones que conforman una especie de relato único, y que pueden situarse en la cima de la producción liederística de su autor. Textos especulativos que van desde la sencilla reflexión amorosa hasta la más tremenda digresión. Musicalmente suponen un catálogo de recursos melódicos y dramáticos que recogen sentimientos sombríos pero igualmente explosiones de luz, y siempre por detrás de un acompañamiento pianístico convertido en motor. A la primera etapa creativa corresponde también *Mirtos,* una colección de veintiséis canciones sobre poemas de Goethe, Heine, Rückert, Byron o Burns, entre otros, de corte bastante popular, a veces; otras, muy *cultistas.* Esta deliciosa colección fue el regalo de bodas de Schumann a Clara el día en que se casaron. Y, en fin, en este apretadísimo resumen no podía faltar *Amor y vida de mujer,* también de la misma época, con textos de Adelbert von Chamisso, para voz femenina, pues los ocho poemas que comprende describen la historia de amor de una mujer por su marido desde el primer encuentro hasta su muerte.

JOHANNES BRAHMS, FRANZ LISZT, HUGO WOLF

Brahms cuenta con una importante aportación al género, unas doscientas cincuenta canciones para voz masculina y femenina y conjunto de voces. Otra vez nos encontramos con los poetas frecuentes (Tieck, Mörike, Hölty, etc.) y otros quizá menos interesantes. En esto hay diferencia con Schumann. En cambio Brahms hace progresar la forma todavía más; es más moderno armónicamente y seguramente más sombrío. La aportación pianística es muy grande, particularmente en la consecución de texturas armónicas más avanzadas. Tanto que a veces la fuerza pianística está a punto de anular los textos. Sus ciclos más resaltables son las *Canciones de Magelone,* los *Cuatro cantos serios* y las dos colecciones de valses para cuatro voces con acompañamiento de piano a cuatro manos (los *Liebeslieder).*

Johannes Brahms estuvo locamente enamorado de Clara Wieck, gran pianista y esposa de su maestro Robert Schumann. Murió soltero.

La aportación de Liszt es igualmente notable, pero quizá son más importantes sus transcripciones para piano de *lieder* de otros autores, como Beethoven, Schubert y Schumann.

Hugo Wolf, en fin, fue sobre todo un autor de *lieder.* Y de una altísima calidad. Hombre riguroso, paciente, exigente y sistemático, dio mucha importancia a los textos. Los mejores *lieder* dedicados a Eduard Mörike son los salidos de su pluma, aunque también trabajó con poemas de Goethe o Eichendorff. Son fundamentales sus dos libros de cancioneros italiano y español. Las canciones de Wolf son siempre de gran contenido dramático, y en ese sentido se aprecia la influencia de Wagner.

LIEDER CON ORQUESTA

Precisamente habría que comenzar este apartado con el autor de *Tristán e Isolda,* y con una obra que algo tiene que ver con esta ópera. Se trata del ciclo llamado *Wesendonck Lieder,* cinco canciones con temas extraídos de la ópera con textos de Mathilde Wesendonck. Ya hemos hablado en un capítulo anterior de la relación de Wagner con esta señora (y el marido de esta señora). Wagner mató dos pájaros de un tiro, pues utilizó para al menos dos de las canciones bocetos de su ópera, a la par que dejaba boquiabierta a su amor platónico. Wagner no es el autor de la orquestación de estas canciones, pues sólo dejó preparada la versión con piano. Hay, por cierto, una estupenda, muy moderna, debida al compositor alemán Hans Werner Henze. Son canciones llenas de fuego y pasión retenida, y no deja de ser curioso que al mismo tiempo Wagner estuviera trabajando en *La valquiria.* Concretamente en la aparatosa tormenta con la que empieza el primer acto. Quizá explayó así lo que realmente no pudo o no quiso en estas canciones, en realidad un pequeño viaje interior más que una expresión expansiva.

Pero si hay que hablar de *lieder* sinfónicos en toda su magnitud hemos de tomar como modelos las figuras de Gustav Mahler y Richard Strauss. Nada nuevos a estas alturas del libro. Mahler lega unos cuantos ciclos de mucho interés, tales como *Lieder eines fahrenden Gesellen (Canciones de un compañero de viaje), Des Knaben Wunderhorn (El cuerno mágico del niño), Kindertotenlieder* (*Canciones a los niños muertos*) o los *Rückert Lieder.* Encontramos particularmente interesantes los dos últimos, que poseen momentos auténticamente memorables. Por ejemplo, las tercera y cuarta canciones de los *Rückert Lieder,* «Ich bin der Welt abhanden gekommen» (Me he retirado del mundo), y «Um Miternacht» (A medianoche), ejemplos quizá del Mahler más sincero y veraz; del que menos parafernalia hace uso; del más sencillo y a la vez patético. Como también en las premonitorias canciones mortuorias de los niños, que por alguna razón se convierten en una crónica anunciada de la muerte de su hija Maria, algo que Alma Maria, la esposa de Mahler, siempre le echó en cara a éste, culpándole de tentar al futuro. En cualquier caso, la obra maestra del *lied* con orquesta de Mahler es *Das Lied von der Erde* (*La canción de la tierra),* para muchos el testamento sinfónico de su autor. Escrito para dos voces (tenor y barítono o contralto) y orquesta para un texto llamado *La flauta china,* es un desproporcionado fresco formado por seis canciones, de manea que las cinco primeras, juntas, suman un tiempo similar a la duración de la sexta, que sencillamente es lo más acongojante escrito por Mahler en toda su vida: «Der Abschied» (La despedida).

Grafiti sobre ladrillo de Gustav Mahler en un parque de la ciudad croata de Opatija.

Este inmenso *lied* se habría erigido en la auténtica despedida no sólo de todo un género, sino de una época; de una manera de pensar; de una forma de ver la vida. Mahler debería de haber cerrado aquí muchas cosas; entre otras el sinfonismo alemán. Entre otras, la canción con acompañamiento de orquesta. Pero la historia, y un señor llamado Richard Strauss, que vivió el cambio de siglo con la misma intensidad que Mahler, pero al que le dio tiempo de presenciar las dos guerras mundiales del siglo XX, lo evitaron. Richard Strauss no murió hasta el 8 de septiembre de 1949, reservándose ese derecho, que ejerció en una maravilla llamada *Cuatro Últimos Lieder,* la última música que salió de su pluma antes de desaparecer. Tenía ochenta y cuatro años, y ya había ensayado una música terminal en su poema sinfónico *Metamorfosis* (del que hablaremos en otro capítulo). Pero quiso dar otra vuelta a la tuerca y nos regaló una de las músicas más tranquilas y placenteras que se hayan escrito nunca, pero con un infinito poder de incitar a la reflexión y la contemplación histórica. Esta obra, y muy concretamente la cuarta canción, «Im Abendrot» (En el ocaso) sí supone un punto final. Y para ello el autor no necesita de grandes medios; con una voz de soprano, que pulula por los espacios circundantes, y una orquesta a la que exige poco, salvo una milagrosa transparencia, le es suficiente para mover el mundo; para mover nuestros corazones hasta el límite de nuestras emociones. Se ha escrito mucha música maravillosa. Ya hemos hablado (y nos queda todavía una cuanta) de muchas obras únicas e irrepetibles. Sin embargo, estas *Cuatro Últimas Canciones* poseen una rara virtud: en su otoñal despedida nos podemos ver reflejados tanto mejor cuanto más años cumplamos. Es por eso una música para toda la vida; para ir comprendiéndola poco a poco, sin sobresaltos ni pasiones añadidas. Si al amor se le pudiera desposeer de la pasión, de quedar algo, eso sería esta música.

Naturalmente, Richard Strauss escribió muchísimas más excelentes canciones a lo largo de su vida.

Retrato de Richard Strauss, por Max Liebermann. Strauss fue, quizá, el último gran romántico alemán. Grande entre los grandes. ACRED.: GALERIA ESTATAL DE PINTURA, BERLÍN.

Música sin texto. Música pura

Capítulo 10.
La *suite*

Ésta es una forma que va a dar mucho juego en el capítulo inicial de los que se van a ocupar de lo que hemos denominado *Música sin texto* o, simplemente, *Música pura*, y con el que inauguramos otra manera de concebir la música; en realidad la manera más musical de hacer música, porque cada obra así ideada (alejada de cualquier guía que no sea el propio sonido) es independiente y soberana, y además sin otra pretensión que hacerse inteligible a través —únicamente— del sentido del oído.

Una *suite* es un conjunto de (pequeñas: las más de la veces) músicas que han de escucharse seguidas y en un orden establecido, porque el autor ha definido algún nexo o relación entre ellas. Es fácil de imaginar que este juego puede dar para mucho, pues exige poco. Ese nexo puede ir desde compartir la tonalidad de cada pieza hasta la pura conexión temática entre las partes. Hay muchas opciones.

Una de ellas es la de fijar el carácter de cada pieza de antemano. Esto fue muy típico del período barroco, en el que las *suites* (llamadas *de danzas*) se componían de zarabandas, *courantes*, gigas, alemanas, etc., siguiendo las costumbres del Renacimiento, cuando estas danzas se emparejaban buscando una especie de dualidad contrastante. Como vamos a ir viendo, un principio éste, el de la dualidad, que va repitiéndose desde el siglo XVI en adelante. La *suite* como forma evoluciona en dos sentidos: para un grupo de instrumentos o para uno solo. Y es inexcusable decir que el Barroco y sus más egregios representantes son los que protagonizan esta evolución. Como el propósito de este libro no es ver las cosas en su totalidad, se podrá comprender que para escoger ejemplos que sean significativos tendremos que recalar casi siempre en autores repetidos. En el caso que nos ocupa, hablar de *suites* es lo mismo que referirse a Bach, Haendel o los Couperin. Por ejemplo, en el caso del primero, a su *4 Suites orquestales,* a sus seis *Suites para violonchelo solo,* a sus *Sonatas y Partitas para violín solo,* a sus *Suites francesas* o *Suites inglesas* para clave, o a sus *Partitas* para el mismo instrumento, por citar las indispensables de su cerca de cuarenta *suites.* En el caso de Haendel, sus *Música acuática* (pensada para un paseo real) o *Música para unos reales fuegos artificiales* (para una macrocelebración que acabó como el rosario de la aurora por un incendio producido por los fuegos) son obras maestras indiscutibles que sobrepasan con mucho los objetivos de su composición. En cuanto a François y Louis Couperin (1668-1733, 1626-1661, respectivamente), sus *suites* para clave, que ellos llamaban *ordres,* contienen toneladas de buena música.

Georg Friedrich Haendel. Pareja de Bach en los libros. Pero como el agua y el aceite: Haendel fue viajero y cosmopolita; Bach, un alemán de Alemania y para Alemania.

Ya en el siglo XVIII, la aparición de la forma sonata cambia la faz de la *suite.* Mozart usa el término *divertimento* para un concepto parecido, y a los románticos deja de interesarles la forma. Se pone en uso, sin embargo, la *suite* como extracto de una obra larga. Sucede en el *ballet* hasta bien entrado el siglo XX: son muy famosas las *suites* de *Cascanueces* o *El lago de los cisnes,* de Tchaikovsky, o la *suite* de *El pájaro de fuego,* de Stravinsky. En un sentido más literal, los movimientos llamados neoclásicos recuperan tímidamente la forma: lo hacen Delius, Sibelius o Hindemith, por ejemplo.

Capítulo 11.
La forma sonata. Sonata instrumental

UNA FORMA MUSICAL CRUCIAL

En el capítulo que denominamos *Cuestiones básicas* vimos cómo la configuración de una obra musical se realizaba organizando las alturas, los ritmos, la dinámica y los timbres. En principio, el concepto básico de forma musical atiende al tipo de configuración que se escoja. De entre las muchas maneras de organizar los medios ha habido formas preestablecidas, bajo cuyo paraguas se han movido los compositores en épocas determinadas, particularmente entre 1600 y bien entrado el siglo XIX. Formas instrumentales como la fuga, el canon (a las que nos referiremos en el último capítulo), la *canzona*, la tocata, la fantasía, que son formas simples en su estructura, se fueron combinando para producir otras, compuestas, como las arias, las *passacaglias*, los rondós, los *scherzi*, la chacona, la *suite*, la sonata, la sinfonía, el cuarteto de cuerda o el mismo concierto (con solista o grupo de solistas); y entre las vocales, el motete, el madrigal, la cantata o el oratorio, la ópera, modelos todos ellos que se utilizaron y (algunos) se siguen utilizando para llenar de músicas de todos los colores las iglesias, los salones o los teatros y las salas de concierto. Explicar, aun sucintamente, cada una de ellas se escapa con mucho a los objetivos de este libro, pero es mucho más que conveniente que se sepa que existen; que cuando se vaya a un concierto y se tome el programa de mano y se lean ciertas cosas uno no se asuste.

Sin embargo, es indispensable detenerse en una forma musical muy concreta, por la trascendencia que ha tenido en la historia de la música y por lo que ha aportado hasta el día de hoy: la forma sonata. Que, de entrada, es un término confuso. Hablar de la forma sonata no es lo mismo que hablar de una sonata; por ejemplo, cuando decimos la sonata número tal de tal compositor, nos referimos a una composición en varias partes o movimientos, que, a su vez, pueden estar escritos (algunos de ellos, o todos rara vez) en lo que hemos llamado forma sonata, y que atiende exclusivamente a una manera de escribir música. Y más: otras obras, como una sinfonía o un cuarteto de cuerda u otras, también pueden tener movimientos escritos en forma sonata. ¿Qué significa?

El gran hallazgo de la escritura en forma sonata es que está basada en una técnica muy sencilla que apuesta por una idea, la dualidad, que ya hemos dicho ha estado presente en la música desde los principios más remotos, aun de forma intuitiva y sin sistematización alguna. La contraposición, el contraste, la búsqueda de los extremos, etc., es el motor de esta técnica, su corazón. No es casualidad que esta forma se materialice como una técnica en una época en la que la razón y el conocimiento ganan la partida a los sentimientos. A los artistas ilustrados les encantaba este tipo de experimentos, porque buscaban explicar, comprender y hacer comprender. El esquema es claro. Tres partes: una exposición, un desarrollo y una reexposición. En origen, la exposición es bitemática, dos melodías o temas que tengan carácter contrapuesto, y que son la base de los materiales para jugar en el desarrollo. En la tercera parte se insiste en el juego tras una repetición literal. Ésta es la base, y ésta es la manera en que se expresa el grueso de la música escrita entre los siglos XVIII y XX. Pero sólo la base. Mozart, Haydn, Beethoven, Schubert, Chopin, Liszt, Mendelssohn, Schumann, Brahms, Bruckner, Richard Strauss, Mahler… Los retos con la forma sonata se multiplican a medida que se avanza; y el asunto se llega a complicar muchísimo, de manera que un análisis de un movimiento de una sinfonía de Bruckner escrito en forma sonata, comparado con uno similar en una sinfonía temprana de Mozart, es como poner un rascacielos al lado de una agradable casita de campo.

LA SONATA INSTRUMENTAL A SOLO

Una sonata es una obra escrita en varias partes para uno o más instrumentos. Sin embargo, a través de la historia de la música, y una vez más a partir del siglo XVII, el término adquiere diversas acepciones. Nos referiremos sólo a una de ellas, la sonata para un instrumento de tecla, citando las más significativas creaciones. Durante el período barroco, tomado como principio, hay que centrarse de nuevo en las grandes figuras, aunque con algún muy importante nombre añadido. Las cotas de calidad más altas se vuelven a alcanzar en Bach o Haendel, a los que habría que añadir los nombres de Arcangelo Corelli, Francesco Veracini o Giuseppe Tartini. Durante el período clásico irrumpen autores como Carlos Felipe Emanuel Bach y naturalmente Haydn (62 sonatas) y Mozart (21). Pero el más creativo, fantástico y polivalente compositor para teclado fue Domenico Scarlatti, que dejó escritas quinientas cincuenta y cinco sonatas para clavecín. La puerta al siglo XIX la abren Beethoven (véase capítulo 21) y Schubert (once completas), y ya en pleno Romanticismo casi ningún compositor deja de caer en la tentación: Schumann, Chopin, Liszt, Brahms... A destacar la original y muy fáustica *Sonata en Si menor,* de Franz Liszt. Más tarde, ya en siglo XX participan de la fiesta sonatística autores como Scriabin, Ives o Berg. Muy destacables son dos *rara avis*: la *Sonata para dos pianos y percusión* de Béla Bartók y la *Sonata Concorde,* de Charles Ives.

Domenico Scarlatti fue un napolitano enamorado de España, donde compuso casi todas sus sonatas. Murió en Madrid.

Capítulo 12.
Variaciones

No es propiamente una forma musical sino un procedimiento. Pero ha dado a lo largo de la historia tal cantidad de obras maestras que se hace imprescindible dedicar un capítulo al asunto. Se trata de una serie de modificaciones realizadas a partir de un tema musical, cuyos resultados se exponen a continuación de éste. Normalmente, cada variación conserva elementos del original, pero como siempre sucede a lo largo de la historia de la música, los autores se van apartando poco a poco del origen; las series de variaciones más celebradas, así, son aquellas en las que el compositor logra resultados que, sin apartarse armónicamente del tema original, acaban pareciéndose muy poco a él. Los autores que más se apartan de la norma son, como siempre, los de siempre.

Un asunto importante: no se debe confundir la repetición con la variación. La mayor parte de las formas musicales giran en torno al concepto de repetición (piénsese en el *aria da capo,* que repite desde la cabeza), una práctica cuya explicación detallada necesitaría un libro entero. Todos los compositores la usan, unos con poca fortuna; otros de forma magistral, otros de manera tan sutil que ni se nota. Muchos directores omiten las repeticiones temáticas escritas en determinadas obras, para no cansar, pero en ocasiones la repetición es indispensable. Sucede cuando la repetición se aproxima a la variación, por, como decimos, la existencia de sutiles cambios. Como ejemplo de repetición maravillosa podríamos poner el caso del tema principal del tercer movimiento de la *Tercera sinfonía* de

Brahms. Es inagotable, pero el efecto es como si a uno le estuvieran cubriendo de bálsamo todo el tiempo.

Los primeros experimentos sobre la forma variación se realizan en el siglo XVI, de manera que, ya en el Barroco, es un sistema que todo el mundo utiliza. Sin embargo, frente a compositores de valía, vuelven a elevarse figuras como las de Bach o Haendel. Del primero citaremos una obra universal, las *Variaciones Goldberg,* llamadas así porque el tema original fue escrito por Johann Gottlieb Goldberg, un discípulo suyo. Hasta aquí, la anécdota. Porque ésta es una obra que Bach escribió al final de su vida, y las treinta variaciones que ideó para acompañar al tema (aria, no llega a cinco minutos de música) son un compendio para el teclado. Algunas de ellas encierran universos únicos, alejados del original. Por ejemplo, las variaciones más largas son las números 13 y 25. La media es de entre dos y tres minutos por variación, y en éstas Bach se va hasta el doble en la 13 y hasta cuatro veces más en la 25, que está marcada como *Adagio,* y es una música auténticamente extraterrestre. Haendel, por su parte, escribió, entre otras, unas bastante distintas, mucho más brillantes y espectaculares, las llamadas *Variaciones «El herrero armonioso»,* una verdadera carrera de bien situadas semicorcheas que, escritas por otro, habrían quedado en puro fuego de artificio, pero que en sus manos constituyen otra maravilla más dentro de su fulgurante e inagotable obra para teclado.

Hay series de variaciones mil. Para orquesta, para piano, etc. Beethoven aportó varias al piano, pero su particular cumbre al respecto está en las *Variaciones sobre un tema de Anton Diabelli,* un tema primordialmente insignificante, que Beethoven transforma en treinta y dos pequeños grandes universos pianísticos. Ésta es una de las obras más modernas de su tiempo, hasta el extremo de que en algunas de sus variaciones el autor da un inconmensurable salto hacia el futuro, casi, casi rompiendo la tonalidad. Por ejemplo, escuchando la variación 20 pareciera que estamos ante una obra de Webern, o posterior a éste, es decir, ante una música que parece escrita más de cien años después. Pero si queremos algo más inteligible y romántico, fijémonos en la variación 14, un prodigio de emoción reconcentrada y extrema. Mendelssohn aporta al género una obra muy singular, las *Variaciones serias,* para piano también, pero sin duda es Johannes Brahms el que más enriquece la fórmula, tanto desde el piano como desde la orquesta, e incluso en piezas de cámara como el *Sexteto op. 18* o el *Quinteto de cuerda op. 111.* Sus *Variaciones sobre un tema de Haendel, Variaciones sobre un tema de Schumann* (ambas para piano, dos poderosísimas composiciones) y *Variaciones sobre un tema de Haydn,* para orquesta, seguramente se sitúen en la cima del género romántico. Por último, citaremos una obra de Edward Elgar que se ha hecho muy famosa por una parte. Se trata de las *Variaciones Enigma,* cuya maravillosa variación número nueve, llamada *Nimrod,* ha sido objeto de diversos tratamientos cinematográficos. A saber, la aseada *Australia,* de Baz Luhrmaan, finaliza con una escena de un aborigen con esta música. El efecto plástico es estupendo, pero la idea que quiere defender esta música aquí, más que discutible. Más recientemente, en su *Dunkerque,* Christopher Nolan sí hace una magnífica defensa de esa variación, encargando al compositor de la banda sonora, el excelso Hans Zimmer, una especie de variación de la variación: una gloria musical británica como Edward Elgar irrumpe por la puerta grande en el acto heroico que plantea el film. Una joya del cine de hoy.

Capítulo 13.
La sinfonía

Una sinfonía es una obra escrita para orquesta, en una o varias partes, cuyo contenido es, en principio, abstracto. Cada parte o movimiento tiene su propia autonomía, aunque hay una relación tonal entre todas ellas. En el transcurso de la historia de este género han cabido numerosas variantes:con voz, voces o coro (novena de Beethoven, por ejemplo) o con algún instrumento añadido (tercera de Saint-Saëns, con órgano), o varios instrumentos, como sucede con las sinfonías concertantes. La sinfonía clásica en cuatro movimientos consta de un movimiento rápido, un movimiento lento, un minueto (más adelante, *scherzo*) y un movimiento otra vez rápido. Pero este esquema se complica mucho con el paso del tiempo.

Primeros, aunque muy primitivos, ejemplos se pueden encontrar en las colecciones de sinfonías de Alessandro Scarlatti (1660-1725, padre de Domenico, el autor de sonatas para clave), músicas trepidantes y llenas de vida, por otro lado. Pero estamos todavía alrededor de 1680, y tendremos que esperar hasta finales de la mitad del siglo siguiente para poder hablar de intentos más elaborados. Para seguir la evolución del género en sus comienzos es necesario tener en cuenta la importancia que va adquiriendo el concierto en la vida pública, frente a las interpretaciones privadas en palacios u otras salas. Parece ser que el primer sinfonista reconocido fue Giovanni Battista Sammartini (1700/01-1775), que compuso una veintena de piezas para orquesta de cuerda en tres movimientos. Entre las décadas de 1720 a 1740 se puso de moda la sinfonía, que se interpretaba en conciertos de todo tipo. Compositores que hoy son absolutos desconocidos comenzaron a añadir otros instrumentos, como oboes y flautas, o trompas y trompetas, y timbales. Su mundo expresivo giraba en torno a largas exposiciones y materiales temáticos muy contrastados rítmicamente. Pergolesi, Jommelli, Leo, Galuppi, Graun o Carlos Felipe Emanuel Bach fueron asiduos cultivadores.

Sin embargo fue en la brillante corte de Mannheim, en Alemania, donde se dio el gran salto estilístico hacia lo que hoy podemos reconocer como una sinfonía. Los compositores que trabajaron allí fueron, por ejemplo, los primeros en utilizar los clarinetes. Y allí la sinfonía pasó de tener tres movimientos a cuatro. Autores determinantes fueron Johann Stamitz (1717-1757), Christian Cannabich (1713.1798), Carl Ditters von Dittersdorf (1739-1813) y, antes de Franz Joseph Haydn y Mozart, el más importante, el de más acusado talento de todos ellos, Johann Christian Bach (1735-1782), el benjamín de Bach.

Johann Christian Bach, undécimo hijo de Johann Sebastian, nacido de su segunda esposa, la soprano Anna Magdalena Wicken. Fue el más vivo y listo de todos. Llamaba a su padre *viejo peluca.*

Los primeros grandes sinfonistas de la historia fueron Haydn (1732-1809) y Mozart. El primero legó ciento cuatro páginas, frente a las cuarenta y una de Mozart, en ambos casos contando sólo las conservadas. Y el primer tópico que es necesario destruir nada más aparecer estos dos nombres juntos es ése, que aparezcan juntos, algo que sucedió durante mucho tiempo en las malas enciclopedias. La única similitud entre ellos es la misma que puede haber entre dos grandísimas marcas de automóvil: en ambos casos el vehículo tiene cuatro ruedas. Haydn, que estuvo buena parte de su vida al servicio de la casa Eszterháza, fue un compositor al que no le pesó la librea, cosa que Mozart sufrió con mucho menos estoicismo. Sin embargo, nunca en Haydn se llega a percibir ese tono amargo y de regusto melancólico que acompaña a la gran creación mozartiana. Haydn fue un hombre vitalista y positivo que no sólo nos habló de las maravillas de la vida sino de la necesidad moral que tiene el ser humano de disfrutarlas. Se suele decir que sus primeras sinfonías son piezas breves, cuando no modestas. No es cierto. La música pequeña de Haydn goza siempre de la mayor grandeza con la que puede estar tocada una música: la facilidad para ser comunicada. Hay un desgraciadamente extendido error al respecto: sólo es fácil, reza el tópico, la música que es simple. La música sinfónica de Haydn deshace esa falsedad en un minuto. Es imaginativa, diversa, diferente en cada ocasión, un auténtico chorreo de invención y fantasía. Pero es cierto que el Haydn sinfónico alcanza su cénit al final, con sus doce sinfonías, apellidadas *Londres*, un compendio de alegrías y celebraciones musicales de toda especie. La rica textura de sus orquestaciones, su magia rítmica (de un entusiasmo que despierta a los muertos) y la plasticidad en el discurso se paladean con ese placer que sólo una continuada explosión de extroversión emocional puede proporcionar.

El mundo sinfónico de Mozart es más complejo, más lleno de esquinas, más esquivo y formalmente de mayor enjundia. Sucede, otra vez, y en pura lógica, con sus últimas sinfonías, donde seguramente el grado de soledad, infelicidad e introversión se ponen de manifiesto con crudeza. También (podríamos decir que de la número 36 a la 41) por el hecho de que Mozart se tomara más en serio el género. Él fue más un compositor de conciertos para piano y de óperas, por más que la última de sus sinfonías, la número 41, llamada *Júpiter,* sea una cumbre del género. Sin duda esta música no habría sido posible sin lo mucho que a Mozart le dio tiempo a aprender de Haydn. Pero también se puede afirmar que ni Haydn ni otros tantos llegaron a concebir una estructura tan rica y complicada desde el punto de vista formal y, a la vez, tan llena de emociones, tan grande en su concepción contrapuntística, como ésta.

Franz Joseph Haydn. Como en el caso de Bach y Haendel, la pareja natural de Mozart. Igual de falso. Haydn es la verdadera antesala de Beethoven.

El sinfonismo de Beethoven, como los de Haydn y Mozart, es hijo de la forma sonata (ver capítulo correspondiente). Pero supone un salto sin red, más por lo que añade a lo que hay que por lo que inventa. Es heredero más del sinfonismo de Haydn que del de Mozart, por una cuestión de puro carácter; no tiene que ver con la ambigüedad calculada en que se mueve Mozart, y, por el contrario, es siempre abierto y expansivo. Pero obviamente va mucho más allá por lo que siempre hay que resaltar en Beethoven: su infinita capacidad para mejorar un producto que ya es muy bueno. Incluso, diríamos, para volver a redondear con mucha más proyección aquello que ya era redondo. Los mundos musicales de Mozart y Haydn son perfectos y se habrían podido cerrar totalmente si no hubiera existido Beethoven. Sucede esto con las sinfonías del gran sordo, pero sucederá igualmente con los cuartetos de cuerda. Porque Beethoven nunca fue por libre, siempre miró hacia atrás, hacia los grandes logros de la música alemana, Bach al frente, y en el campo sinfónico desde luego a Haydn y Mozart. Como sucede con sus dos primeras sinfonías, de las que siempre se ha dicho que son una prolongación de los logros de las de esos autores, aunque en un análisis más riguroso haya que reivindicar su personalidad no de postHaydn sino de preBeethoven. Con la *Sinfonía Heroica,* la tercera, Beethoven lo pone todo patas arriba. No usa procedimientos nuevos, pero eleva, ensancha, agranda y multiplica los ya existentes hasta extremos que en su momento causaron rechazo. Lo que más choca al escuchar esta sinfonía por primera vez (al margen de su formidable patetismo, al margen de la expresividad de sus notas, de sus texturas, de su impresionante discurso sonoro) son sus extensiones; las repeticiones temáticas, las múltiples sugerencias sonoras que Beethoven nos propone en largos diálogos instrumentales a modo de grandes preguntas que se intentan responder pero que finalmente quedan en el aire. La sinfonía tiene título (dedicaremos más adelante un capítulo a esta cuestión de los nombres de ciertas músicas en principio abstractas), pero si intentamos ponerlo en valor pronto nos daremos cuenta (y lo que es más importante, sentiremos) de que la revolución interna de las ideas supera con mucho al programa; nos percataremos de que aquello de lo que Beethoven está hablando es de valores que sobrepasan con mucho la concreción; son valores de una formidable universalidad; y valores que se expresan a través de combinaciones sonoras, no mediante una explicación literaria. Esta facultad, este don para combinar notas de esta forma es lo que distingue a Beethoven del resto; es lo que define esa originalidad, esa unicidad a la que siempre nos referimos al habar de su música. Y es que sí; Beethoven nos hace estremecer con su marcha fúnebre, haciéndonos pensar en el héroe (caído, por supuesto), pero también nos invita a que olvidemos el asunto y nos dejemos llevar, y hagamos nuestra esta música, que quiere decir que la convirtamos en nuestros propios sentimientos y vivencias. En fin, la tercera sinfonía de Beethoven abre la puerta a un nuevo, y mejor compartido, sentimiento musical, porque su capacidad para introducirnos dentro de ella al escucharla no explota nuestra capacidad para explicarla, que es lo que hacían los ilustrados, sino para vivirla como una confesión personal (Federico Sopeña *dixit*). Eso es la primera música verdaderamente romántica que es la sinfonía que iba a ser para Napoleón, pero cuyo dueño, la humanidad, se ganó a pulso por derecho propio.

Beethoven sintió tanta simpatía por Napoleón que pensó dedicarle su tercera sinfonía. Pero —se dice— tachó el nombre del francés en la partitura cuando este se hizo coronar emperador.

Tras el paréntesis de la cuarta, ojo, una maravilla integral, Beethoven escribió una pieza para mirar a su interior; una obra en la que el héroe no fuera otro que él mismo; una especie de retrospectiva de sí mismo antes de ser un viejo, antes de tener que sentirse obligado a hacer ese tipo de repasos vitales. La *Quinta sinfonía* de Beethoven es filosofía pura. Una especulación sobre la existencia y los caminos que, inexorable e inevitablemente, ésta abre en el sujeto pensador. Pero el gran milagro es que una propuesta como ésta, que tan fácilmente puede caer en el puro y barato panfleto (o en la digresión intelectual pedante), en manos de Beethoven alcanzó una grandeza absolutamente prodigiosa y un admirable grado de comprensión. Porque la veracidad de las notas engulle al propio pensamiento; porque Beethoven logra la para casi todos inalcanzable meta de conseguir que los sonidos se expresen con mayor elocuencia que las palabras. El primer movimiento, con su famosa llamada a la puerta del destino que todo el mundo conoce, es quizá la música más distinta al resto nunca escrita, no se sabe bien si por un golpe de inspiración (¿) o por la simple puesta en práctica de una idea tan genial como irrepetible. Sólo con cuatro notas (Sol, Mi, Fa Re) Beethoven mueve el mundo del pensamiento, de la reflexión, de la especulación sobre el pasado, el presente y el futuro del hombre. Hay estudiosos que mantienen que esta obra empieza bien pero que acaba mal, por la reivindicación de triunfo que conlleva su cuarto y último movimiento. Con todo el respeto, porque son gentes muy serias las que sostienen esta teoría, esa afirmación implica un importante desconocimiento del alma beethoveniana. Y de su complicada y variada personalidad. Para Beethoven la vida fue a la vez una gran fiesta y un enorme martirio. Porque era un hombre cuyos comportamientos, y por consiguiente sus decisiones, dependían de su estado de ánimo creativo. Y así en un momento determinado podía estar convencido de que el ser humano era la obra maestra de la naturaleza, y a los pocos minutos convertir el mundo en un pozo de víboras. Era un hombre extremo que sistematizaba sus hallazgos cuando podía encontrar una cierta paz interior, pero esos hallazgos siempre nacían de convulsas turbulencias personales. Por eso sus *personajes* musicales pasaron por lo mejor y lo peor, y cuando habló del hombre, lo hizo desde su nobleza más broncínea hasta sus miserias más sucias. ¡Cómo extrañarse de que decidiera en ese cuarto movimiento de la *Quinta sinfonía* hacer triunfar al hombre frente a todo! Podría haberlo hecho justo al revés y habría seguido siendo Beethoven.

La *Sexta sinfonía* es una obra a desmitificar. En su día no se comprendió cómo Beethoven, tras haber removido los cimientos del mundo con su anterior sinfonía, pudo escribir una música tan apacible; una música llena de arroyos, pajarillos, tormentas y fulgurantes efectos solares. La respuesta es que la *Sinfonía Pastoral* nace con un defecto de fábrica, su propio nombre. Y más: Beethoven, que la escribió prácticamente al mismo tiempo que la quinta, la estrenó junto a ésta. El público la recibió mal frente a la potencia arrolladora de su hermana. Y él no la llamó así, pero el error fue más grave; escribió en la partitura: «Recuerdos de la vida campestre». Una bomba. Aunque cuando le preguntaron sobre qué programa había querido desarrollar, afirmó: «Se trata más de expresar sentimientos que de pintar sonidos». Para nosotros, clarísimo: Beethoven no escribe aquí una música que describa cosas, sino sentimientos. Y es del todo lógico que quisiera entregar al mundo esta obra junto a la anterior, porque en cierta medida ambas se complementan: la una habla del hombre que piensa en clave intelectual, la otra del que piensa en clave campestre, naturalista; la una habla de los problemas del hombre urbano; la otra de su vida en y para el campo, para la naturaleza. Pero he aquí que durante muchísimo tiempo los directores de orquesta han elaborado auténticas cursilerías con esta obra, desvirtuando su verdadero espíritu y haciendo creer a todo el mundo que la página es lo que en absoluto es.

Las dos siguientes sinfonías de Beethoven son, la una, como dejó dicho Wagner y como Isadora Duncan demostró con sus brazos, sus piernas, su cuerpo, una verdadera apoteosis de la danza (pero añadiríamos: su primer movimiento, que es una tesis sobre el ritmo); y la otra, la octava, una música feliz, pequeña, muy entrañable, y bellísima. Una especie de pecado en la madurez. O la premadurez, si se quiere. Música alegre, placentera, sin conflictos. En principio: hay directores que la transforman en otra cosa. Algunos, en lo contrario.

Y por último está el testamento sinfónico del compositor, una pieza en la que necesita introducir la palabra. El texto al que acude Beethoven es de Schiller. La famosa *Oda a la Alegría.* Palabras que son poca cosa. Pero Beethoven vuelve a hacer de las suyas. Nadie como él habría sido capaz de hablar de la fraternidad humana partiendo de palabras tan tópicas y huecas. Pero ahí está de nuevo el músico para arreglarlo. Y algo más. Porque desgraciadamente para muchos, la novena de Beethoven se ha convertido en ese cuarto movimiento, pasándose por alto lo que ha ocurrido ya en los tres anteriores, esta vez sí una retrospectiva personal. Todo el Beethoven sinfónico anterior está en esos tres movimientos, en la declaración (ya última) de principios del primero; en la fuerza demoníaca del *scherzo,* en la maravilla melódica y el sustrato personal de amores no realizados del *lento,* y, claro, en el cuarto, el gran repaso de su vida, hasta la apología final con el tenor y el coro proclamando que a Dios cada uno lo adora a su manera. Al final Beethoven disuelve el sonido mandando tocar a la percusión en *prestissimo,* cosa que, por cierto, pocos directores entienden o no quieren entender, quizá por miedo a que suceda lo que Beethoven quería que sucediera: que todos los sonidos se entremezclaran en un caos inaudible. Hay uno que sí hizo esto una vez. Fue Wilhelm Furtwängler, en el concierto de reapertura del Festival de Bayreuth tras la finalización de la Segunda Guerra Mundial. En esta interpretación, que se puede escuchar en disco, Furtwängler hizo justicia por partida doble: hizo lo que Beethoven marcó en la partitura, y se lo dedicó a los muertos de la guerra.

EL ROMANTICISMO SE DESPEREZA

Como es lógico, después de la revolución beethoveniana los músicos alemanes han de pasar por el trauma de fijarse en él. Hay uno, no obstante, que algo dejó dicho al mismo tiempo que Beethoven, aunque nada paralelamente. Ése fue Schubert, que con nueve sinfonías nos obliga a que, por lo menos, nos fijemos en las dos últimas. Nosotros creemos que hay que hacerlo en el caso de su novena, porque en ella está el principio de algo nuevo que tendrá luego una continuidad (el sinfonismo del intrincado Bruckner), pero, a la par, situando su inacabada octava en el lugar que se merece, no otro que el de una creación cumbre en materia de invención melódica y desarrollo dramático. Schubert, el liederista, y el Schubert pianista no abren ninguna ventana a la ópera, un género en el que el autor se muestra parco. Sin embargo sí lo hace en su octava sinfonía, una obra de una rebeldía y una negrura que bien podrían calificarse de escénicas. Con la *Incompleta* de Schubert estamos, sin duda, ante uno de los logros sinfónicos más redondos del siglo XIX.

Tiempo de sinfonistas, desde luego. Pero de muy variada especie, dentro de una tónica que a veces no supera una cierta rutina o que, inopinadamente, entrega hallazgos interesantes que se salen de la norma. El caso de Mendelssohn es paradigmático. De su pluma salieron cinco sinfonías, tras unas cuantas experiencias juveniles mirando hacia fórmulas del pasado. A nosotros nos parece que de ellas hay que considerar las tercera y cuarta, subtituladas *Escocesa* e *Italiana*, que si bien deben de ser escuchadas sin perder de vista sus nombres, lo que al final acaban por entregarnos es un equilibrio y una fuerza estructural que, sin llegar a alcanzar un espíritu plenamente romántico, sí suponen un ejemplo mayúsculo de las últimas consecuencias del sinfonismo clásico. Más interesantes, en cambio, nos parecen las cuatro que dejó escritas Robert Schumann, esta vez sí, piezas de un furibundo romanticismo. Tanto que algunas veces se las ha tildado de desequilibradas; de piezas deficientemente escritas y orquestadas. Una barbaridad. La música de Schumann es un como una moneda de dos caras; como un fenómeno atmosférico que destruye para volver a crear; que duele pero que, una vez regenerada la célula dañada, produce un placer indescriptible. Su música, que respira libertad y ausencia de rutina en todo momento, es el producto de ataques de creación, y por eso alcanza un desigual equilibrio emocional. Cosa que desde el punto de vista del resultado lo vemos como una virtud, muy lejos de un defecto.

Johannes Brahms no dio el carpetazo a su primera sinfonía hasta los cuarenta y tres años cumplidos. Su respeto a

Beethoven no sólo le trajo inquietudes e inseguridades a la hora de decidir, sino que provocó que se paseara por el interior de sus sinfonías como un auténtico fantasma. Así, por su primera sinfonía, seguramente la creación que más dolor le causó de toda su producción, en la que hay claras reminiscencias de las sinfonías más ideologizadas de su antecesor. Para bien, por supuesto, pues el resultado final es otra cumbre. Pero de resultados muy distintos al resto de sus sinfonías (cuatro en total), músicas de gran aliento romántico y, en su severa abstracción, piezas sin concesiones a la sentimentalidad aun labradas a golpe de fuertes emociones. En el sinfonismo de Brahms sí hay un equilibrio estructural acabado y perceptible, porque a pesar de funcionar con la emoción bajo el brazo, la escritura es una lección de disciplina y rigor. Y de cómo manejar emociones sonoras.

En las áreas rusa y eslava es necesario destacar las figuras de Piotr Tchaikovsky (1840-1893) y Antonin Dvorak (1841-1904). El primero escribió seis, y el segundo nueve sinfonías. Y hay mucho que desmitificar aquí también, y quizá por razones parecidas. La *Sexta sinfonía* de Tchaikovsky, llamada *Patética,* guarda una lamentable relación con aspectos personales del compositor, de los que se suele hablar tanto que a la postre enmascaran el valor estético de la pieza. Tchaikovsky dijo que su sexta sinfonía era su música más auténtica y sincera. Habló de que tenía un programa, pero oculto, y eso puso y ha seguido poniendo hasta hoy nerviosos a críticos y musicólogos, en su particular empeño por ver en ella el testamento musical del compositor. Tchaikovsky falleció tres semanas después del estreno de la obra, sin tiempo para poder escucharla en una buena interpretación (se sabe que la del estreno, el 16 de octubre de 1893, que él dirigió, fue francamente mediocre), por suicidio inducido. El debate de si lo fue o no (murió de cólera por no hervir el agua) debe desligarse del resultado musical de la *Patética,* que encierra valores formales y estéticos que rebasan con mucho la idea de ser consecuencia de un determinado estado de ánimo, por lo demás muy cambiante en Tchaikovsky en el momento de su composición. Su gran virtud, no otra que su extraordinaria hechura e inspiración en todos los órdenes, a veces puede ir en su contra, como de hecho sucede cuando el director de turno busca el aplauso fácil. Ejemplos: en lo mal que se suelen entender el *Allegro con grazia* (que contiene elementos críticos de una acidez malsonante) o el en apariencia estruendoso tercer movimiento, en realidad una verdadera descarga de adrenalina arrojada sobre un enigmático y contradictorio juego de ritmos que no sólo no conducen a la gloria del triunfo, como parece sugerir la potentísima orquestación, sino a la antesala de una de las músicas más desesperadamente fúnebres de la historia del género, el desolador *Adagio* final. Y de las más hermosas.

Durante los años sesenta a ochenta del siglo XX se puso de moda denostar la figura de este, hoy está clarísimo, extraordinario compositor.

El caso de la novena de Dvorak es distinto. Es una de esas obras maestras sobre las que descansa un insoportable peso, el de la popularidad. Y ya se sabe, para más de un santón de la música clásica cuando una música es demasiado popular hay que desconfiar de ella. E incluso un peso que va en detrimento de otras valoraciones de otras músicas del mismo compositor: la aceptación popular de la novena de Dvorak, otra vez una obra con nombre (¿no les parece sospechosa la relación entre fama y tener o no tener nombre?), la *Nuevo Mundo*, ha sepultado al menos otras dos obras maestras suyas, las inmediatamente anteriores séptima y octava sinfonías, ambas verdaderas sangrías de melodismo y exuberancia orquestal. Pero al margen de todo esto, debe de haber alguna razón independiente que sirva para la defensa de esta música magnífica. En el checo Dvorak, como después en el húngaro Bartók —o incluso ¡en el español Falla!— hay un doble plano que acaba siendo muy beneficioso para su música en términos estéticos: se comulga plenamente con las ideas nacionalistas pero se mira continuamente de reojo a la tradición musical imperante. Y si Falla lo hace hacia la música francesa, Dvorak, como Bartók, se fija en la música alemana. Cada caso es cada caso, pero, en el de Dvorak, tal manera de proceder resulta absolutamente lógica en términos políticos, habida cuenta de que para un bohemio en 1860 no *pensar* en idioma alemán hubiera sido un suicidio profesional. Y esa tensión entre lo checo y lo teutón —que todavía existe, no nos engañemos— es el factor que más enriqueció la música de Dvorak; fue la que le motivó para bucear en el folclore imaginario de su entorno, el eslavo; para reinventar los ritmos, los acentos, los colores, y poner en marcha las fuerzas centrífugas necesarias para generar una creación fundamentada en la tradición pero con decidida vocación de escape hacia el futuro. Eso es la *Nuevo Mundo.* Los casos de Falla y Bartók, de todas las maneras, tienen otras connotaciones, porque ellos inventan una fórmula que apunta directamente al corazón del folclore, transformándolo en *imaginado,* pues sin utilizarlo directamente lo convierten en el motor de su música. Lo andaluz en Falla y el componente magiar en Bartók están presentes en obras tan *cultas* como *El amor brujo* o *El sombrero de tres picos,* en el caso del español, o en la *Música para instrumentos de cuerda, percusión y celesta* del húngaro.

Antes de zambullirnos en la gran piscina del romanticismo maduro, último romanticismo o postromanticismo, llámesele como se quiera, es necesario referirse a otra línea de composición sinfónica, de alguna manera ligada a lo que entendemos por música de programa, un concepto que desarrollaremos con más detalle en un capítulo aparte. Se trata de composiciones ineludibles por su alta calidad e interés como son las sinfonías de Berlioz, *Sinfonía fantástica, Harold en Italia* y *Romeo y Julieta*; las de Franz Liszt, *Sinfonía Fausto, Sinfonía Dante*; de Vincent d´Indy, *Sinfonía sobre una canción montañesa francesa,* o de César Franck, la *Sinfonía en Re menor*. Su contribución al sinfonismo romántico es muy importante, pero dentro de un capítulo discutible: una peligrosa aproximación a la música dramática por excelencia, la ópera. Sin embargo, son músicas mucho más que estimables (sobre todo la sinfonía de Franck), que además marcan el camino hacia el poema sinfónico, una música de vocación abiertamente descriptivista, como veremos en un próximo capítulo.

Las sinfonías de Anton Bruckner (1865-1896), y mayormente ocho de las once (contando la *Doble cero*) que escribió, pues de piezas absolutamente maestras como la Núm. 0 o las *Núms. 1 y 2* no suele haber mucha noticia en las salas de concierto, se han instalado en los corazones de los aficionados como lo que son, un auténtico trasatlántico de emociones expansivas y sonidos atronadores, expuestos en un continuo mar de dudas existenciales. Bruckner, sorprendentemente, es uno de los tres sinfonistas más de moda hoy en el mundo, junto a Mahler y Shostakovich, y sin embargo es uno de los músicos más complejos del siglo XIX. Resulta particularmente atractivo especular acerca de la relación entre los resultados sinfónicos y poético-expresivos del *brucknerismo* y las condiciones en las que vivió el autor, seguramente siempre escondido bajo falsos paraguas que le protegieran del gran chaparrón que le caía continuamente al enfrentarse a su identidad como persona y como profesional de la música, por supuesto a su condición sexual, y a su recalcitrante y cerrado mundo religioso. Pero también lo es pensar en la liberación que para él suponía cada estallido surgido de su cada nueva experiencia sinfónica. No parece que haya una progresión clara en ese sentido en la creación de sus once sinfonías. Más bien altos y bajos, paradas, diferentes modelos para armar, diversas combinaciones de desarrollos... pero siempre bajo la pauta de la interrupción del tiempo, de una polimétrica violenta, de las consecuciones inconclusas, de una construcción babélica siempre cargada de sugerencias idiomáticas de una polisemia infinita, etc. Una complejidad que sin embargo alcanza unos grados de belleza melódica y polifónica absolutamente celestiales: he ahí la grandeza de la música de Bruckner, ese milagroso y potentísimo equilibrio final de lo constitucionalmente desequilibrado. Los autores antes citados siempre estuvieron en su mundo, habitándolo; Bruckner, no. Porque fue un inadaptado y un hombre sin identidad que sólo encontró la paz en la continua revolución sonora y arquitectónica de su música. Y éste, para él, continuo motivo de desasosiego es transmitido al receptor, que lo sufre casi como un ejercicio de masoquismo.

La vida sinfónica de Bruckner se explica malamente. A las *virtudes* antedichas, sumaba una modestia y una escrupulosidad que le maltrataron toda su vida en cada uno de sus grandes procesos creativos. Y la falta de confianza en sí mismo le llevó a pasar media vida reformando, rectificando, revisando todo lo que ya había hecho en la otra media. Claro que en el gremio no le faltaron enemigos: como ya hemos comentado en otra parte de este libro, el crítico vienés Eduard Hanslick marcó la pauta a Bruckner, cuya música destrozó sistemáticamente. Gracias a sus críticas —y a la inseguridad del autor— Bruckner se pasó media vida rectificando sus sinfonías. Así, si Bruckner necesitó seis años para escribir las sinfonías segunda a quinta (1871 a 1876), dedicó otros tantos a introducir rectificaciones en ellas: entre 1875 y 1876 revisó la *Segunda* (aunque también empezara a componer la *Quinta*); entre 1876 y el siguiente realizó la primera revisión de la *Tercera*; un año después hizo lo mismo con la *Primera* y dejó preparada la tercera versión de la *Segunda;* entre 1877 y 1878 acabó la *Quinta* y comenzó la segunda versión de la *Cuarta,* en cuyo resultado final estuvo trabajando hasta 1880, es decir, dos años en total. Y no acaba aquí la cosa. Entre 1879 y 1887 vuelve a la composición (de la *Sexta* a los primeros esbozos de la *Novena*), pero en ese último año deja la escritura de la *Novena* para hacer una tercera versión de la *Cuarta,* a la que le siguen, para un total de cuatro años de trabajo, las de la *Tercera* y *Primera.* Echen cuentas, mitad y mitad; mitad componiendo, mitad rectificando. Terrible.

Hoy es uno de los sinfonistas más amados. A algunos críticos habría que lavarles la boca con desinfectante.

Busto de Anton Bruckner, en el Stadtpark vienés. Figura controvertida donde las haya, hoy se programa día sí día también en todas las salas de concierto del mundo.

DE FINALES DE SIGLO AL SIGLO XX

El sinfonismo decae en el siglo XX, pero eso no significa ni que el género no aporte un buen número de piezas reseñables ni que los compositores se hartaran o perdieran interés por el asunto. Al norte de Europa, Jean Sibeluis (1899-1924) y Carl Nielsen (1849-1925) realizaron una importante aportación con sus siete y seis sinfonías respectivamente. Nielsen impacta con piezas como la *Sinfonía Inextinguible,* y es particularmente original el primero, que practica una especie de nacionalismo naturalista muy acorde con los medios orquestales que maneja; pone luz a los mares del norte y los bosques fineses en sinfonías (*Primera, Tercera, Sexta* o *Séptima*) de una calidad orquestal altísima. El ya bastantes veces mentado Gustav Mahler, que nos dejó diez sinfonías, la décima inacabada, lleva décadas obteniendo los favores de crítica y público, pero nosotros ya hemos explicado en otras partes de este libro lo que nos gusta de su sinfonismo, y lo que no, y las razones por las que lo que no nos gusta es más que lo que sí nos gusta. Hay tres autores que no han tenido la consideración de los críticos hasta muy recientemente, pero que a nosotros nos parecen muy atractivos. Son Sergei Rachmaninov (1895-1936), con sus tres sinfonías; Edward Elgar (1857-1934), que escribió dos, y Ralph Vaughan Williams (1872-1958), con nueve sinfonías en su haber. Dos sinfonías muy celebradas, y difícilmente situables, las dos con nombre, son la *Sinfonía doméstica* y la *Sinfonía alpina,* de Richard Strauss, ambas con programa.

El período de entreguerras supone el principio del caos. Por un lado están los que vuelven a mirar al pasado, los neoclásicos, y por otro los que se lo quieren cargar todo. Claro que hay algunos que se apuntan a los dos bandos. Sergei Prokofiev (1891-1953), por ejemplo, compone una pequeña maravilla llamada *Sinfonía clásica,* mientras que el resto de sus sinfonías (hasta siete) es severamente rompedor. Otros, como Darius Milhaud, Arthur Honegger o Albert Roussel, practican un neoclasicismo de tono modernista. Quizá el más interesante sea el tercero, cuyo alumno, Henri Dutilleux (1916-2013), pasa por ser uno de los compositores franceses más interesantes de nuestro tiempo. Para una gran parte de críticos y estudiosos, Igor Stravinsky es el rey de la música orquestal del siglo XX, lo que es cierto en el caso de sus *ballets,* con *La consagración de la primavera* a la cabeza. Este ballet, que provocó que el día de su estreno el público destrozara el patio de butacas, pasa por ser una especie de obra maestra de la música sinfónica del primer tercio del siglo XX. Pero para nosotros solo lo es en algunos aspectos, fundamentalmente técnicos; no nos parece que el resultado propiamente musical sea para echar cohetes si comparamos esta con otras músicas de su entorno. Más bien admira su locuacidad rítmica y su salvaje discurso, altamente estimulante y carnalmente adolescente. Pero creemos que en eso se queda; su alma esteparia es de puro hielo a pesar del estruendo. Nos parece más admirables sus otros ballets *El pájaro de fuego* y *Petrushka,* músicas de gran finura intelectual. Sus sinfonías (*Sinfonía en tres movimientos, Sinfonía en Do*) resultan, en cambio, soporíferas. Pero no es el caso de la *Sinfonía de los salmos,* un ejemplo de modernidad en el campo de la música religiosa. En fin, podríamos seguir dando nombres, pero desbordaríamos los límites de un libro como éste. Pero quizá sea imprescindible no olvidarse de las siete sinfonías de Paul Hindemith, una de las cuales, *Matías el Pintor,* es una joya dorada; de las dos sinfonías de cámara de Arnold Schoenberg, aparentemente sendos monumentos a la matemática; de las cuatro de Karol Szymanowsky; de la singular y atractivísima *Sinfonietta* de Leos Janácek; quizá de las seis de Bohuslav Martinu; de las tres de Benjamin Britten; de las cuatro de Michael Tippett; de las cuatro de Charles Ives (¡¡¡); de las tres de Aaron Copland; de las doce de Heitor Villa-Lobos; de las tres de Leonard Bernstein; de las diez de Hans Werner Henze, o, cómo no, de las quince de Dmitri Shostakovich, otro de los compositores favoritos del público en la actualidad, cuya obra sinfónica, para nosotros, ha envejecido a una velocidad de vértigo.

Coreografía para *La consagración de la primavera,* de Igor Stravinsky. Su autor: el famoso Maurice Béjart.

Capítulo 14.
El concierto

Un concierto es una pieza orquestal en la que distintos grupos de instrumentos, variables en número cada uno de ellos, establecen un diálogo musical. La intención inicial no pasó de ahí, pero a medida que se fue desarrollando la fórmula, y muy concretamente a partir del Barroco, ese *diálogo* fue adquiriendo un tono de oposición o contraste entre las partes. Sin duda por influencia de la forma sonata. En ese período adquiere vigencia una variante que va a ser la responsable de la creación de un buen número de obras maestras: el *concerto grosso.* Aquí un pequeño grupo de solistas se enfrenta a la orquesta, una fórmula de la que los italianos extraen petróleo, repitiendo una y otra vez el procedimiento, que se desgasta por pura reiteración. Hay unos pocos compositores que son capaces de mantener nuestra atención al escuchar sus *concerti grossi,* que son los menos, y una pléyade que convierte en rutina una receta que tiene fecha de caducidad. El de más talento en Italia fue Arcangelo Corelli (1653-1713), que sólo con su serie de la *Op. 6* llena de luz la forma musical. Naturalmente está el famoso Antonio Vivaldi (1678-1741), un hombre que hizo proliferar la fórmula hasta la exageración (más de quinientos conciertos en todas sus variedades), y autor de una serie de doce conciertos, entre otros muchísimos, denominada *Il cimento dell'armonia e dell'inventione,* a la cual pertenecen cuatro, con título, *Las cuatro estaciones,* que son cuatro conciertos más, ni peores ni mejores que el resto, pero que se escuchan más por eso, por el nombre. Es probable que la música de Vivaldi sea algo repetitiva. Pero tiene una luz que sólo es comparable a la de su ciudad natal, la *Serenissima.* Pero mucho más ricos, imaginativos, trepidantes y un montón de cosas más son los de las series *Opp. 3* y *6* de Haendel. Por no hablar de los seis *Conciertos de Brandeburgo,* que Bach escribe imitando las corrientes que le vienen de Italia, y superando con creces el original. Bach escribió estas obras al *margrave* de Brandeburgo, con la siguiente dedicatoria:

Monseñor, hace ya algunos años tuve la dicha de hacerme oír de Vuestra Alteza Real, dándome cuenta entonces del placer que sentíais con los insignificantes talentos musicales con que el cielo se ha dignado favorecerme. En el momento de la despedida, Vuestra Alteza Real me hizo el honor de encargarme que le enviara algunas obras salidas de mis manos, por lo que me he tomado, obedeciendo esta orden que me honra, la respetuosa libertad de llenar mis muy humildes obligaciones con los Conciertos adjuntos, compuestos para diferentes instrumentos. Al mismo tiempo os ruego humildemente que no juzguéis su imperfección con la severidad propia del gusto refinado que poseéis en materia de música. Os ruego os dignéis buscar en ellos, con la máxima benevolencia, el profundo respeto y la obediente sumisión que he querido testimoniaros [...]. Con el mayor entusiasmo, tengo el honor de ser, Monseñor, de Vuestra Alteza Real, el más humilde y obediente servidor. Johann Sebastian Bach.

Sin comentarios

Pero con toda probabilidad, la consecuencia más determinante para el género es el concierto a solo, o sea una obra en la que el solista es eso, un solo instrumento. Bach participó de la forma, y Mozart lo ensaya en sus conciertos para violín, y para piano, naturalmente. Y otros muchos autores, cuya sola consignación se escapa a nuestras posibilidades. Tras los últimos (para piano) de Mozart, irrumpe Beethoven con su serie de cinco, y la *Op.* 61, su *Concierto para violín y orquesta,* que inaugura una lista que se va completando con otros para el mismo instrumento de Brahms, Mendelssohn, Tchaikovsky, Bloch, Bruch, Sibelius, Berg, etc.; o para violonchelo y orquesta, como el de Dvorak, el más significativo para ese instrumento. En el campo del piano, la lista es agotadora. Tras los veintitrés conciertos de Mozart y los cinco de Beethoven, los dos de Chopin, los dos de Liszt, el de Schumann, el de Grieg... Y un largo etcétera más, cuya inagotable exposición alcanzaría hasta los autores de nuestros días, y cuya descripción detallada es del todo imposible.

Capítulo 15.
Música de cámara. El cuarteto de cuerda

La mayor parte de la música de cámara escrita hasta hoy atiende a las formas de las que ya hemos hablado, con la sola condición añadida de que es una música para ser interpretada por un grupo reducido de instrumentistas, y de un cuerpo sonoro pensado para que sea escuchada en un recinto pequeño. Su carácter ha ido cambiando en función de las condiciones sociales en las que se ha ido produciendo su creación. Lo que en su día se tocaba en una sala pequeña de un palacio o en la misma casa del compositor, o en una reunión de amigos, o en familia, o en algún lugar público poco amplio, hoy en día encuentra lógicas limitaciones, sencillamente por nuestras condiciones de vida.

Las marcas o pistas que se pueden encontrar en las diferentes músicas de cámara de las que podríamos hablar se refieren a su instrumentación, y en concreto al número de instrumentos que intervienen: dúos (sonatas para dos instrumentos) tríos, cuartetos, quintetos, sextetos, septetos, octetos, nonetos…, y hasta aquí, pues la convención indica que hasta los nueve instrumentos es razonable pensar que estamos ante una música de cámara, y a partir de ahí ante una orquestal. Medidas éstas subjetivas y discutibles, desde luego. Lo más determinante es el conjunto de instrumentos que se escoja para la combinación, cuya naturaleza puede ser cualquiera; toda combinación es válida, y de hecho hay miles de obras escritas en decenas de combinaciones distintas. Una descripción de los resultados obtenidos incluso por los más grandes compositores es imposible. Pero sí en cambio, pequeñas, personales y leves elecciones: las *Sonatas y Partitas* de Bach o las *Suites para violonchelo* de éste; el *Quinteto para clarinete* de Mozart; el octeto de cuerda de Schubert, los dos sextetos de Brahms, la *Sonata para violín y piano* de César Franck... Todos los grandes compositores han practicado este género, pero ¿qué obras de la inagotable muestra se podrían considerar lo más de lo más? La respuesta está en títulos aislados especialmente impresionantes, pero sobre todo en las músicas escritas para una de las combinaciones instrumentales posibles, y que Goethe bautizó como una conversación entre gente civilizada: el cuarteto para dos violines, viola y violonchelo, o simplemente llamado cuarteto de cuerda.

Imagen del Cuarteto Quiroga tocando en el Palacio Real de Madrid, un grupo español que ha irrumpido en el mercado de la Clásica con mucha fuerza.

Los dos primeros autores que lo practican con un fundamento tal que se les puede considerar como sus verdaderos creadores son Haydn y Mozart. Pero sobre todo el primero, que parece fue pionero en utilizar la combinación, allá por el año 1757. Haydn tenía veintisiete años. Desde entonces no dejó de escribir cuartetos, para un cuerpo que alcanzó las sesenta y ocho obras, y que se convirtió en un auténtico laboratorio. Mozart compuso veintitrés, dentro de los cuales está la serie dedicada a Haydn, quizá la mejor música de cuantos cuartetos escribieran él y Haydn hasta ese momento. Y todo eso sucedió antes de llegar Beethoven, a cuyos dieciséis cuartetos le dedicaremos más adelante un capítulo aparte.

Tras Beethoven (y Schubert, con su estremecedor *La muerte y la doncella*), la lista se agranda, sobre todo a partir de la segunda mitad del siglo con piezas de Schumann (3), Dvorak (14), Smetana (2), César Franck (1), Tchaikovsky (3), Borodin (2). Y ya en el XX, con obras de Debussy, Ravel, Schoenberg, Berg, Hindemith, Janácek y, sobre todo, Béla Bartók. Para nosotros, la mejor muestra de seis desde Beethoven.

Capítulo 16.
Músicas con nombre.
El poema sinfónico.

Ya ha surgido más de una vez a lo largo de este libro. Hemos hecho una gran división (bipartita) de la música: música con palabras y música abstracta. Al hablar de la música del segundo grupo hemos defendido la opción como la más pura manifestación de este arte. Pero, una y otra vez nos hemos ido topando con obras que presumiblemente defendían un modelo abstracto y sin embargo eran nombradas; eran reconocidas por un adjetivo añadido o, lo que radicalizaría más la cuestión, un sustantivo. ¿Dónde está la contradicción?

Pues evidentemente en las razones del creador para asignar el título, razones que en la mayor parte de las ocasiones son esquivas, cuando no puramente comerciales. A veces el *bautizo* es posterior a la creación, y en ocasiones ni siquiera es el autor quien decide, sino el editor, cuyo legítimo ánimo de lucro puede llegar al exceso. Hay ejemplos para todos los gustos, pero también un hecho que se repite tozudamente: cuando a un compositor se le preguntaba acerca de los porqués del título en cuestión, la respuesta siempre solía ser: «la música debe ser escuchada sin una guía externa». Incluso en las músicas más claramente programáticas. Música es música, y sólo eso, venimos diciendo desde la primera página. Otra cosa es cómo se venda.

Los compositores han sido sometidos a una especial tortura al respecto. Como los autores de teatro o modernamente los directores de cine. O incluso los escritores en general. Editores y productores han estado y seguirán estando vigilantes. Lo que en el caso que nos ocupa, la música, desde siempre estuvo presente en el trabajo de los compositores. Pero el público fue, es y será imprevisible. Haydn, cuyas sinfonías suelen estar acompañadas por títulos tan pintorescos como *La gallina, La sorpresa, El milagro, Redoble de timbal,* etc. vende mal, mientras que la *Sinfonía fantástica* de Berlioz sigue siendo un *hit* desde el principio. La razón es que, sí, un nombre puede vender, pero si realmente aporta una historia creíble y no es bobo. La *Fantástica* de Berlioz esconde una bonita historia de amor y opio, dos ingredientes que combinan bien a la hora de echar a andar la imaginación, a la hora de *musicar* una historia. Pero hay para todos los gustos. Fíjense, por ejemplo, en ciertos títulos: *Tres piezas en forma de pera,* de Erik Satie (1866-1925), un personaje de insigne y maltrecha vida; o en la *Pavana para una infanta difunta,* de Maurice Ravel, título de portentoso poder onomatopéyico… O en un caso desdichadamente hortera: al hablar de las cantatas de Bach, se ve con mejores ojos su *Cantata del café* que las otras. Hace gracia que Bach utilizara una música que tenía guardada en un cajón para ridiculizar el consumo del café, pero no se atiende al cuerpo de música litúrgica más importante de la historia. Así vamos.

En fin, esa dialéctica entre creación pura y consumo ha latido en el interior de la música abstracta desde tiempos inmemoriales. Y estalla esplendorosamente en el siglo XIX con un invento que parece resolverlo todo, el poema sinfónico. Ésta es una forma que va más allá del concepto de música programática (el caso de la *Fantástica* o de la *Sinfonía alpina,* de Richard Strauss, por ejemplo), es decir, una composición que trata de seguir un programa no musical, casi siempre resumido genéricamente en un adjetivo. En un poema sinfónico, música basada en un texto literario, la música ha de ser acompañada por ese texto, que ha de leerse antes de ser escuchada; un texto de carácter narrativo o poético. Aunque en la práctica eso dejara de hacerse casi desde el primer momento. Un poema sinfónico suele estar escrito en un único movimiento, y para gran orquesta, aunque existan muy notables excepciones. Por ejemplo, *Noche transfigurada* de Schoenberg, que está escrito para sexteto de cuerdas; *El idilio de Sigfrido,* de Wagner, para pequeña orquesta, o *Mi patria,* de Smetana, que es un conjunto de seis poemas sinfónicos.

A la izquierda, retrato de madurez de Liszt, en un óleo de Franz von Lenbach. Ferenz Liszt, una gloria nacional húngara, aparece siempre en los libros como Franz, en *alemanización* de su nombre. A la derecha, su hija Cosima, Richard y el hijo de ambos, Sigfrido, tercero tras Isolda y Eva. Wagner escribió *El idilio de Sigfrido* como regalo a Cosima, por el nacimiento de su hijo. Cosima Liszt, luego Cosima von Bülow, ahora Cosima Wagner, fue, tras la muerte de su marido, la encargada de gestionar su legado ideológico. Él le dictó sus memorias, ´Mi vida´, y ella se aseguró de que no vieran la luz (oficialmente, en 1911, pero con recortes sustanciales), hasta que sus protagonistas estuvieran muertos. Seguramente, cambió y sorteó textos para acomodarlos al mito. Ella, una profunda antisemita, murió en 1930, a los 92 años, y solo en 1963 apareció, en alemán, la primera edición del libro completa.
ACREDITACIONES: KUNSTHALLE, HAMBURGO;
BAYREUTH, R.W GEDENKSTÄTTE.

El primer compositor que escribió poemas sinfónicos fue Franz Liszt, que se fijó en autores como Lord Byron (*Taso,* su primer poema sinfónico), Lamartine (*Los preludios*) o Víctor Hugo (*Lo que se escucha sobre las montañas*). Pero seguramente el autor que lleva la forma a su cumbre es Richard Strauss, y desde el minuto uno: *Don Juan* sale de su pluma a los veintidós años, y es una obra maestra absoluta del género; una especie de pequeña locura de juventud, de una fuerza, una locuacidad expresiva y un arrebato admirables. Pero después vinieron otros no menos maravillosos: *Muerte y transfiguración*, *Vida de héroe*, *Así habló Zaratustra* (inevitable paráfrasis del gran escritor),

Don Quijote (con violonchelo solista), y una obra cómica que, para muchos, es el mejor orquestado poema sinfónico de su autor, y de la historia del género: *Las alegres travesuras de Till Eulenspiegel.* Strauss estuvo tres lustros sin practicar el género (desde la *Sinfonía alpina),* pero al final de su vida, desmarcándose de todo y de todos, compuso una *cosa* llamada *Metamorfosis,* para veintitrés instrumentos de cuerda. Canto del cisne de un hombre que había vivido las dos guerras y que se despide con esta música atemporal e intemporal.

Hay una larga lista de autores que siguen esta estela. Y autores importantes. Obras vistosas como *Los planetas,* de Gustav Holst, o graciosas como *El aprendiz de brujo,* de Paul Dukas, o espectaculares, como *Los pinos de Roma,* de Ottorino Respighi, o más serias, como *Tapiola,* de Sibelius... Pero para nosotros sólo hay una obra que, de verdad, hereda el espíritu de Strauss: *Pelléas et Mélisande,* el poema sinfónico de un joven Arnold Schoenberg, que por cierto no sabía que, prácticamente al mismo tiempo, Debussy estaba escribiendo una ópera basada en la misma obra de Maurice Maeterlinck.

Y un último y breve apunte para el impresionismo de Claude Debussy (1862-1918). Por otro camino, no el de la captación de un determinado espíritu literario, sino por el de la evocación, el autor francés, siguiendo la estela de los artistas plásticos que dieron nombre al movimiento, desarrolla una línea musical que él mismo considera apartada del camino de los románticos, aunque utilice medios orquestales parecidos. Nosotros pensamos que *El mar,* su obra orquestal de mayor envergadura, es un poema sinfónico en toda regla, aunque tras ella sólo haya una pintura sonora. Apreciamos más sus preludios para piano como definidores de un estilo que sí se aparta claramente de esa senda. Después vino Maurice Ravel (1875-1937) con su famoso *Bolero* y un espectacular ballet, *Dafnis y Cloe.*

Capítulo 17.
El piano romántico.
Epígonos

Éste es un instrumento omnipresente en la música desde su nacimiento. Formando grupo, como acompañante, tocando solo en los conciertos para un instrumento. Pero ahora sólo nos ocuparemos de él situado en un período concreto. Los gustos románticos van poco a poco dejando de lado la forma pianística grande, interesándose más por la pieza corta. Éste es un subgénero pianístico muy practicado durante el período romántico. A veces son pequeñas impresiones sonoras, pero otras, algo más que eso.

Vista del Monaterio de Valldemossa, en Mallorca, donde se retiró Chopin con la escritora George Sand.

Como la historia del instrumento debe de ser contada a partir de la segunda mitad del siglo XVIII, es también a partir de esa época cuando se pueden encontrar los primeros antecedentes. Y estarán de nuevo en Haydn, Mozart y Beethoven. Antecedentes interesantes en los dos primeros, pero ya determinantes en, por ejemplo, las *Bagatelas* de Beethoven, a cuyas series pertenece esa pequeña joya llamada *Para Elisa.* Pero el gran mago de la pieza pianística corta es sin duda Frédéric Chopin (1810-1849), quien en sus pocos años de existencia nos regala unas cuantas series de memorable calidad y enjundia musical.

La balada es una forma musical de procedencia medieval, pero caída en el olvido. Chopin desempolva la idea en sus formidables *4 Baladas, opp. 23, 38, 47* y *52.* Música de grandioso vuelo romántico, un auténtico catálogo de emociones, a veces de una tristeza o alegría, indistintamente, visionarias. Chopin escribió dos series de estudios, las *Opp. 10* y *25,* de doce piezas cada una, con la pretensión teórica inicial de constituirse en ejercicios para aprender a salvar las dificultades técnicas del piano. Nada que ver con el resultado, cuyo enciclopedismo es cualquier cosa menos eso: música pura, abundantes y distintas fórmulas al servicio de una inventiva que no parece tener límites. Como sucede en sus *4 Scherzi,* música atormentada y extrema, o en la *Fantasía en Fa menor,* sobre una soberbia marcha fúnebre. Mucho más íntima y entrañable es la serie de los *Preludios, op. 28,* que él llamó álbum de bocetos y escribió tras las paredes de Valldemossa, en la isla mallorquina. Y en fin, sus ciclos de *Mazurkas y Polonesas,* su música que se tiene como la más nacionalista, que lo es, pero también por la más sentida y sufrida, aun cuando se expresa (*Polonesas*) en niveles más orquestales. Por último, amén de consignar algunas maravillas como la inmensa *Barcarola, op. 60* o la *Berceuse, op. 57,* decir que un autor de segunda de su tiempo, el escocés John Field, inventó el género *nocturno,* escribiendo un montón de piezas así llamadas. Piezas a la luz de la luna, degustadas con los ojos bien cerrados y soñadores hasta el puro sirope de chocolate, cuyo laxo espíritu Chopin transformó en actos de sufrimiento y rebeldía emocional en sus *Nocturnos,* alguno de los cuales descienden a una especie de infierno emocional al borde de lo soportable. Seguramente en estas piezas nos encontramos al Chopin más románticamente sufriente y desesperado. Una vez le oímos decir a un crítico que la de Chopin es una música para las peluquerías de señoras. ¿Un crítico estúpido? ¡¿Quién llamó crítico a ese estúpido?!

Detalle del cuadro de Joseph Danhauser. Una velada de insignes: sentado al piano, Liszt; y, extasiados, Alejandro Dumas, Hector Berlioz, George Sand, Nicola Paganini y Gioacchino Rossini. Vigilante, al fondo, el busto de Beethoven.
ACRED.: ARCHIV FÜR KUNST UN GESCHICHTE, BERLÍN

Mendelssohn, Schumann o Grieg aportan a la causa de la pieza pequeña un enorme activo. El primero, que dejó una abundante obra para piano que sigue manteniéndose en el olvido, compuso una llamada *Canciones sin palabras,* que es lo que su propio título indica, canciones sin texto, canciones para piano que construyen un maravilloso catálogo de posibilidades expresivas y temáticas movidas alrededor del inagotable instrumento. Schumann nos vuelve a sorprender aquí con obras como *Papillons, Carnaval, Escenas infantiles, Escenas en el bosque,*

Davidsbündlertänze, etc, conjuntos de pequeñas piezas, muchas veces con título, y que pone en boca de Eusebio y Florestán, dos personajes que se inventó para sus críticas, y que representaban las dos caras de su propia personalidad. Es aquí conveniente recordar que murió loco. Y Grieg escribió varias series de piezas pequeñas que llamó *Piezas líricas*: diminutas maravillas.

Brahms comienza su carrera pianística con obras de gran dimensión, pero ya en su madurez ensaya una severa fórmula expresiva, bastante alejada del romanticismo tradicional, en sus *Siete fantasías, op. 116, Tres intermezzi, op. 117* y las *Seis piezas, op. 118.*

Y el eterno Franz Liszt (1811-1886) exhibe una obra para piano solo absolutamente descomunal, de la que es bien difícil extraer muestras significativas en el campo de la pieza pequeña. Propondríamos en primerísimo lugar algunas de las contenidas en sus *Años de peregrinación,* cuyos cuadernos contienen memorables páginas, tales como *La capilla de Guillermo Tell, El valle de Obermann,* los tres *Sonetos del Petrarca, Après une lecture du Dante,* que no son precisamente piezas cortas. O los famosos *Sueños de amor.* O también, de las *Harmonies poétiques et religieuses,* los *Funerales* o la *Bendición de Dios en la soledad.*

Epígonos de Liszt, con otras sustancias añadidas, serían ciertas músicas de los nacionalistas periféricos, posteriores en el tiempo. Muy particularmente debemos referirnos a los españoles Enrique Granados (1867-1916) e Isaac Albéniz (1860-1909), un piano de gran enjundia el del primero, y único e intransferible en el caso del segundo. Los cuadernos de la *Suite Iberia* de Albéniz, escritos entre 1905 y 1908, se pueden considerar como uno de los iconos del piano del siglo XX.

Capítulo 18.
Los Strauss: ¿Música de segunda división?

En su tiempo, el público que acudía a los salones de baile, a escuchar o a practicar, indistintamente, y buena parte de la crítica oficial trataron el género como menor y a sus autores como de *música ligera*. Sin embargo, los profesionales de la música, los compositores de más fundamento, no opinaban así. Ya hemos visto que Brahms no reparó en elogios al referirse a las composiciones del mayor de los hijos de Johann Strauss, y también Wagner, a quien aquél le devolvió sus piropos haciendo escuchar a sus paisanos el preludio del acto primero de *Tristán e Isolda*. Hanslick se puso esta vez de acuerdo con Brahms y Wagner en esa cuestión: para él el mayor de los Strauss era algo más que un compositor de música ligera; hacía una música para los sentimientos, para las reconciliaciones amorosas, porque la mayor parte de las veces era una música teñida de nostalgia y de melancolía amorosas, aunque, voluptuosa y corpulenta, experta en el arte del devaneo, del etéreo coqueteo, de la más maravillosa veleidad erótica... Se cuenta que Mozart, cuando fue a Praga a la representación de sus *Bodas de Fígaro* en 1787, quedó fascinado «con esos seres voladores que se movían al compás de mi música». Habría perdido la razón si hubiera podido escuchar el *Danubio azul*, del genial *junior*; o las *Voces de primavera, Rosas del sur* o las *Leyendas de los bosques de Viena*, músicas que convocan todos los primeros de año a millones de personas al frente de su televisor. Sí; nosotros pensamos que no estamos ante ligereza alguna, sino ante una música sinfónica absolutamente reivindicable.

Capítulo 19.
Músicas de la ruptura

Hemos repetido una y otra vez que la historia de la música no es una suma de acontecimientos inconexos. Y también en alguna de las páginas anteriores nos hemos referido al hecho de que en un momento determinado del siglo XX se produjo una ruptura con el sistema de composición convencional, basado en el uso de la armonía. Ruptura de la que no participaron algunos compositores, quedando rezagados. Algunos, a pesar de ello, han mantenido con fuerza la marca, apoyados por una popularidad que nadie en su sano juicio puede entender. Que obras como *Carmina Burana* (Carl Orff, 1895-1982), uno de los bodrios más insoportables de la historia del género; o el mismo y famosísimo *Concierto de Aranjuez*, de Joaquín Rodrigo (1901-1999) quizá la obra más vendida en disco de la historia a pesar de su blandura y acaramelada expresividad, hayan alcanzado semejantes cimas de popularidad dice poco del público consumidor de música clásica. En España y en todas partes. En todo caso, esa ruptura no se produce de manera brusca. E incluso hemos dado ejemplos de dónde hay que buscar los antecedentes. Es ya hora de concretar un poco todo ello.

La cabeza visible del cambio fue Arnold Schoenberg (1874-1951), que fundó un grupo llamado Escuela de Viena (preferiblemente segunda Escuela de Viena, tras la primera, integrada por Mozart, Haydn y Beethoven) y que comenzó a practicar un sistema de composición propio llamado dodecafonismo, aun conservando patrones tonales. Schoenberg trabajó con los doce sonidos de la escala cromática para elaborar una metodología basada en los distintos usos de una serie patrón. Este sistema tuvo una vida bastante breve, por más que su inventor afirmara que «la música alemana tiene con el dodecafonismo vida para los próximos cien años». Los dos discípulos más adelantados de Schoenberg fueron Alban Berg, de cuyo *Wozzeck* ya se ha hablado en el capítulo dedicado a la ópera, y Anton von Webern (1883-1945), el más radical de los tres y en cierta medida el enlace con el futuro. Sus piezas son muy breves y esencialistas.

Retrato de Arnold Schoenberg por Oskar Kokoschka. Este compositor sistematizó algo que se estaba cociendo en la música alemana desde Liszt y Wagner; una respuesta rupturista a la armonía tradicional.

Después de 1945, un sinfín de estilos y tendencias, a la velocidad del rayo, invaden el mundo de la música clásica, apareciendo y desapareciendo con la misma facilidad. En primer lugar se practicó una consecuencia del dodecafonismo denominado *serialismo integral*, porque además de utilizar series de tonos, usaba otras con el ritmo, los timbres, las intensidades, etc. Pierre Boulez (1925-2016), Karlheinz Stockhausen (1928-2007), Luciano Berio (1925-2003), Bruno Maderna (1920-1973) o Luigi Nono (1924-1990) fueron sus más destacados practicantes.

Tras estas experiencias, surge la *música concreta*, cuyas texturas sonoras se crean a partir de los sonidos de la naturaleza, en elaboraciones tratadas en laboratorio. La obra ya no necesita intérprete, pues queda grabada en una cinta. Como consecuencia de la *música concreta* surge la *música electrónica*, que maneja semejantes procedimientos, pero partiendo de sonidos artificiales, generados íntegramente en el laboratorio. Stockhausen hizo famoso su *Canto de los adolescentes*, una inocente pieza de vanguardia. La *música electroacústica*, el siguiente paso, mezcló la voz con los instrumentos convencionales, sobre una cinta magnética previamente elaborada. Y en fin, algunos autores como el mencionado Stockhausen, John Cage (1912-1992) o el español Luis de Pablo (1930) trabajaron sobre una idea que llamaron *música aleatoria*, es decir, una música que cada vez sonara de distinta manera. Las hacían basándose en dos métodos, uno de macroestructura fija para una microestructura móvil, y otro en el presupuesto contrario. Los resultados fueron muy vistosos. Después hubo quien transformó la música en dibujos (*música gráfica*) o, como el griego Iannis Xenaquis (1922-2001), en matemática pura.

Hoy en día todas estas efímeras corrientes han desparecido o son practicadas por creadores residuales. Cada cual se sitúa donde quiere estar, para hacer lo que le venga en gana, sin seguir ninguna pauta. En general la música que se hace hoy es un continuo *déjà vu*, aburrido y reiterativo. Sin embargo, y de pronto, puede aparecer el genio y regalarnos algo realmente nuevo. Es muy infrecuente, pero sucede.

Parte IV:
El paraíso

Capítulo 20.
Wagner: *El anillo del Nibelungo*

El anillo del Nibelungo es la obra más ambiciosa de su autor. Y su creación capital, amén de puro patrimonio de la humanidad. Wagner pone en pie la epopeya en un prólogo y tres jornadas, cuatro óperas que deben ser escuchadas en ese orden: *El oro del Rin, La valquiria, Sigfrido* y *El ocaso de los dioses.*

LOS PERSONAJES

Wotan. Dios supremo. El jefe del clan. Un dictador. Es el esposo de Fricka. Un bajo-barítono.

Fricka. Diosa del amor concebido como contrato, es decir, diosa del matrimonio, o, si se quiere, de la fecundidad. Mujer calculadora, muy conservadora, muy dictadora y bastante interesada. Símbolo femenino de la clase burguesa. Una mezzosoprano.

Freia. Cuñada de Wotan. Es la diosa portadora de las manzanas de la vida, un alimento cuya ingesta hace conservar la vida eternamente. Moneda con la que Wotan negocia con los gigantes para la construcción de la morada de los dioses, el gran castillo del Walhalla. Una soprano lírica.

Alberico. Rey de los nibelungos. Como ellos, enano y deforme. Un elfo nocturno que reina en las profundidades de la tierra. Cambia los placeres del amor por la riqueza material. Es quien va a arrebatar el oro a las ninfas que habitan los fondos del Rin cuidando de él, para construir el anillo que después maldecirá. Un barítono.

Mime. Hermano de Alberico. Es explotado y maltratado por éste. Fabricante del yelmo mágico, del que su hermano se va a apropiar. Su hábitat será la fragua, primero en los subsuelos nibelungos, después en la cueva del bosque, donde cuidará a Sigfrido. Un tenor.

Loge. Dios del fuego. Un liante dicharachero cuya misión, sacarle las castañas del fuego a Wotan, le convierten en un personaje fundamental. Un tenor.

Donner. Dios del trueno. Un barítono.

Froh. Dios de la luz. Un tenor.

Fasolt y Fafner. Los gigantes. Unos descerebrados, sobre todo el primero. Sólo atienden a la fuerza bruta. Fafner es menos torpe, más ambicioso y menos enamoradizo. Mata a su hermano Fasolt para llevarse el oro (y el anillo) a cambio de no pasar la factura por la construcción del Walhalla, es decir, a la diosa Freia. Adopta el cuerpo de un dragón para cuidar el oro y el anillo. Dos bajos.

Erda. La diosa madre de la naturaleza. Duerme en las profundidades. Lo sabe todo y es la madre de las tres Nornas que fueron creadas en el origen de todo y tejen los destinos de todos. Madre física de las nueve valquirias. Personaje vital en la historia del *Anillo.* Es la consejera de Wotan, traicionada por éste al tomar la decisión de construir su lanza. Una mezzosoprano.

Las tres ondinas del Rin: *Woglinde* (la más activa), *Wellgunde* y *Flosshilde.* Una soprano y dos mezzos.

Los nibelungos. No cantan. Un coro de niños.

Segismundo y Siglinda. Wotan toma el nombre de Welsa y se une a una mortal para engendrar esta pareja de mellizos, que materializan la creación de una nueva raza, la de los welsungos. Un tenor de depurada línea de canto y una soprano dramática (o una lírica con registro generoso).

Hunding. Cazador y guerrero. Es el esposo de Siglinda, que ha sido forzada por él y su familia para la unión. Un bajo de timbre oscuro.

Brunilda. Hija de Wotan, pero no de su esposa Fricka. Wotan se ha unido a la diosa de la tierra, Erda, para engendrar a las nueve valquirias, vírgenes guerreras que honrarán a los héroes caídos en el campo de batalla. Brunilda es la primogénita y favorita de Wotan. Una soprano dramática de inusitada fuerza, carácter y resistencia. Física y sicológicamente, el rol femenino más complejo y difícil de todo Wagner.

Las otras ocho valquirias. *Helmwige, Gerhilde. Siegrune, Rossweise, Ortlinde, Waltraute, Grimgerde* y *Schwertleite.* Sopranos y mezzosopranos.

Sigfrido. El que trae la paz, el que no conoce el miedo. Hijo de los mellizos semidioses Segismundo y Siglinda. Es el héroe que con su fuerza y valentía estará llamado a recuperar el oro que el gigante Fafner retiene en su caverna. Sacará a Brunilda del sueño eterno a que fue condenada por su padre, rodeándola de fuego, tras su desobediencia al defender a su hermano Segismundo. Sigfrido conocerá el miedo, porque se enamorará. Un tenor heroico de enorme resistencia. El más *terrible* de los tenores wagnerianos.

El Viandante. El mismo Wotan recorriendo el mundo, plenamente consciente de que éste se dirige hacia su autodestrucción. Se enfrenta, sin éxito, a su nieto Sigfrido, quien parte su lanza en dos trozos y mata al ladrón del oro, el gigante Fafner convertido en dragón.

El pájaro del bosque. Un mirlo cuyo canto llega a comprender Sigfrido cuando se ensucia la boca con la sangre del dragón.

Gunther. Rey de los guibichungos. Hijo de Gibich y Grimhilde. Indolente aristócrata residual, capaz de vender su alma al diablo con tal de recuperar su fama perdida. Un barítono. Wagner regala a este personaje una música que, sicológicamente, no merece.

Gutrune. Su hermana. Mujer elemental de pensamiento adolescente, dulce como un terrón de azúcar. Perdidamente enamorada de Sigfrido. Una soprano lírica de voz ancha.

Hagen. Hijo de Grimhilde y Alberico, y por consiguiente hermanastro de Gunther y Gutrune. Fue procreado antes de que su padre renunciara al amor para poder robarles el oro a las ninfas del Rin. Frente a la absoluta falta de luces de sus buenos hermanos, es malvadamente inteligente. Dramáticamente es un antagonista nato que, de tanto serlo, se convierte en el protagonista último de la epopeya. Es el asesino de Sigfrido, y el único que se enfrenta al caos y la destrucción finales. Un bajo de potentes y negros tintes tímbricos. Uno de los más grandes logros wagnerianos en la relación canto-música-sicologismo teatral.

Waltraute. Como hemos visto, una de las nueve valquirias. Adquiere protagonismo individual en la cuarta ópera. Junto con Brunilda es la más lista, la más comprometida y la que más información tiene. Un hermoso papel para mezzosoprano.

Las tres Nornas. Son las tejedoras del destino. Protagonizan la escena inicial de *El ocaso de los dioses,* explicando lo que había sucedido antes y por qué las cosas han llegado donde están. O sea, al borde del caos y a la última y definitiva aniquilación.

El pueblo guibichungo. La única, pero muy impresionante, intervención coral de toda la tetralogía.

PRÓLOGO: *EL ORO DEL RIN*

Al espectador le pueden parecer chocantes los términos con que Wagner se expresa en esta primera ópera. Por una falta de información previa de necesario conocimiento para comprender lo que sucede al poco de comenzar la obra. Las iniciales decisiones de Wotan son consecuencia de otras que éste tomó en el pasado. Sin motivo aparente alguno —y por eso algunos especialistas lo consideran el verdadero protagonista (responsable) principal de la historia— el dios supremo decidió arrancar violentamente una rama del gran fresno de la vida para construirse una lanza. Igualmente, bebió de la fuente de la sabiduría. El fresno se marchitó y la fuente se secó. Este acto de agresión a la naturaleza, que a él le cuesta un ojo, y por eso siempre le veremos con un parche, solivianta a la protodiosa Erda, la gran madre del mundo y su consejera, que desde su sueño eterno profetiza la caída de los dioses tras la autoritaria y equivocada decisión de Wotan; tras un acto de fuerza que sólo se explica desde la pura exhibición de poder unilateral ante el resto de los dioses y demás habitantes del mundo.

Bajo estos previos comienza el Prólogo. Pero Wagner nos contará esta pre-historia en la introducción de la tercera jornada, en una especie de *flashback* de gran efecto y belleza.

El oro del Rin se desarrolla en cuatro escenas sin interrupción. Tras el Preludio, una secuencia magistral que va creciendo en intensidad como si de una música para la creación del mundo se tratara, al levantarse el telón se ve a las ondinas Woglinde y Wellgunde custodiando el tesoro. Se muestran juguetonas y un tanto provocativas. Su hermana Flosshilde las recrimina, pero pronto se suma al juego. Aparece Alberico (hijo de las tinieblas), el señor de los nibelungos, una raza de sulfurosos enanos deformes que habita las entrañas de la tierra. Ha trepado por las rocas desde el abismo, y está maravillado ante la luz que desprende el fondo del río: es el oro que se refleja con la luz del sol. Alberico pregunta a las ninfas sobre lo que ve, a lo que éstas le contestan: «Quien posea este oro y forje con él un anillo obtendrá la herencia del mundo y todo el poder». Pero sólo le será posible «a quien renuncie al disfrute del amor». Las ninfas se ríen de la deformidad de Alberico, con quien flirtean, a lo que éste responde huyendo con el oro.

A la izquierda vemos a las ninfas del Rin en un montaje de La Fura del Baus. A la derecha, las ninfas en el tercer acto de *El ocaso de los dioses,* en una pintura de Ferdinand Leeke.
ACRED.: PALAU DE LES ARTS/EVA RIPOLL. M.MUNK.

Ya en la segunda escena vemos a Wotan tumbado sobre la hierba. Hay una gran roca al otro lado del río, donde se yergue un enorme castillo. Wotan reflexiona acerca del precio que va a tener que pagar a los gigantes Fafner y Fasolt por la construcción de ese castillo, futura morada de los dioses: la entrega de Freia, diosa de la juventud eterna y hermana de su esposa Fricka. Ésta muestra su preocupación, pero su marido la tranquiliza; nunca ha pensado en cumplir tal pacto. Wotan está asesorado por Loge, dios del fuego, quien le aconsejó el acuerdo para luego incumplirlo. Sin embargo, Freia, perseguida por Fasolt, pide ayuda a Froh y Donner, dioses de la luz y el trueno. Aparecen Fafner y Fasolt, los gigantes, reclamando a Freia, tal y como habían acordado en el contrato firmado con Wotan, y grabado en su lanza con caracteres rúnicos, pero éste se niega al pago; todo había sido una broma. Fafner le explica a su hermano Fasolt por qué Wotan no quiere entregarles a Freia: en los jardines crecen unas manzanas mágicas en árboles que sólo ella sabe cuidar; son la fruta cuya ingesta proporciona a los dioses una fuerza especial, la juventud eterna, la inmortalidad. Así que los gigantes se aprestan a raptar a Freia, cuando aparece Loge para ofrecer otra de sus soluciones geniales: convencer a los gigantes para que cambien el precio, que ahora será el oro que Alberico ha robado a las ninfas del río. Los gigantes aceptan, pero toman como rehén a Freia. Pronto los dioses empiezan a sentir debilidad, al ser privados de la juventud eterna. Además, habrán de robar a Alberico el oro para pagar a los gigantes. Wotan, conducido por Loge, desciende al Nibelheim, el país de los enanos, por una grieta de la tierra. Allí habitan los nibelungos, bajo el mando de Alberico. Se oyen los golpes de yunque, los enanos trabajan en la forja con el oro. El descenso es de un efecto increíble, pues Wagner hizo construir dieciocho yunques de metal para que fueran utilizados como instrumentos de percusión.

Tercera escena. Un espacio cerrado y maloliente en las entrañas de la tierra. Alberico golpea a su hermano Mime, que está forjando un yelmo de oro para él. Mime piensa en engañar a su hermano, pues sabe que quien lleve puesto ese yelmo podrá hacerse invisible (o tomar la apariencia de cualquier persona o cosa) al pronunciar unas ciertas palabras. Llegan Wotan y Loge, cuando Mime todavía se retuerce de la última paliza. Los dioses le ayudan, mientras éste les cuenta cómo su hermano ha forjado el anillo y acumula el oro que acopian los esclavos nibelungos. Y también sus intenciones de utilizar el yelmo para hacerse con el oro. Se escucha a los nibelungos amontonando el oro a golpe de látigo. Alberico es adulado por el sagaz Loge: «Han llegado a nuestros oídos noticias de que un tal Alberico hace grandes maravillas; venimos a admirarlas». El astuto Loge consigue que Alberico haga una demostración con el yelmo y se transforme en serpiente gigante. Pero después le reta para que se cambie por un sapo, cosa que también hace. Pero entonces Wotan le pone el pie encima para que Loge le quite el yelmo. Alberico adopta de nuevo su forma natural, y es arrastrado hasta la superficie.

Cuarta escena. Estamos de nuevo en la pradera. Wotan y Loge se mofan de Alberico, quien los amenaza. Pero éstos no le hacen caso y le piden el oro para pagar el rescate. Alberico manda a los nibelungos que traigan el oro y lo apilen. Pero piensa en quedarse con el anillo, pues podrá así seguir forjando más oro. Wotan se percata de la jugada y le arranca del dedo el anillo a Alberico. Es entonces cuando éste maldice el anillo, desapareciendo. Entran a escena los gigantes, con Freia, cuya sola presencia notan los dioses adquiriendo nuevas fuerzas. Los gigantes exigen una cantidad de oro tal que cubra por completo a Freia. Pero, cuando ya está apilado, los gigantes piden a Wotan el anillo. Wotan se niega, y los gigantes amenazan con volver a llevarse a Freia. Entonces aparece Erda, la madre de la naturaleza, la que lo dirige todo desde su sueño eterno. Y lo hace para aconsejar a Wotan que se desprenda del anillo. Un enorme peligro amenaza a los dioses, y ha venido en persona en vez de enviar a sus hijas, las Nornas, que tejen la gran madeja de los tiempos. Wotan acepta y arroja el anillo a los gigantes. Éstos se lo disputan, y Fafner mata a su hermano, huyendo con todo el tesoro y el anillo. Donner ejecuta un golpe de martillo para crear un arco iris que se extiende por el valle, y que sirve de puente para que los dioses asciendan a su morada, el Walhalla, la fortaleza construida por los gigantes. Se puede escuchar a las ninfas quejándose por la pérdida del oro, mientras a ritmo de una grandiosa marcha protagonizada por la orquesta de metales multiplicada, los dioses ascienden hacia su morada.

PRIMERA JORNADA: *LA VALQUIRIA*

Una vez más, Wagner avanza y retrocede en el relato. Antes de que dé comienzo el primer acto de *La valquiria,* Wotan —de nuevo— ha tomado alguna que otra decisión controvertida. Ante la maldición del anillo, y adoptando el nombre de Welsa, ha decidido unirse carnalmente a una mortal para engendrar la raza de los welsungos, encarnados en dos mellizos, Siglinda y Segismundo, que han estado separados durante años. Por otro lado, y en una segunda traición a su esposa Fricka, Erda ha dado a Wotan nueve hijas llamadas valquirias, que son las encargadas de honrar a los guerreros muertos en el campo de batalla (*Walstatt*) y llevarlos al Walhalla. Pero Wotan espera de ellas también ayuda en la lucha contra su enemigo Alberico.

Tras una tormenta que amaina (el magistral y tremendo preludio) comienza el primer acto en una habitación en cuyo centro hay un colosal tronco de fresno. Entra un hombre. Parece agotado. El ruido atrae a Siglinda, que cree que su marido, Hunding, ha regresado a casa. El desconocido relata cómo tuvo que huir de sus enemigos, después de haberle destrozado la lanza y el escudo. Se produce una velada atracción entre ambos. Llega Hunding. Éste ordena a Siglinda que prepare la cena. Y muestra su admiración hacia los rasgos del extraño, que le recuerdan a los de su esposa. Hunding le pregunta de dónde viene y quién es. El desconocido relata cómo unos hombres mataron a su madre y se llevaron a su hermana. Durante mucho tiempo vivió con Wolfe, su padre, en perpetua lucha con sus enemigos. Pero en un combate éste también murió, y desde entonces él ha errado de un lugar a otro. Siglinda, entonces, le pregunta cómo perdió sus armas, y el desconocido, en otro largo relato, cuenta cómo protegió a su hermana con su escudo, hasta que los enemigos lo destrozaron. En ese momento Hunding se reconoce como el protagonista de la historia: «Conozco una raza salvaje. Fui llamado para vengar la sangre de mis parientes. Encuentro en mi propia casa al enemigo. Esta noche te admití como huésped, pero mañana te tendrás que defender como enemigo». Siglinda y Hunding se retiran a sus aposentos. El desconocido reflexiona acerca de una espada que su padre le dijo encontraría en el momento de máximo peligro. Entra Siglinda y le cuenta que fue forzada para casarse con Hunding. Y también que un forastero clavó una espada en el tronco del fresno, diciendo que el acero pertenecería a quien fuera capaz de extraerlo del tronco. «Muchos lo han intentado, pero nadie lo ha conseguido». Si el forastero lo consiguiera ganaría una espada y una esposa. A partir de entonces nace una fuerte atracción entre los dos, que les hace cantar apasionadamente en un maravilloso dúo de amor. Descubren que son los hermanos que Welsa (Wotan, el forastero que clavó la espada) engendró. Siglinda lo bautiza con el nombre de Segismundo. Éste se lanza hacia el fresno y extrae la espada: «La llamaré Nothung. Esposa y hermana eres para tu hermano. ¡Surja de nosotros la sangre de los welsas!».

Segundo acto. Wotan ordena a su valquiria favorita, Brunilda, que se disponga a ayudar a su hermano Segismundo en la lucha de éste con Hunding. Pero frente al entusiasmo que muestra Brunilda en su misión, Fricka despliega un furibundo ataque de ira hacia su marido por el incesto que supone la unión de los mellizos. Ambos entablan una feroz discusión en la que Fricka echa en cara a Wotan su doble infidelidad al engendrar fuera del matrimonio tanto a las valquirias como a los mellizos. Wotan trata de explicarle que los dioses necesitan un héroe que los salve de su ruina, y que ése tendrá que ser el hijo que Siglinda lleva en su seno. Fricka, cada vez más encolerizada, exige a su marido que no defienda a Segismundo.

Un gran dúo entre Brunilda y su padre. Éste confiesa sus (irresolubles) problemas, sus compromisos, la propia idea de que sólo un personaje independiente de los dioses puede salvarlos, etc. Wotan, ante sus tremendas disyuntivas, está dispuesto a renunciar a todo. Revela a Brunilda que una mujer llamada Grimhilde lleva en su seno a un hijo de Alberico, que, según la profecía de Erda, contribuirá a la caída de los dioses. Amargado, confuso, perdido, sin autoridad alguna ante su esposa Fricka, envuelto en la peor de las dudas, la que se produce en una mente que lo quiere dominar todo, cambia de opinión y ordena a Brunilda que ayude a Hunding en vez de a Segismundo. Pero Brunilda le desobedece y sale en búsqueda de Segismundo para salvarlo y conducirlo al Walhalla. Siglinda no lo acepta, porque no va a poder ir con él. Brunilda le revela a Segismundo que su padre ha desprovisto de poder a su espada Nothung, y Segismundo entra en *shock*. Llega Hunding y, cuando Segismundo va a clavarle su espada, aparece Wotan para partir la espada de Segismundo con su lanza. Hunding hunde la suya en el pecho de Segismundo. Wotan manda a Hunding que vaya y se arrodille ante Fricka, pero, a un gesto despectivo hacia Wotan, éste, con solo un ademán, lo fulmina.

Acto tres. Una montaña. Las valquirias acompañan a los héroes. Brunilda se ocupa de Siglinda. Brunilda está temerosa de su padre, que la busca, muy irritado. Pide a sus hermanas que ayuden a Siglinda, pero todas se niegan. Siglinda quiere morir, pero al enterarse de que está embarazada, pide protección. Brunilda le dice que se dirija al este, donde Fafner guarda el tesoro, entregando a Siglinda los trozos de Nothung, para que su hijo, el futuro Sigfrido, los vuelva a forjar. El resto de la ópera es un grandioso, formidable e inspiradísimo dúo entre padre e hija, en el que él la castigará al sueño eterno en una roca, para que sólo quien sea capaz de hacerla suya pueda restituirla a la vida. Pero ella le pide que la rodee de fuego, para que sólo aquel que no conozca el miedo pueda despertarla. Este dúo y el monólogo final de Wotan contienen quizá la música más emocionante de toda la tetralogía.

La misma puesta en escena *furera*. Wotan castigará a la díscola, y sin embargo muy amada, valquiria a caer en un sueño eterno sobre una roca. Ella le pide que la rodee de fuego.
ACRED.: PALAU DE LES ARTS/EVA RIPOLL.

SEGUNDA JORNADA: *SIGFRIDO*

La cueva de Mime. Éste intenta forjar una espada que le ha pedido Sigfrido. Pero una y otra vez la rompe en pedazos una vez acabada. Sigfrido necesita a Nothung, hecha añicos por su abuelo, para adueñarse del anillo que Fafner, convertido en dragón, custodia en la caverna que habita. Mime reprocha a Sigfrido su maltrato, después de todos los desvelos que ha pasado para cuidarle tras encontrarle en el bosque. Pero Sigfrido siente una antipatía innata hacia Mime. Quiere saber quién es su auténtico padre, pues cuando se mira en la superficie del agua no se reconoce en Mime. Sigfrido amenaza a Mime si no le cuenta la verdad. Mime le desvela toda la historia: lo rescató cuando yacía al lado de una mujer muerta que acababa de dar a luz. Pero no conoce el nombre de su padre, del que dice sólo saber que murió en combate. Las pruebas de la veracidad del relato son los trozos de la espada que Mime rescató de Siglinda.

Un hombre alto y corpulento con un ojo cubierto por un parche y tocado de un amplio sombrero entra en escena. Es un caminante (Wotan, en realidad). Propone a Mime un juego de preguntas: ¿Qué raza vive en las profundidades? ¿Quién vive en la tierra? ¿Quién en las nubes?, pregunta Mime al Viandante. Éste le responde contándole toda la historia que ya ha acontecido hasta aquí y que el espectador ya conoce. El Viandante, entonces, quiere hacer a Mime sus tres preguntas, que Mime, que ya ha reconocido a Wotan, acepta contestar por puro miedo: ¿Cuál es la raza más querida por Wotan? ¿Qué espada blandirá el hijo de Segismundo para vencer a Fafner? ¿Quién recompondrá esa espada? Mime no sabe contestar a la tercera pregunta, pero Wotan lo saca de dudas: «Sólo el que no sabe qué es el miedo». El Viandante desaparece dejando a Mime profundamente sobresaltado. Llega Sigfrido, que vuelve a reclamar a Mime la forja de la espada. Pero éste trata de infundirle el miedo: «¿Nunca te has estremecido por los murmullos del bosque, donde habita el terrible dragón?». Sigfrido ni se inmuta, y decide forjar él mismo la espada. Cuando Mime se da cuenta de que lo va a conseguir, y por ello, poder matar a Fafner y recuperar el anillo, ha de cambiar sus planes para robarlo, su único y real empeño desde que recogió a Sigfrido. Ofrecerá al vencedor una droga y así lo matará. Sin embargo, cuando Sigfrido logra pegar los trozos de la espada, al primero de sus golpes parte en dos el yunque de Mime, que, aterrorizado, cae al suelo.

Óleo de Hermann Hendrich. Sigfrido no teme a nada. Él mismo se forjará la espada que le sirva para matar a Fafner y recuperar el anillo. ACRED.: FRANZ HANFSTAENGL/MÜNCHEN.

Estamos ahora al lado de la caverna de Fafner. Alberico divisa al Viandante, en quien rápidamente reconoce a su enemigo (¿alter ego?) Wotan. Ambos dialogan sobre las posibilidades de recuperar el anillo. Pero Fafner lo retiene. Éste es un dúo muy filosófico, que aporta poca información nueva, pero que musicalmente alcanza un cénit. Son los dos *machitos* de la historia a punto de alcanzar su decadencia, vencidos por sus descendientes. Llegan Mime y Sigfrido. Éste sigue impasible ante la terrorífica descripción que le hace Mime del dragón. Sólo ahora en el bosque reflexiona sobre su confuso pasado, mientras construye con una caña una flauta para imitar el gorjeo del pájaro del bosque, cuyo lenguaje, según Mime, Sigfrido podría comprender. Pero no lo logra. Entonces saca su cuerno para tocar y así atraer al dragón. Sale éste de su cueva y Sigfrido le hunde su espada, después de enconada lucha. Al arrancar la espada del cuerpo del dragón se mancha la mano de sangre. Y al llevarla a la boca se da cuenta de que puede entender el canto de los pájaros. Uno de ellos le recuerda que ahora es responsable del anillo, el oro y el yelmo mágico. Aparecen de nuevo Mime y Alberico en su eterna disputa por el tesoro. Mime quiere repartirlo entre los dos, pero Alberico sigue mostrando sus galones. Pero claro, antes deberán arrebatárselo al joven Sigfrido. Mime trata de adular a Sigfrido con la bebida, pero el pájaro del bosque le dice que es venenosa. Sigfrido propina a Mime un golpe con su espada y lo mata. Abatido Sigfrido en su soledad, pregunta al pájaro dónde puede encontrar a una compañera. Y el pajarillo le cuenta la historia de Brunilda (su tía, claro). «Sólo quien no conozca el miedo podrá liberarla». El pájaro le muestra el camino.

El tercer acto da comienzo al pie del monte de las valquirias. Dormida, yace Erda al lado. Wotan quiere consejo. La despierta. Ella le culpa de todos sus males. Pero Wotan no quiere escuchar; una vez más pide soluciones a los problemas que él mismo ha creado. Erda no tiene respuesta para sus consultas. Wotan decide: Sigfrido será el salvador; despertará a Brunilda y, como sobre él no puede recaer la maldición del anillo por parte de Alberico, ya que no conoce el miedo, podrá redimir al mundo. Erda vuelve a su sueño. Llegan Sigfrido y el Viandante. Hablan para contarse lo que ya todos sabemos. Pero en un momento determinado Sigfrido se encuentra perdido porque el pájaro le ha abandonado. Sigfrido pregunta el camino al Viandante, pero el orgulloso Wotan que lleva dentro no quiere indicárselo. Abuelo y nieto se pelean; Sigfrido parte la lanza de Wotan en dos pedazos con su espada. Wotan, vencido, se marcha; Sigfrido observa en la lejanía el fuego de la roca donde yace Brunilda. La encuentra allí, dormida, y por primera vez siente estremecimiento. No la puede despertar. Pero cuando la besa, abre los ojos. «Yo soy tú mismo, si me amas», le dice Brunilda. Él se vuelve loco de amor.

TERCERA JORNADA: *EL OCASO DE LOS DIOSES*

Prólogo. Un preludio orquestal. La cima de la roca donde se encontraba Brunilda. Vemos ahora a las tres Nornas (El Pasado, el Presente y el Futuro), que hilan la madeja del destino, realizando el sueño de su madre, Erda. La parca del pasado cuenta hechos que ya sabemos. La del presente relata que Wotan, tras ser derrotado por Sigfrido, rota la lanza donde está escrito el pacto, ha ordenado a los héroes talar todos los fresnos del mundo. La parca del futuro profetiza: cuando prendan fuego, será el fin de los dioses. Tras varios relatos más, que ya conocemos, el hilo del destino se rompe. Las Nornas acuden a su madre a la salida del sol (un maravilloso interludio orquestal). Aparecen Brunilda y Sigfrido. El héroe está ávido de nuevas hazañas. Antes de partir, y como prueba de fidelidad, le entrega el anillo a su amada. Brunilda regala a Sigfrido su caballo, Grane. Otro interludio orquestal describe el viaje de Sigfrido por el Rin. Comienza así la ópera.

Acto I. El palacio de los guibichungos. Gunther y su hermana Gutrune están sentados en compañía de su hermanastro Hagen. Éste se lamenta de que sus hermanos sigan solteros. Hagen, interesadamente, aconseja a Gunther que elija a Brunilda como esposa. Pero como sólo hay un hombre capaz de atravesar el círculo de fuego que rodea a la valquiria, desea a su vez que Gutrune sea la esposa de Sigfrido. Gutrune se muestra escéptica ante el plan de Hagen: «¿Cómo podré seducir a Sigfrido?». Hagen le aconseja que use un filtro de amor. Llega Sigfrido. Hagen lo interroga, y se entera así de que le dio el anillo a Brunilda. Gutrune ofrece a Sigfrido el Licor de la Hospitalidad, en realidad la pócima amorosa. Sigfrido cae en los brazos de Gutrune. Pregunta a su hermano Gunther si tiene esposa, a lo que éste responde que la única mujer que le interesa yace en una roca inaccesible. Por momentos parece que Sigfrido recuerda a Brunilda, pero pronto se desvanece su imagen y promete a Gunther que le ayudará a conseguirla si él hace lo propio para que pueda conquistar a su hermana. El guibichungo y el welsa sellan un pacto de sangre. Hagen se mantiene al margen. Medita cómo aprovecharse de las circunstancias para recuperar el anillo que le fue arrebatado a su padre, Alberico.

Estamos otra vez en la roca de Brunilda. Aparece su hermana Waltrauta, la otra valquiria preferida de Wotan. La valquiria realiza un largo relato (un aria maravillosa) en el que se nos vuelven a explicar las historias que ya conocemos. Y acaba: «Si Brunilda le devolviera el anillo a las ninfas del Rin, los dioses y el mundo serían salvados de la maldición». Pero para Brunilda el anillo es el símbolo de su amor por Sigfrido. No lo permitirá. Waltrauta regresa con sus hermanas. Mientras Brunilda descansa, se oye a lo lejos el cuerno de caza de Sigfrido. Pero cuando sale a su encuentro ve a Gunther (Sigfrido se ha convertido en él mediante el yelmo mágico). Sigfrido-Gunther le arrebata el anillo.

Sigfrido y Brunilda, la pareja desavenida gracias a las malas artes de Hagen, en la misma *Tetralogía* de La Fura dels Baus.
ACRED.: PALAU DE LES ARTS/EVA RIPOLL.

En el palacio de los guibichungos Hagen monta guardia. Aparece Alberico. Le explica a su hijo que debe recuperar el anillo si quiere que los nibelungos recuperen el control del mundo. Llegan los demás. Sigfrido reclama a Gutrune como esposa, pues él ya ha cumplido trayendo a Brunilda hasta Gunther. Hagen hace resonar los cuernos de sus hombres y los reúne para celebrar las dos bodas. Brunilda está horrorizada ante la traición de Sigfrido. Y todos, confusos ante una ceremonia en la que nadie es quien debe ser. En semejante estado de caos, Brunilda revela a Hagen que el punto débil de Sigfrido es su espalda, porque nunca emprendió una huida. Hagen juega sus cartas, consiguiendo que Gunther y Brunilda quieran vengarse del juego de Sigfrido.

Un valle cerca del río. Las ninfas, en el fondo del río, siguen lamentándose por la pérdida del oro. Oyen el cuerno de Sigfrido, le amenazan, pero él no hace caso. Los cazadores localizan a Sigfrido por el sonido de su cuerno. Sigfrido entretiene e Gunther contándole su historia con Mime, etc. Pero ahora Hagen hace beber a Sigfrido el contrafiltro, que le hace recordar quién es. Hagen clava su lanza en la espalda de Sigfrido. Solemnemente los hombres trasladan el cadáver de Sigfrido. Se oye la «Marcha fúnebre», una de las piezas orquestales más famosas e impresionantes de todo Wagner.

Otra vez en el palacio de los guibichungos. Gutrune está inquieta; sabe que algo va mal. Hagen anuncia la muerte de Sigfrido, atacado por un jabalí, pero Gutrune adivina la verdad, a la par que Hagen proclama su venganza. Exige el anillo. Gunther trata de mediar, pero Hagen mata a su hermano. Cuando Hagen se dispone a tomar el anillo, las manos del difunto Sigfrido se levantan. Es entonces cuando Brunilda anuncia su venganza. Ordena a los hombres que construyan una pira inmensa y coloquen encima el cadáver de su esposo. Después coge el anillo y se lo pone. Arranca una antorcha y se lanza sobre la pira. Ordena a los cuervos de Wotan que anuncien a su amo que el fin de los dioses está próximo. El río se desborda. Las hijas del Rin, al fin, se apoderan del anillo. El Walhalla arde a lo lejos.

A VUELTAS CON EL ASUNTO

Obra eterna. Obra polémica donde las haya. Wagner, el mito o la impostura. Pero no se puede discutir al músico, que es absolutamente genial, porque, sencillamente, enamora. Los problemas están en los libretos de sus óperas, que él mismo escribió. Políticamente son al menos de dudosa ética. Y complejos, muy complejos. ¿Por qué? ¿Por la doble aspiración del autor para convertir en música el mito, interpretado éste a su vez como resultado de otra interpretación, la de la misma historia? ¿Por la dificultad de lectura *comprensiva* que entrañan los tejidos orquestales que construye? ¿Acaso porque renuncia al canto tradicional para proponer otra manera de decir, de organizar la palabra, una eterna declamación del discurso de cada personaje? ¿Por la cansina y recurrente forma de exponer la relación existente entre el acontecer de los hechos y los tiempos en que transcurren?

En *El oro del Rin* se nos da información. Fundamentalmente. Se nos explica de dónde van a provenir los posteriores conflictos. Hay una desestabilización del estado natural de las cosas. Para Wagner la naturaleza es un ente superior cuyo maltrato genera enfrentamiento entre los seres, sean de la condición que sean. El planteamiento no puede ser más actual, en tiempos en los que el cambio climático es aceptado por unos pero no por otros. La cuestión en Wagner es hasta qué punto ese respeto perdido por la naturaleza ha de sustanciarse en las decisiones de los personajes. Es un problema de credibilidad. No es permisible que Alberico robe el oro y sí, en cambio, que Wotan haya agredido al gran árbol para construir su lanza, símbolo de poder omnímodo. Los wagnerianos hablan así de una lucha de poderes, uno legítimo, el de Wotan, y otro ilegítimo, el del enano. Y como el que ejerce el primero es un ser bello y el que ejerce el segundo un ser deforme, y como el primero usa su sexualidad libremente mientras que el segundo tiene que renunciar a ella; y como… Así podríamos seguir. Wotan es grande y pequeño a la vez porque su poder es inmenso, pero su personalidad la de un impostor mentiroso y traicionero. Negocia un precio para conseguir hacer realidad unos propósitos propios de un megalómano dictador: la construcción de la inmensa morada para los dioses. El encargo ha sido hecho a dos fortachones gigantes, seres sin duda hábiles en el manejo de ladrillo pero de insuficientes luces intelectuales; seres, es decir, manejables y fáciles de engañar, a juicio del dios. Efectivamente, una vez realizada la obra, Wotan se niega a pagar (la cesión de su cuñada, la diosa Freia) y, aconsejado por el dicharachero Loge, rehace los pactos que no ha sido capaz de cumplir, dejando a mitad de camino y en otras manos las gestiones necesarias para restituir el estado de cosas anterior a la toma de las retorcidas y antinaturales decisiones que han llevado a sus congéneres y a la propia naturaleza a un grado de indefensión extremo.

Una ilustración de Ferdinand Leeke. Wotan es una máquina de tomar decisiones equivocadas en nombre de un poder autoproclamado. Y se alía con un manipulador nato, Loge, para intentar salir del laberinto en el que se ha introducido. ACRED.: COLECCIÓN PRIVADA.

Pero en *La valquiria* los asuntos se ponderan. En otras manos, decíamos: Wotan deja las cosas en manos de, por un lado, la pareja de mellizos que habrá de engendrar al salvador (Sigfrido) y, por otro, en un ejército de valquirias encargadas de hacer los honores a los héroes caídos en combate. El plan está a punto de frustrarse porque Fricka, esposa de Wotan, obliga a éste a que mate al mellizo, acción que encarga a Brunilda, la valquiria de mayor autoridad, y su favorita. Ella le desobedece, con lo que en el último momento ha de ser él mismo quien lo haga. Pero para entonces Sigfrido ya ha sido engendrado por los mellizos.

Seguramente *La valquiria* es la más popular de las cuatro óperas del *Anillo*. Porque es la más humana. En *La valquiria* se cuenta una historia que superpone al menos tres caras del amor, tras las que se desarrollan tres situaciones familiares de muy distinta índole. Hoy diríamos que alguna de ellas supone un modelo nada semejante al habitual. Y como eso, que podemos afirmarlo hoy mismo, supone un claro factor de modernidad, hay que imaginar cómo se pudo presentar tal situación en una ópera escrita en pleno siglo XIX. Naturalmente nos referimos al incesto que protagonizan la pareja de mellizos. En *La valquiria* se habla todo el tiempo de amor y, como consecuencia, de las relaciones de dependencia, obediencia debida y servidumbre que se generan en las relaciones amorosas entre las parejas y sus hijos. Segismundo y Siglinda son hermanos, pero antes que eso —un hecho que sólo descubren bastante después de conocerse— son hombre y mujer que desde el primer momento de su encuentro se atraen física y espiritualmente, ya que sienten solidaridad el uno con el otro por intuir que arrastran el mismo penoso pasado. Todo el primer acto de la obra es un acto de amor puro, pasional y luminoso entre los hermanos-amantes, inconvenientemente reprimido por las convenciones derivadas de la obediencia por el establecimiento de vínculos sociales: uno, sobre todo, Hunding, el marido, un siniestro personaje que hoy asimilaríamos con la figura de un maltratador algo más que sicológico. Obediencia y dependencia, servidumbre (la que demanda Hunding a su esposa), frente a la libertad y el candor sensual que exhala la pareja de mellizos. La parte épica en este primer acto recae en uno de los símbolos que protagonizan la epopeya: la espada. Pero el desarrollo musical que Wagner reserva para relatar la evolución del amor entre los hermanos welsungos está muy por encima de todo lo que ocurre alrededor, incluida la historia de la espada clavada en el fresno por el padre supremo, en espera de su recuperación por Segismundo, su hijo, aunque un hijo ilegal a los ojos de los dioses.

Peores cosas suceden en el segundo acto, cuando se pone de manifiesto la ligereza de Wotan para engendrar estirpes varias; no sólo a sus lobeznos de ojos azules y rubios cabellos (fácil es imaginar las explícitas bellezas de la mortal escogida a juzgar por los resultados), sino a todo un ejército de vírgenes y robustas luchadoras, esta vez con Erda, la protodiosa y consejera última del muy aturdido dios supremo. Fricka, la esposa legal de éste, como es lógico en una burguesa de fuste, reacciona mal. Lo que para una mujer de su condición significa: ni hablar, aquí se hace lo que digo yo, sí o sí, y me da igual que seas el jefe. O sea que ahora encontramos otra cara del amor bien distinta a la que hemos conocido antes entre Segismundo y Siglinda: el amor de convención, el amor institucional, el sagrado vínculo matrimonial revelador de las auténticas fuerzas matriarcales que dominan el mundo, etc. Wagner se ceba consigo mismo (su vida personal constituye su mejor inspiración para el caso) y nos entrega en toda la parte una música de una violencia interna asfixiante. Y como violencia llama a violencia, la única criatura de confianza que en ese momento le queda a Wotan en su entorno, su hija Brunilda, también le traiciona, desobedeciéndole al tratar de ayudar a Segismundo, que ha sido condenado a muerte por su propio padre, por orden expresa de Fricka, y ello a pesar de saber que (otro producto de amores turbios) ya existe Hagen, hijo de Alberico, o sea de quien ha renunciado al amor para gestionar la posesión del oro robado a las ninfas del Rin. Ciertamente, este acto, en el que como se ve suceden tantísimas cosas, está infravalorado con respecto al increíble primero y la celestial escena final del tercero. Es lógico, pero hay que observarlo.

Una ilustración de William T. Maud para la famosa «Cabalgata de las valquirias». Francis Ford Coppola utilizó esta discutible música para una de las escenas más impactantes de su film *Apocalypse Now.*
ACRED.: FINE ART PHOTOGRAPH & LIBRARY LTD.

Tercer acto: tercer gran acto de amor, el de un padre atascado entre sentimientos puros y unas convenciones que, de tan determinantes, su incumplimiento se hace impensable. Aquí Wagner echa el resto, porque lo que su música (una vez más, su música, por encima del relato) tiene que expresar es el inmenso dolor del ejercicio de autoridad de un padre sobre su descendencia. Políticamente Wagner fue un desastre, y la reflexión que aquí hace acerca de los porqués de un castigo a un hijo por puro amor haría aguas por todos los costados (porque al final resulta que Wotan es más burgués que su mujer) de no ser porque la música que surge entre el foso y la roca del escenario lo salva todo. Evidentemente, la condena es muy dura: pérdida de la virginidad y sueño eterno para Brunilda, aun rodeada de fuego por deseo propio. Pero toda esta épica del castigo como demostración de amor y demás consideraciones pedagógicas de educador confuso y un punto fuera de sí empequeñecen como idea al lado de lo que *dicen* los chelos, las tubas wagnerianas, el arpa, ¡o las flautas, el *piccolo*, el *Glockenspiel* y el triángulo!

de la orquesta. Una música de milagrosa expresión romántica, extraordinario poder para conmover y belleza celestial. Para algunos, la escena final de *La valquiria* es la música de ópera más hermosa nunca escrita.

Pero el auténtico meollo de la historia está en las dos últimas óperas. Como ya dejamos dicho en sendos largos estudios acerca de ellas, publicados en los programas de mano del Teatro Real para la primera vez que, desde su reapertura, se representaba allí la tetralogía, hace ya tres lustros de eso, es decir, un acontecimiento de primera magnitud, la historia total del *Anillo* ha de leerse a partir de *Sigfrido,* hacia atrás (*La valquiria)* y hacia delante (*El ocaso de los dioses).* En *Sigfrido* ya no hay causas; están ya los efectos, la sustancia; hay menos pedagogía, más resultados, menos explicaciones, más teatro. Eso es *Sigfrido* en la tetralogía: Wagner no sólo tiene en su cabeza el final de la historia que quiere contar antes de comenzar a escribirla, sino que empieza a hacerlo por el final. Sabe que existe Sigfrido y que ha de morir antes que ninguna otra cosa; y antes de escribir una palabra acerca de las *causas* ha dado ya forma a los *efectos* en su poema *La muerte de Sigfrido.*

Estamos en 1848, Wagner tiene treinta y cinco años, y ya tiene obra. Sin embargo, su gran creación estaba por llegar, y precisamente estaba comenzando a cocerse ese año, no por casualidad el de los levantamientos revolucionarios en Viena, Praga, Budapest, Milán y Venecia: Wagner está a la vanguardia de todo, incluida la política, aunque, todo hay que decirlo, con una finísima capacidad para nadar y guardar la ropa. Marcha a Viena, donde retomó un proyecto relacionado con Federico Barbarroja. Pronto se le quedó pequeño; su poder fabulador necesitaba cosas grandes. Y ahí nació Sigfrido, en un ensayo llamado *Los wibelungos,* señores esos que pronto se convertirían en los nibelungos. Y a partir de ahí las fechas corren rápidas: pocos días después quedó redactado «El mito de los nibelungos como proyecto de un drama», y a las pocas semanas, ya en octubre del mismo año, estaba finalizado el texto general, es decir, un gran apunte en prosa para «La leyenda de los nibelungos». Un mes después, entre el uno y el 28 de noviembre, quedaría preparado el poema *La muerte de Sigfrido,* o lo que es lo mismo el texto —todavía en prosa— de la que acabaría siendo la cuarta ópera del ciclo, *El ocaso de los dioses,* sin contar con la escena de la Nornas, una *aclaración* que pronto Wagner vería necesaria para comprender todo el significado de la pieza. En fin, todo esto nace y se hace con la escena revolucionaria de fondo, cuando ya ha caído Metternich: su *Anillo* se alumbrará en ese fragor, y, aun con formato de cómic, no deja de ser un proyecto que, al menos en origen, es claramente socialista. Quizá por eso unas cuantas décadas después, la obra ya hecha se transformaría injusta e inmisericordemente en un canto fascista, en proclama nacional-socialista. Pero en fin, veamos cómo Wagner avanza desde la muerte de su personaje, hacia atrás, hasta hallar al Sigfrido joven, inocente, valiente, deslenguado y hermoso con que nos encontramos en la segunda jornada del ciclo.

Como en un desordenado baile de ideas, éstas avanzan hacia un único punto de confluencia, a través de ciertas lecturas. Por ejemplo —ya a principios de 1849— Wagner se adentró en las *Lecciones sobre la filosofía de la historia,* de Hegel, en su ávida búsqueda de una idea que sintetizara la identidad alemana, que él intuía pero que necesitaba racionalizar: la historia del pueblo alemán por encima de los propios alemanes; la consecuencia última en el *Anillo,* o sea, la destrucción de los dioses, estaba empezando a tomar cuerpo en su mente. Y remató la faena estudiando la figura de Jesús de Nazaret (y algo después la de Aquiles), al que dedicó un proyecto de drama de más de cincuenta páginas. Decía Wagner que no hay pecado si no hay ley que pueda infringirse, con lo que miraba ya de frente al rubio Sigfrido. Para colmo de *males,* conoció a Mihail Bakunin, que le sedujo con *salvajadas* de la nada: por destruir, habría que destruir hasta los propios soportes de la música, las orquestas, los mismos instrumentos... Sin embargo, Wagner sintió mucho respeto por él, con toda probabilidad bastante más del que Bakunin pudiera llegar a guardar hacia el trabajo de Wagner. Eso sí, se vieron en el estallido de Dresde, que tan caro le salió al compositor: a los más de doscientos muertos entre los insurgentes y un montón de prisioneros, él aportó a la causa su propio exilio. En septiembre estaba ya instalado en Zurich.

La coctelera estaba cada vez más repleta: repasó su ensayo *Los wibelungos* y redactó uno nuevo, *La obra de arte del porvenir,* leyó con unción al inefable Feuerbach, empapándose de sus teorías acerca de la existencia, la muerte y el cristianismo, etc. Así que, todo eso más Bakunin, sus singulares ideas sobre el socialismo y la música del porvenir y una incipiente teoría antimaquinista (el hombre útil debería ser *redimido* por el hombre artista, y así nacería la comunidad, la obra de arte salida del colectivo comunitario y para el colectivo comunitario) avanzaban en busca de Sigfrido. Hablaba simultáneamente de Aquiles y Jesús; de *Wieland el herrero* —otro ensayo sobre la liberación del individuo, que estableció un claro puente entre *Lohengrin* y el *Anillo*— y *Los maestros cantores,* que igualmente tenía en mente para una ópera; al mismo tiempo se refería a *De uno que partió para aprender el miedo,* de los Grimm; y de Alejandro Magno... Un mar de hiperactividad creativa, que sólo produjo una pequeña parte de música, una diminuta parte de *La muerte de Sigfrido.* Sucedió el 12 de agosto de 1850. Wagner no se la mostró a nadie. Y volvió a enzarzarse consigo mismo, escribiendo otro ensayo, *Ópera y Drama,* presumiblemente algo muy serio.

Entre el 3 y el 10 de mayo de 1851 escribió el primer esbozo de la que acabaría llamándose *Sigfrido,* y que ahora, tal era la necesidad de dar una respuesta al pasado del héroe, tituló *El joven Sigfrido.* Acababa de nacer el joven elegido por los dioses para recuperar el tesoro perdido. En *El perfecto wagneriano,* George Bernard Shaw nos lo define en pocas palabras: «Sigfrido es un ser completamente amoral, el anarquista nato, la imagen ideal de Bakunin, un adelanto del superhombre de Nietzsche». Pero durante el verano de ese año las cosas avanzaron con mucha rapidez. En un estado físico bastante precario, nervioso y desalentado por el avance de su enfermedad cutánea, una terrible erisipela, todavía en mayo acabó el boceto de *El joven Sigfrido,* cuyo texto definitivo quedó dispuesto entre el 3 y el 24 de junio. En julio Wagner tenía escrita la música para la cabalgata de las valquirias, una pequeña parte del preludio y el comienzo del primer acto de *Sigfrido,* así como varios motivos conductores, como por ejemplo el de Fafner. Y ya tenía en su cabeza la estructura de la obra definitiva, un prólogo y tres jornadas. Entre el 3 y el 11 de noviembre trazó el primer esbozo del prólogo, que provisionalmente llamó *El robo del oro del Rin,* y a partir de ese mismo día once y hasta el veinte escribió un detallado boceto para *La valquiria.* Pero todo ello en pleno delirio: «La Revolución me proveerá de los artistas y el público que necesito [...]. Levantaré un teatro junto al Rin, y allí presentaré mi obra en el transcurso de cuatro jornadas [...]. Este público me comprenderá; el actual no puede hacerlo». Wagner tardó más de veinte años en concluir su obra: en julio de 1852 acabó los libretos de *La valquiria* y *El oro del Rin* (por ese orden), y a partir de ahí escribió la música para el *Oro* (entre noviembre de 1853 y septiembre de 1854); para *La valquiria* (de junio de 1854 a marzo de 1856); para *Sigfrido* (de septiembre de 1856 a ¡febrero de 1871!), y para el *Ocaso* (entre octubre de 1860 y octubre de 1874). Así que a Wagner le costó tres lustros dar el carpetazo a *Sigfrido,* quizá la más singular de las cuatro, porque contiene el germen de toda la epopeya y porque nos muestra la realidad más cruda del personaje. Sigfrido aparece como la antítesis de lo feo, lo sedentario, lo vulgar. Es el hombre ecológico en todos los sentidos, también en la más descerebrada de las acepciones, es decir, aquella que, ignorante e injustamente, llega a asignar tanta importancia a *lo natural,* al mundo animal, a los bosques, campos y montañas, a los ríos y manantiales, que se olvida de que sin el hombre, sin su verdadera razón de existir, es bien poca cosa. Sigfrido está al borde de caer en esa perspectiva, pero Wagner, a pesar de presentar al personaje como a un auténtico hombre de la naturaleza, lo corrige y lo reconduce a terrenos más humanos, rodeándolo de otros seres muy diferenciados y haciéndole pensar en otros asuntos más metafísicos: pone en su boca —en su mente— dudas acerca de su procedencia y le hace pensar en su madre, para cuyas reflexiones Wagner le reserva las más sensibles palabras, y en su padre, cuyo amor filial le lleva a partir en dos la lanza de Wotan; le hace razonar acerca de su propio aspecto físico, le revela la capacidad para recomponer el arma —Nothung— con la que salvará al mundo; le hace temblar al descubrir la belleza femenina y el amor... pero también le permite fundirse con la naturaleza, de la que se siente heredero, y hasta entender el lenguaje de los pájaros. Para Wagner, Sigfrido debió ser su criatura de ficción más redonda y perfecta, pero las ideas del autor acerca del amor y su poder de redención habrían de llevarle una vez más hacia los oscuros espacios nocturnos de la muerte.

Y, ¿cómo es la música que da vida a todo esto? La cueva de Mime queda genialmente retratada en el sombrío y helador preludio al acto primero, cuyos tres dúos-conversaciones tienen allí lugar. En el primero de ellos, entre Mime y Sigfrido, Wagner traza un violento discurso sonoro, lleno de arranques y brusquedades cromáticas para explicarnos el necio proceder del enano y el estado de ansiedad en que se encuentra el welsungo. Cada vez que habla Mime la orquesta se detiene ante la ridícula declamación (Wagner explicó que Mime no podía ser ridículo, pero el tiempo ha demostrado la inviabilidad de tal noble intención), mientras que vuela cuando Sigfrido reclama sus derechos. Es especialmente espectacular el enloquecido tono orquestal que Wagner asigna a Sigfrido cuando éste descubre no ya la existencia de Segismundo y Siglinda, sus padres, sino el de su herencia, la espada hecha añicos por Wotan en su enfrentamiento con el mellizo welsungo. Ahí Wagner se para y, haciendo entrar en escena al Viandante, retiene las tensiones a la espera de que en el tercer dúo, Sigfrido, después de recomponerla, le dé nombre, tras la redondez sonora y la sencillez armónica del dúo entre Mime y el Viandante, en el tercer dúo, la llamada escena de la forja. El grado de paroxismo sonoro se hace máximo con los golpes de martillo sobre el yunque cuando Sigfrido ha de reducir a polvo el metal de Nothung y así poder luego volver a construirla. Es una pura pintura musical, de una capacidad descriptiva y un poder visual absolutamente excitantes. En todo el primer acto se escuchan, aquí y allá, tal o cual motivo conductor reminiscente de situaciones o personajes conocidos; por ejemplo, los motivos del Fresno, de donde Segismundo extrajo la espada clavada por Wotan; de la alegría de las hijas del Rin; del Anillo, asociado a las maquinaciones de Mime o, en el mismo preludio, el del Poder de los dioses; el del Fuego mágico, etc.

El preludio del segundo acto acentúa todavía más el carácter sombrío y tenebroso del espacio físico en el que transcurre la obra, otra caverna, esta vez la de Fafner. Con apenas unas pocas intervenciones de las cuerdas en *pizzicato*, los metales y las maderas graves ambientan un tétrico escenario: sonidos toscos y huecos, tras los que los timbales marcan un ritmo obsesivo y plagado de negros presagios. Estamos en Neidhöhle, donde el gigante superviviente y asesino de su hermano Fasolt, transformado en dragón, cuida del oro y el anillo. Este acto empieza así, entre las más oscuras tinieblas, pero acabará en una auténtica explosión de luz y expansión emocional. Y entre medias Wagner someterá al receptor a diversos estados de ánimo sonoros. Hay dos dúos, para empezar, entre Wotan/Viandante y Alberico, y entre aquél y Fafner, un imponente *tour de force* entre los dos dioses-jefes, en el que la soberbia dialéctica del texto goza en todo momento del apoyo musical que merece. Cosa que no ocurre igual cuando Wotan ha de enfrentarse con el impersonal Fafner, no para *sugerirle* sino para ordenarle, sin éxito, que le devuelva el tesoro. Sólo hay en este dúo un momento verdaderamente sublime, y es cuando Wotan se olvida del dragón y proclama: «Todo sigue sus reglas, y nada puede hacerlo variar». Al mismo tiempo se escucha el maravilloso primigenio acorde inicial de *El oro del Rin*, es decir, el motivo de la naturaleza. El resto del acto vuelve a tener dos caras: una absolutamente expansiva, donde Wagner pone a Sigfrido a pensar en su pasado, antes de dar muerte a Fafner, y otra, la lamentable muerte de Mime tras el *chivatazo* del pajarillo. Hay mucho escrito acerca del texto que Wagner puso en boca de Sigfrido en los «Murmullos del bosque»; dicen los sicólogos que Wagner ahí estaba hablando de su propia madre. Nada podemos añadir a eso, pero sí disfrutar de ese trozo de música memorable. Y no sólo por la emoción y belleza que encierra, sino por la perfección que alcanza su escritura de líneas suaves y entrecruzadas, que conforman una textura de mil colores. He aquí la música de un auténtico amante de la naturaleza, que además está capacitado para, primero, racionalizar las impresiones y, después, pintarlas con tal dominio de los timbres y sus combinaciones. Después de todas estas sutilezas sonoras, Wagner da otro salto y, tras poner a Sigfrido a llamar al dragón con el sonido del cuerno que Mime le ha forjado (o sea, uno de los fragmentos de trompa más espectaculares jamás escritos, que, como es lógico, se deriva del motivo de Erda y aparece combinado con el de la espada), toda la escena de la lucha entre Fafrner y Sigfrido resulta tan vistosa como poco sustancial. En realidad Wagner necesita la sangre del dragón, pues ésa será la que al rozar los labios de Sigfrido le hará entender el lenguaje del pajarillo: importantísimo personaje asignado a una voz de soprano lírico-ligera y musicalmente construido sobre el motivo de las hijas del Rin, pues es quien dirigirá a Sigfrido hacia Brunilda, naturalmente después de informarle acerca de las intenciones de Mime (hacerse con el oro), a quien, sin el más mínimo esfuerzo y con todo el odio hacia él acumulado, Sigfrido fulminará de un golpe de espada. El camino hacia Brunilda está desbrozado; la música sale de la caverna y, como un haz de luz blanca, ilumina todo el escenario.

Para los dos minutos y pico de música que contiene el preludio del tercer acto, Wagner moviliza nueve motivos conductores: no sólo encontramos a las valquirias, a Wotan y Erda, hallamos unos cuantos estados de ánimo anteriores urdidos alrededor de los dioses. La pieza es de un efectismo tremendo, y enlaza con el dúo entre Wotan y Erda, que es de una grandeza y amplitud emocionales portentosas. Wotan está derrotado y Erda, erigida en oráculo, avanza sobre las notas de su maravilloso motivo, que conocíamos desde los tiempos del Prólogo, y que ahora Wagner estruja como un limón. Al héroe sólo le falta otro encuentro antes de llegar a la roca, y éste, el último antes de abrazar a Brunilda, será para él fundamental: la música aquí expondrá con la máxima gravedad su destino, o sea, su muerte y la purificación de todo, pero para que ese destino se haga realidad tendrá todavía que enfrentarse violentamente con Wotan. La música se hace nerviosa y enigmática, pues el Viandante-Wotan no puede tolerar la altanería y la seguridad de su nieto. Wagner, tras el triunfo del joven sobre al anciano, vencido el último obstáculo para el avance de Sigfrido hacia la roca de Brunilda, realiza una increíble transformación hacia la *música del fuego*, cuyo carácter abierto y triunfalista nos está explicando que se han acabado las dudas y las indecisiones de Wotan y Erda, y que Mime y Fafner están ya bien muertos: ha nacido una nueva vida. Pero a continuación, antes de que Sigfrido pronuncie sus primeras palabras ante la impresión que le producen las alturas, nos regala un extraño, lentísimo, inestable y bellísimo pasaje musical con las cuerdas en la zona aguda y las arpas al fondo. Sigfrido acaba de descubrir el cuerpo yacente de Brunilda, envuelto el torso en su coraza y cubierta la cabeza con el yelmo, y Wagner deja recorrer sobre su parlamento ese pasaje, sobre el que va introduciendo y combinando motivos anteriores que evolucionan hasta el del beso salvador, por encima de un manto sonoro de infinita sensibilidad, que recuerda los efluvios amorosos de *Tristán e Isolda*. Es un instante absolutamente mágico, Wagner está profundamente inspirado, se trata de una secuencia crucial en su *Anillo*, porque significa que ha llegado la hora de explicar al mundo que el Amor va a vencer... Y Brunilda despierta sobre otro pasaje orquestal de indescriptible y única belleza, que prolonga la magia anterior: las cuerdas elevan la música en onduladas frases que parecen buscar las alturas más inaccesibles, la melodía no tiene fin en su deambular hacia arriba y hacia abajo, y la valquiria, al pronunciar su primera frase, «Gloria a ti, brillante sol», parece que detenga el tiempo. Pero la orquesta vuelve a elevar sus notas sobre los siguientes versos, añadiendo más recursos, las maderas, los metales... Desde *Tristán e Isolda* Wagner no había escrito una música amorosa semejante. No es casual que reincorpore aquí el motivo de Freia y los temas principales de *El idilio de Sigfrido*, pequeña pieza orquestal dedicada a Cosima, su esposa, al presentar a su hijo Sigfrido (sí; así llamó Wagner al hijo que tuvo con Cosima Liszt, después Cosima von Bulow, ahora Cosima Wagner), sólo que en esta ocasión aparece como epílogo, como un magnífico y justamente triunfante final sobre las mezquindades de los que detentan y planifican los destinos del mundo. Wagner quiere hablar del amor, de su fuerza purificadora, y con una sinceridad y fe en lo que está diciendo verdaderamente ciclópeas, escribe una de sus más grandes e irrepetibles músicas, esta memorable y extraordinariamente emocionante escena final con la que termina su *Sigfrido*. Una especie de premio a la constancia; como un regalo generoso después de haber tenido tanto tiempo que deambular por cuevas y cavernas, entre tanto dios egoísta y tanto enano asqueroso. Es lo que se dice un final feliz después de tanta desgracia y fealdad, que invita a no pensar qué sucederá luego. Lástima que ya lo sepamos, porque conocemos lo que va a suceder en la cuarta ópera, *El ocaso de los dioses,* cuya historia, al fin, lo explica todo.

Sigfrido ha de salvar al mundo con su muerte (como Jesús de Nazaret), pero ¿cómo hacer desaparecer a este atleta invulnerable? Wagner recurrió a un asesino, que además habría de proceder a traición, por la espalda, único punto débil de Sigfrido (como también lo tenía Aquiles), pero no por error de diseño: no requiere protección en esa parte del cuerpo porque sencillamente el que no tiene miedo a nada no da nunca la espalda, ya que nunca huye. El brazo ejecutor de Sigfrido será Hagen, hijo del rey de las tinieblas, el hermanastro de los gloriosos pero venidos a menos Gunther y Gutrune. Sigfrido andará por la vida sin contemplaciones; su idea de la vida y la muerte —los buenos son buenos y los malos, malos, sin mayores matices— le abocará a convertirse en asesino o salvador, indistintamente.

Pero, con todo y con eso, después de haber encontrado las razones primeras para situar en su justo lugar al personaje de Sigfrido en la segunda y tercera jornadas, todavía quedaban cabos sueltos. ¿Por qué Wotan se había permitido el capricho de hacer construir a los gigantes un asilo para los dioses? ¿Qué clase de acto terrible contra la naturaleza —el estado natural de las cosas, según Wagner— había podido cometer aquél? Erda ya había dejado entrever la cuestión en su breve aparición en *El oro del Rin,* pero Wagner no podía dar el carpetazo definitivo al *Ocaso* sin dejar todos esos asuntos mejor explicitados, algo que va a suceder en la escena de las Nornas. Nada más empezar el *Ocaso* las parcas voceras de Erda que tejen la cuerda del destino explican lo que a aquélla, por su propia naturaleza pasiva, no le es permitido explicar. Aquí está la roca, prolongación de la última escena de *Sigfrido,* y que, en parte, retoma del gran y maravilloso monólogo de Waltrauta. Al fin, y tras más de diez horas de historia, descubrimos que la espada que Wotan destrozó a su hijo Segismundo (recompuesta después por su nieto Sigfrido) había sido extraída por éste del gran fresno del mundo, a su vez violentado por el propio Wotan al arrancarle una rama para construirse la lanza, símbolo del nuevo orden impuesto por él a través de un pacto absolutamente unilateral; como también que la fuente de la sabiduría y la vida, la que riega el monumental árbol —ahora muerto—, está cada vez más seca… Wotan, que pagó con un ojo su osadía, ordenará cortar el tronco y convertirlo en leña para ser trasladada y apilada en el Walhalla, con el fin de que Loge, un día no muy lejano, lo convierta en una gigantesca pira. Wagner acabó exhausto. Desde que escribiera su primer ensayo sobre los welsungos a finales de 1848 hasta la versión definitiva del libreto para *El ocaso de los dioses* transcurren ocho años. Pocos, si se compara con los tiempos de composición de la música, que le tuvo ocupado desde octubre de 1860 hasta el mismo mes de 1874, catorce años de tiras y aflojas, de cambios y revisiones. Wagner acabó tan agotado, su imaginación estaba ya tan exprimida, que calló, pasando dos años completos sin escribir ni una sola línea. O mejor dicho, hasta que el primero de enero de 1877 comenzara el texto de *Parsifal,* sólo compone dos obritas: la *Hoja de álbum en Mi bemol mayor* y la *Marcha del centenario norteamericano.* O sea, nada.

El ocaso de los dioses, al fin. Tras el Prólogo, la escena de las Nornas, llegamos a uno de los primeros momentos musicalmente mágicos de la ópera, el interludio que da paso al decorado con que finalizó *Sigfrido,* la roca donde el joven héroe había despertado a Brunilda. El dúo entre ambos ahora prolonga el ambiente de exaltación amorosa y pasión desatada que caracterizó aquel final, pero no sin antes haber escuchado ese interludio, un imponente *crescendo* con repetición del mismo tema (el motivo amoroso con el que Brunilda se había explayado al despertar), con final de la orquesta de metales al completo, estallando con el tema de la espada, un *letimotiv* que conocíamos desde la cuarta escena de *El oro del Rin,* y que aquí alcanza un desbordante y explosivo esplendor. El dúo entre Sigfrido y Brunilda evoluciona hasta la pura locura. Y al poco de transcurrir el espectáculo sonoro del anterior interludio, Wagner nos sumerge ahora en otra orgía sonora para *entrar* en el primer acto, unos cinco minutos de maravillosa música por la que desfilan, combinados, múltiples motivos, entre los que resaltan el del cuerno de Sigfrido y el de las ondinas del río, y alrededor de los cuales giran los demás. Pero lo más llamativo en este momento es la naturalidad y efecto con que Wagner los funde con los nuevos, los de, por este orden, Hagen y Gunther, no así con el de Gutrune, un punto dulce, que aparecerá más tarde con el propio personaje. En el transcurso del primer acto, Wagner introducirá, combinado con el tema principal de Sigfrido, otro nuevo para los guibichungos, y nuevamente habremos de maravillarnos ante los efectos de los metales en la combinación de ambos *leitmotiv*.

Dibujo de Franz Stassen. Dos de las Nornas que tejen la madeja de la vida. ACRED.: COLECCIÓN PRIVADA.

Tres nuevos personajes en la historia. Gunther y Gutrune, hijos de Gibich y Grimhilde, y un bastardo (Hagen) procreado por la reina con Alberico antes de que, por necesidades de guion, éste tuviera que renunciar al amor. Son los nuevos personajes. Tres hermanos de madre pero no de padre. Dos, por ello, de linaje puro. ¿Cómo los traza Wagner? En la primera escena del primer acto quedan definidos sicológicamente pero es preciso fijarse en las músicas reservadas para cada uno de ellos. Wagner otorga a Gunther una música noble, que si bien merece por razones dinásticas, en absoluto por su manera de proceder. Es, quizá, la forma en que el compositor nos hace ver que se trata de un noble con pocas luces, un aristócrata residual y prosaico que quiere recuperar la gloria perdida. Su también elemental hermana, dulce como la miel, candorosa como una adolescente, es una mujer de segunda, una enamoradiza que con cubrir esa necesidad *espiritual* parece tener suficiente: Gunther mantiene aspiraciones sociales; Gutrune parece contentarse con encontrar novio. Nada de eso le sucede a Hagen, un personaje absolutamente shakespeariano, un conspirador malvado, un calculador e intrigante terrorista capaz de vender su alma a todos los diablos con tal de conseguir sus destructivos propósitos. Musicalmente es perfecto.

La segunda escena, durante la cual Hagen urde la gran trampa destructora de Sigfrido, es un ejemplo vivo del mejor teatro musical romántico. Wagner, maestro-sicólogo de primera clase, sitúa a cada personaje donde merece. Hará evolucionar a Sigfrido desde su tan aplastante como infantil arrogancia hasta una penosa figura engañada, utilizada y ultrajada. Y a Gunther, desplegando una tan noble como tramposa inocencia para sacar provecho de aguas revueltas: Sigfrido para su hermana, Brunilda para él. Hagen lo organiza todo; cada una de sus intervenciones son brillantes, inteligentes, seguras, llenas de verdad intelectual.... Pero hay algo que es necesario resaltar en toda esta escena, por encima de toda la organización dramática: la increíble manera que tiene Wagner de integrar a la orquesta en el discurso textual. ¡Poesía musical pura, de la que poco se puede hablar sólo con palabras! Invitamos al lector a que no se deje seducir por las innumerables curvas del texto y trate de seguir la línea orquestal; no tiene desperdicio, es una maravilla de principio a fin.

La tercera y última escena de este largo acto recupera el rocoso decorado del prólogo de las Nornas. Pronto empieza a suceder algo: otro de esos sublimes interludios con repaso de materiales y desarrollos prodigiosos; la orquesta vuela de nuevo, una vez más se nos recuerda que es la protagonista principal del drama. Escuchamos los lamentos y explicaciones de la atormentada Waltraute, puestos en contraste con la euforia casi borracha de la enamorada Brunilda, aún ajena a la traición que pronto va a tener que sufrir. Es una tensa y extensa conversación entre una todavía valquiria y una exvalquiria, que acaba en un verdadero duelo dialéctico entre auténticas mujeres de primera, que exhiben sus más tradicionales e inteligentes recursos intelectuales. Tono que cambia radicalmente al llegar Sigfrido transmutado en Gunther por el efecto del *Tranhelm*: ahora se prepara una guerra entre sexos, es decir, la muestra de incomunicación y desentendimiento que siempre se produce tras los cambios de *cara* o después de utilizar otras engañosas: Sigfrido dice a Brunilda cosas como «Un héroe que te domará si sólo te somete a la fuerza»; y la guerrera, más guerrera que nunca y ya curada de males amorosos, a él: «¡Atrás, bandido, ladrón, criminal! ¡No te atrevas a acercármete!». El fornido muchacho, aún transmutado, va a seguir acumulando triunfos y victorias: arrebata a Brunilda el anillo que le había regalado como símbolo de su amor.

El segundo acto, cuyo comienzo es un preludio que combina magistralmente sentimientos de nobleza y traición, pone en juego cinco escenas de las que las tercera y cuarta se erigen en una especie de foco tensional que actúa hacia delante y hacia atrás. Wagner introduce en ellas el coro por primera vez en toda la epopeya, y aunque se refirió en varias ocasiones a las razones por las que su *Anillo* no necesitaba del coro, gracias a Dios acabó incluyéndolo en la última ópera; aquí hará hablar a los guerreros guibichungos y al séquito de mujeres, convocados por Hagen para celebrar la doble unión entre Sigfrido y Gutrune y Gunther y Brunilda. O sea, no es que Wagner recurriera al coro para explicar las posiciones de sus personajes; situaba a otro personaje en escena, y con buenas razones musicales. Pero antes, en las dos escenas precedentes, el omnipresente Hagen remata un par de faenas: primero, ante su propio padre, expresando sin remilgos toda la amargura que lleva dentro, se hace fuerte ante lo que para Alberico es una pura venganza y para él una necesidad casi orgánica: «Odio a los felices, jamás me alegro», contesta a su padre, mucho más preocupado éste por recuperar el anillo; y después, tras el acongojante coral de tubas, colocando frente a frente a Gutrune y Sigfrido. Wagner trata de matizar aquí para que distingamos entre el amor verdadero (nos está recordando continuamente a Brunilda en el transcurso del trío) y la farsa montada por Hagen, que se pone de manifiesto en el alto grado de funcionalidad expresiva —sólo eso— del discurso amoroso entre Gutrune y Sigfrido.

Las escenas tercera y cuarta son de un brutal efectismo y de una prodigiosa modernidad. El desarrollo coral, sin duda tan postMaestros como preParsifal, alcanza un soberbio grado de tensión, porque no sólo desarrolla un discurso lleno de asperezas armónicas y melódicas; incluye un material temático a veces arcaizante, a veces de una potencia orquestal descomunal. Se podría hablar de muchos momentos concretos pero sólo indicaremos algunos: las histéricas llamadas de Hagen al principio, con aliteraciones puestas en canto de manera tan agresiva y terrible, o las diversas llamadas anunciando la muerte de Sigfrido —motivos contenidos en la futura «Marcha Fúnebre»—, o la potencia del coro femenino remarcando la traición de Sigfrido a Brunilda, quien no muestra ningún pudor para hablar de su *vida privada* en defensa de tanta trampa («Me arrancó placer y amor», les dice a todos para demostrarles que es la verdadera esposa de Sigfrido), o, en fin, el caos producido por el doble juramento de Brunilda y Sigfrido ante la lanza, ambos diciendo lo mismo pero al revés. La quinta y última escena comienza con una reflexión de Brunilda acerca de lo sucedido. Van a seguir pasando cosas importantes en ella, pero musicalmente es un relajo de las anteriores. El primer detalle magistral es cómo Wagner une el final de esa reflexión con la entrada de Hagen, poniendo en boca de la valquiria el tétrico motivo de aquél, que por otro lado dominará todo el tiempo, pues es ahora cuando el malvado extraerá de Brunilda la información más deseada, es decir, cuál es el punto vulnerable de Sigfrido. Pero la calma dura poco, pues Hagen pronto va a llevar otra vez las cosas al límite: en un clima de exaltación a la venganza y ya todo impregnado por un fuerte penetrante olor a muerte, la consigna es: todos contra Sigfrido.

Litografía de Ferdinand Leeke. Sigfrido ha de salvar al mundo con su muerte. Y Brunilda mandará colocarlo encima de la leña del gran fresno apilada para que Loge le proporcione el fuego que habrá de destruir todo. ACRED.: COLECCIÓN PRIVADA.

En el prólogo del tercer acto aparecen el tema de trompa de Sigfrido, en primerísimo lugar; después los motivos de Hagen y de los guibichungos, más tarde el acorde inicial de *El oro del Rin* y el tema de las hijas del Rin; a continuación se recuerda a ¡Segismundo! y, otra vez a las ondinas, que enlazan con el inicio del acto, que comienza en el rocoso valle a orillas del Rin donde aquéllas —Woglinde, Wellgunde y Flosshilde— continúan cantando sus penas por la pérdida del oro. Pronto aparece Sigfrido, que entabla con ellas una entretenida y un punto erótica situación, lo que es singular: todo comenzó hace mucho tiempo de forma parecida entre las ninfas y Alberico, y, ahora, se repite, pero con Sigfrido, el cual juega con ellas y el anillo que adorna uno de sus dedos. Pero las ondinas, que conocen bien el alcance de la maldición, no quieren jugar y, adoptando un tono grave, intentan que Sigfrido comprenda. Éste, otra vez prepotente y ciego, se autoalaba y no hace caso. Una negación más de la realidad, un paso más hacia un final que para Sigfrido va a tener lugar ya, en la segunda escena. Hagen lo prepara todo, preguntando a Sigfrido por su pasado: Wagner vuelve aquí a hacer repaso y pone de nuevo en movimiento los materiales temáticos que ya conocemos. Pero dramáticamente el resultado es espectacular, porque no se trata de reexposiciones o *recuerdos* sino de reelaboraciones en combinación con lo *nuevo* ahora, y que, otra vez, es la presencia llenadora de la música de Hagen y los guibichungos. Naturalmente, el otro foco dramático de toda la escena es la muerte de Sigfrido, entre los graznidos de los cuervos y, cómo no, uno de los dos o tres puntos orquestales culminantes de toda la ópera, el interludio que conocemos como «Marcha fúnebre de Sigfrido». Se trata, ciertamente, de una de las piezas programáticas más impresionantes nunca escritas, para un desarrollo temático sencillo y con no demasiados materiales: música, música. En realidad sólo hay dos ideas básicas, el tema de la espada, que escuchamos de nuevo en toda su grandeza, y el *leitmotiv* de la raza de los welsungos. Sin embargo, ha de tenerse en cuenta de dónde proceden: de Segismundo (primer acto de *La valquiria)* y Wotan (cuarta escena de *El oro del Rin),* el primero; y, el segundo, del mismo Segismundo, que a su vez lo toma del de Erda, que es una derivación del motivo de la naturaleza, el inagotable acorde de Mi bemol mayor con que comienza *El oro del Rin.* La construcción, pues, no puede ser más genial: la muerte de Sigfrido suena a partir de dos fuerzas fundamentales, la primera, la de la naturaleza, que al cabo es la gran protagonista de todo el poema, y la de la estirpe, encarnada en el abuelo y el padre, Wotan y Segismundo, respectivamente.

Y esto se acaba. Ya era hora, se dirán algunos: Sigfrido ha muerto. La tercera escena ha de ser catártica; cada uno ha de pedir lo suyo, pero nadie va a tener posibilidad de quedar contento: Hagen, tras la reclamación del anillo por parte de Gunther, acabará con éste de un golpe pero no podrá tomar el anillo, pues Sigfrido, aun muerto, alzará, amenazante, su brazo y no le permitirá retirárselo del dedo; y a Gutrune, ya sin novio ni hermano del alma, le abrirá los ojos definitivamente Brunilda al hacerle ver su condición de engañada. La reina de Gibich, destrozada, se recostará sobre el cadáver de Sigfrido; Hagen, igual de desafiante que siempre, se situará en un rincón de la escena, barruntando negros pensamientos, y Brunilda, tras ordenar apilar una inmensa pira, iniciará la última escena de la obra, la última explicación de las razones por las que todo debe acabar, para que todo comience de nuevo. Brunilda va a ser la encargada de dirigir la autodestrucción programada, pero la verdadera fuerza redentora de tanto mal no será ni el fuego ni el agua, que llenarán el escenario, sino el amor. Tras las últimas palabras de Hagen, tratando de que las ninfas no recuperen el anillo, cosa que naturalmente harán arrastrando al bastardo hasta el fondo del río, después de que el fuego lo haya consumido todo, después de que el Rin, desbordado, lo engulla todo, después de divisar a lo lejos a los dioses, con Wotan a la cabeza, consumirse en su Walhalla, Wagner nos regala un nuevo amanecer cerrando la ópera con un sublime tema —el llamado *tema del amor dichoso* o, sencillamente, de la redención por el amor— que poco antes había esbozado Brunilda en su gran monólogo final. Se ha escrito alguna vez que este tema Wagner lo había reservado para el final. No es así; apareció ya en el tercer acto de *La valquiria,* cuando Siglinda se entera de que lleva dentro al héroe llamado a salvar al mundo. De manera que el compositor no reserva para el cierre total de la obra un motivo relacionado directamente con Brunilda, sino con la madre de Sigfrido. Y además, sólo uno de los tres relacionados con el amor y las tres mujeres fundamentales del *Anillo,* Fricka, Siglinda y Brunilda. El primero desaparece pronto y el tercero, como ya vimos, es el del *crescendo* orquestal del Prólogo en el mismo *Ocaso.* De manera que una tesis final parece abrirse camino: para Wagner la regeneración se va a producir a partir de la esencia de la vida, de la embarazada Siglinda; en definitiva, de la fuerza del amor hecho de carne y sangre. Ni Schopenhauer ni Feuerbach ni Jesús, ni Barbarroja: una verdadera puerta abierta a las más severas, sobrias, modernas y carentes de ideología interpretaciones acerca del amor.

Capítulo 21.
Beethoven: Las sonatas para piano. Los cuartetos de cuerda

Precaución previa. Si tras lo leído hasta aquí quiere usted planificar un ejercicio a medio-largo plazo escuchando estos dos ciclos, por favor, adquiera los correspondientes discos, pero ni se le ocurra darse el atracón; es muy aconsejable consumir estos productos con moderación, lo más poco a poco posible.

Uno. Son ciclos, es decir, la obra de toda una vida, y, por muy Beethoven que se sea, las cosas no se ven igual a todas las edades. Hay que intentar contemplar estas músicas como sendos todos; como la vida entera de un individuo (en este caso, un músico), que nace, crece y da lo mejor de sí mismo en su madurez. Este señor nació en 1770 y murió en 1827. ¿Son suficientes cincuenta y siete años para alcanzar una verdadera madurez? Los hay (músicos y no músicos) que ni a esa edad ni a ninguna otra lo van a conseguir. A Beethoven le sobró y le bastó. Y si hubiera vivido más, sencillamente habría robado a los que le siguieron su propia obra; se habría adueñado de la historia de cada uno de ellos.

Dos. Sí, ciclos. Pero en sentido estricto, es decir en absoluto marcados por la acumulación de obras más o menos maestras, como sucede con otros grandes compositores, la mayoría, sino por una evolución continua, constante y perceptible hasta en el más mínimo detalle. Y seguramente, con principio y fin. Beethoven, lo diremos otra vez, no inventa formas; las transforma llevándolas al límite, y eso sucede con sus tres grandes ciclos: las sinfonías, las sonatas para piano y los cuartetos de cuerda. De ellos los más personales y determinantes son estos dos últimos, aunque quizá sea posible que el de las sinfonías (del que ya se dijo algo en un capítulo anterior) sea algo más llevadero. Beethoven fue el sinfonista más original de su tiempo (¿de todos los tiempos?), y quizá la mayor parte de las crestas de máxima expresión en sus sonatas y cuartetos las encontremos en aquellas piezas en las que más denodadamente buscaba a la orquesta. Los cuartetos y las sonatas se convierten así en la esencia del hombre de orquesta.

Tres. Beethoven, allá por 1800, año arriba, año abajo, recibe una buena herencia: la forma sonata. Y ese método es el que aplica a su música pura, es decir al piano, al cuarteto de cuerda y a las sinfonías. ¿Cómo lo hace? De la mejor y más creativa manera: cargándoselo todo poco a poco, con cuidado, con respeto, con amor, con mucho pensamiento, con visión de futuro, con mucha visión de pasado y, sobre todo, mirando hacia él mismo y haciendo para ello una soberbia, continua y descomunal prospección emocional de su interior más custodiado. La imagen atormentada y de extrema soledad ante el mundo que tenemos de Beethoven es exacta, con un solo matiz ahora: que esa imagen es ya la del último Beethoven, la del resultado de un proceso en el que son también protagonistas otras cosas. La sordera, sus problemas familiares, su tendencia (aunque negada) al aislacionismo y una misoginia que le llevó a la más terrible incapacidad para relacionarse con las mujeres.

Todo, absolutamente todo esto, lo técnico y lo humano, está en su ciclo de sonatas para piano, y quizá algo más, algo más lo sobrehumano, en el de los cuartetos. ¿Por qué más que en las sinfonías? Pues en el caso del piano es más que evidente: porque lo que hay aquí es un aparato con el que Beethoven desarrolló una especial relación de amor-odio desde su más ¿tierna? infancia. Un artilugio que conoció en las frías madrugadas de la provinciana y triste Bonn cuando su padre, hinchado de alcohol hasta las cejas, lo levantaba para practicar. Y un mueble que hasta los últimos años de su vida fue una prolongación física de su propio cuerpo. Beethoven igual a piano. ¿Y los cuartetos? Música, sólo música. Música aparte. Ni siquiera importa que esté escrita para cuatro instrumentos. Una música absolutamente sola. Las sonatas son para él y para el mundo; los cuartetos, no se sabe muy bien para quién. Quizá para él. O para nadie; ni siquiera para él mismo. Auténticos marcianos entonces, y seguramente auténticos marcianos hoy todavía. Comencemos por la parte del más acá.

Casa museo Beethoven en la ciudad balneario Baden Bei Wien, donde acudió Beethoven en busca de tratamiento para su incipiente sordera.

LAS 32 SONATAS PARA PIANO

Op. 2: Núms. 1, 2 y *3.* Se escuchan bien. Es apropiado comenzar el ciclo por aquí. Incluso recomendamos que se haga algo que para los expertos es anatema: escucharlas varias veces como música de fondo, quizá cocinando, haciendo ganchillo, leyendo el periódico, grabadas en un aparatito de esos que se usan ahora mientras se pasea, etc. Y cuando las sepan de memoria (cosa fácil, porque son piezas muy clásicas, y por consiguiente muy repetitivas), déjenlas aparcadas.

Reza el tópico que estas sonatas son puro virtuosismo. Es verdad, pero no es toda la verdad. El asunto de la técnica en el piano de Beethoven es muy complejo. Normalmente nos parecen más difíciles de tocar obras de Liszt o Brahms o Chopin... Pero no es cierto. Los pianistas saben bien que el piano de Beethoven es el más difícil. De manera que sí, estas tres sonatas requieren una enorme habilidad digital, lo que significa virtuosismo, pero no han de quedar en sólo eso. Hay pianistas, unos pocos, capaces de conseguir eso, porque las tocan con su cabeza puesta en las que Beethoven escribió luego. Para que el común de los mortales como nosotros nos demos cuenta de cómo funciona esa manera de interpretar, basada en hacerlo como si se regresara al futuro, nuestro consejo es que, una vez que nos hayamos familiarizado con la música (eso que nosotros llamamos sabérsela de memoria: fácil, el truco consiste en escucharla mucho), reparemos en detalles. Por ejemplo: tercer movimiento de la *Primera,* o el *Adagio* de la *Núm. 3*... Ahí hay ya más de una *revolución.*

Op. 7: Sonata núm. 4. Primer gran salto. Beethoven tiene veintiséis años. Y comienza sus grandes monólogos. ¿Habla solo? No; habla consigo mismo, haciéndose preguntas que trata de responder pero que no responde. En realidad ésa va a ser una constante en su obra: se pasa el tiempo planteando conflictos a los que, de forma deliberada, no da solución, en una suerte de suma de coitos interrumpidos que generan frustración y un malestar permanente. Atención al movimiento lento de esta sonata.

Op. 10: Sonatas núms. 5, 6 y *7.* De dos años después. Músicas aparentemente sencillas, de muy difícil interpretación. El sonido es más denso, hay menos virtuosismo, hay más música. Nuevamente hemos de fijar nuestra atención en los movimientos lentos. En este caso, en los de las *Núms. 5* y *7.*

Op. 13: Patética. Esta *Núm. 8* es la primera famosa de la serie. Sin duda por el nombre, de, por supuesto, autoría incierta. Aquí Beethoven ensaya un nuevo efecto con rotundo éxito: la introducción al movimiento primero. Es una música muy exigente con los dedos. Su fácil y noble melodismo la acerca mucho al gran público. Y sus continuos ataques al teclado la hacen particularmente atractiva. Gusta mucho al principio; después uno la abandona, pero cuando la vuelve a recuperar la hace suya para siempre. Una pequeña obra maestra.

Op. 14: Núms. 9 y 10. Op. 22: Núm. 11. Un paso atrás. O mejor dicho, no son un paso adelante. Demasiado clásicas y, a veces, demasiado largas. Estamos ya en 1800. Beethoven sabe que debe comprometerse más, pero no encuentra el camino. Sin embargo hay por aquí y por allá detalles absolutamente maravillosos. El lento de la *Op. 14/1 (Núm. 9)* siempre recuerda al Brahms más otoñal y soñador.

Op. 26: Núm. 12. Se están ya cociendo muchas cosas aquí. Beethoven abandona la forma sonata para el primer movimiento, que escribe en forma de variaciones (ya vimos qué significa eso), un procedimiento más especulativo —algo que a él le pirra— pues le permite decir lo mismo de muchas maneras diferentes. La pieza es fenomenal. Pero más todavía lo es por la envergadura, por la granítica solidez sonora y por la idea. La *Marcia funebre sulla morte d´un Eroe* es un Beethoven napoleónico que ensaya su *Sinfonía Heroica.*

Ya hemos comentado en otro capítulo que muchos estudiosos hablan de tres etapas en la obra de Beethoven: juventud, consolidación y madurez. La propuesta es poco original; a todo el mundo le pasa eso. Pero sí es cierto que hay un Beethoven digamos central, muy preocupado por los aspectos políticos de los acontecimientos sociales de la Europa de su tiempo, que, claro, son absolutamente determinantes para todo, pero que los músicos-lacayos o no pueden o no quieren ver. El ejemplo palmario de ese mirar hacia otro lado es el genial pero escurridizo Rossini, por otro lado el compositor que verdaderamente triunfa en la Viena de principios de siglo.

Pero no es fácil encontrar verdades absolutas en Beethoven, o una lógica repetida. Es un hombre de ideales elevados en lo colectivo, pero también es cierto que va justito moralmente en cuanto a vida personal. La relación entre los unos y la otra está muy descompensada. Y eso se percibe en su música con meridiana claridad. ¿Cómo? Su piano habla más y mejor de sus miserias personales que su orquesta, más preocupada por las cosas que les suceden a los héroes de Estado, al Hombre y a la Naturaleza, así, con mayúsculas, o a la mismísima humanidad. En ese sentido, esta sonata es un ejemplo porque la *Marcia* prepara el terreno para la gran expresión del grandioso heroísmo que da vida a su tercera sinfonía, de dos años después, la increíble *Sinfonía Heroica,* pero al mismo tiempo, revela cuestiones pequeñas, personales; es una música llena de inseguridades y muchas asignaturas pendientes.

Ésa es la gran cosa en Beethoven. Sus dualidades se tornan en contradicción soberana, y eso lo hace más cercano y mucho más humano.

Op. 27: Núms. 13 y *14.* Son las sonatas llamadas *Quasi una fantasia.* Beethoven se escapa. Es como si hubiera tenido una premonición y hubiera pensado en Debussy. El Beethoven que pisa el suelo de la Viena que espera a Napoleón parece querer subir al cielo en busca de un espacio lejos del mundo real. El mundo real para él es que se está quedando sordo. Y levita. El primer movimiento de la *Núm. 14* es eso. Y nada tiene que ver con el nombre que el escritor (con perdón) romántico Ludwig Rellstab le asignó: *Claro de luna.* Esta música ni es clara ni es para contemplar luna alguna, a no ser aquella en la que más tarde pensaría Oscar Wilde para su *Salomé.* Más bien habla de la *pequeña* tragedia personal que Beethoven tiene que asumir: un señor que vive para crear sonidos que no puede escuchar. Al margen de esto, la originalidad del primer movimiento es increíble, por algo tan sencillo y a la vez tan complejo como asignar a ambas manos del intérprete dos maneras de medir el tiempo no ya distintas sino opuestas, pues una lo hace en unidades pares y la otra en impares. El efecto es demoledor, pues enfrenta la realidad con la fantasía sin tomar partido por la una o la otra. Esa sensación de inestabilidad es Beethoven en estado puro.

Op. 28: Núm. 15. Del mismo año que las anteriores. Nada que ver con ellas. Vuelta al clasicismo. La sonata se llama *Pastoral,* y poco tiene que ver también con la *Sinfonía Pastoral,* de siete años después. Música bonita en el más noble sentido de la palabra.

Op. 31: Núms. 16, 17 y 18. (1802). La menos interesante, la tercera. Lo mejor del grupo, el *Adagio* de la *Núm. 17.* Son músicas típicas del Beethoven central, de gran aparato sonoro, y que, por estar escritas cuando le ronda por la cabeza su primera gran revolución sinfónica (la *Heroica,* de 1803), están buscando desesperadamente a la orquesta.

Op. 49. Beethoven publica en 1805 dos pequeñas piezas que había escrito en 1796. Son las sonatinas de la *Op. 49,* numeradas en el catálogo general como *Núms. 19 y 20.* A destacar el minueto de la segunda, una música que cantan hasta los gatos.

Op. 53: Núm. 21, Waldstein. Es la primera de las grandes. Fue publicada un año después de la *Sinfonía Heroica.* A Beethoven se le ha quedado pequeño el piano. Esta sonata es el resultado de un experimento, al utilizar un instrumento de mayor extensión. Es una pieza volcánica y de brillante inspiración. Fácil de escuchar.

Tras la *Op. 54 (Núm. 22),* otra preciosa sonatina al modo de las de la *Op. 49,* estalla una bomba parecida a la *Waldstein,* pero de ¡todavía! mayor contenido épico. Es la *Appassionata,* la *Núm. 23, op. 57.* Esta descomunal y excesiva sonata lo es sobre todo por sus desarrollos. Los materiales temáticos son bastante parcos, y en ese sentido es un ejemplo de libro de la superación de la forma sonata. Se nos está diciendo que la invención temática es menos importante que los desarrollos, y eso es mirar al futuro de frente y sin excusas. Lo curioso es que tratándose de un procedimiento muy intelectual, el resultado es de un poderío comunicativo impresionante. Bien, eso también es el gran Beethoven, la *deconstrucción* del intelecto en busca de una esencia que llegue directa al corazón.

1804-1809. El silencio. Beethoven no escribe ninguna sonata en ese período. La siguiente es *A Therese, op. 78,* que es la número 24, que con la *Núm. 25, op. 79* vuelve a fórmulas anteriores. Piezas frescas y exentas de grandes conflictos. Seguramente Beethoven se dio un descanso para poder lidiar con el *Concierto Emperador* y la peleona *Obertura Egmont,* pero a finales de 1809 nos regala la *Núm. 26, Los adioses,* una maravilla escrita en tres movimientos subtitulados: «Los adioses», «La ausencia» y «El retorno», pura música descriptiva y toda una excepción en la serie. Cosa más hermosa, casi imposible.

Y otra vez el silencio. Hasta 1814, nada. Cuarenta y cuatro años. Parece que no tuviera nada nuevo que decir. Y así era. Nada nuevo, dentro de la norma. La hizo añicos, aunque con calma y con amor. No es casual que las dos siguientes sonatas, las *Núms. 27 y 28, opp. 90 y 101,* escritas en plena efervescencia rossiniana en Viena, omitan los títulos en el italiano obligado, y que expresen el carácter y no la velocidad. Beethoven ahora titula en su idioma, y lo hace con frases que explican estados de ánimo o intenciones. La forma sonata pervive a duras penas, el discurso se independiza de la forma y Beethoven comienza a darse cuenta de que el valor del instante sonoro ha de superar jerárquicamente a la melodía. Comienza a añadir fórmulas para muchos ya arcaicas, como la fuga; insiste con las variaciones, y se muestra absolutamente dispuesto a independizar de una vez por todas lo que desea contarnos de las normas que han de utilizarse para ello. Es un salto al vacío, porque se trata de construir una casa sin cimientos, sin estructura, sólo con los muebles, incluso ni eso; sólo con las personas que la van a habitar; incluso ni eso, sólo con los pensamientos de esas personas, e incluso sin eso: sólo con lo que sienten esas personas... Estas dos sonatas son un nuevo ensayo.

Pero para que Beethoven pueda llegar a donde quiere llegar, todavía tiene que hacer otro alto en el camino.

Ese alto se llama *Sonata núm. 29 en Si bemol mayo, op. 106, Hammerklavier.* Dos años tarda Beethoven en componer esta tesis sobre el instrumento, algo que queda implícito en el propio título: *Piano de martillos.* Es la sonata más larga y docta de toda la serie. Una suma de conflictos y emociones difícilmente evaluables con palabras, un paradigma de música sicológica, que alcanza su punto más alto en el inconmensurable movimiento lento, un «mausoleo al dolor humano», que dijo no sé quién, pero sobre cuyas intenciones Beethoven se expresó con claridad: la obra se plantea en Si bemol mayor, pero esta tonalidad evoluciona a Si menor. Beethoven llamó a esta tonalidad *negra,* y quiso que esa progresión se produjera desde «el conflicto entre la luz y la oscuridad». Claro que Beethoven es Beethoven hasta el final: la fuga es un estallido de proporciones gigantescas, que sólo encuentra parangón en el hundimiento del mundo tras las profecías de Schopenhauer, en la descomposición de todo al final de *El ocaso de los dioses,* de Wagner. Bueno, de todo, no. De todo, menos del Amor (como ya hemos explicado antes).

Vista del interior de un viejo *piano de martillos.*
Beethoven llamó así su sonata número 29.

¿Después de esta obra ciclópea y extenuante todavía le quedaban fuerzas para componer alguna sonata más a este loco bajito y peludo que escupía al espejo cuando se miraba y echaba las raspas del pescado por la ventana con la intención de que le dieran a alguien en la cabeza? Hizo tres más: las *Núms. 30, 31 y 32, opp. 109, 110 y 111.* Datan de 1820, 1821 y 1822. Beethoven estaba escribiendo la *Novena sinfonía* y la *Missa solemnis,* piezas estas última ya tratadas en el libro. Tras la *Núm. 32* vendría el testamento, los seis últimos cuartetos. Con estas tres sonatas Beethoven nos introduce en una particular retrospección. Vuelve a Bach. Omite cuanto puede la forma sonata clásica. Vuelve acudir a la fuga. Y a las variaciones. Especula hasta el infinito. Y sobre todo exprime hasta el final todos y cada uno de los recursos del piano, puestos en relación con todos y cada uno de los parámetros que son consustanciales a la propia música: lo fuerte y lo débil, lo alto y lo bajo, lo lento y lo rápido, las variaciones de todo ello en intervalos temporales, el sonido en todos sus aspectos, su ruptura, la capacidad expresiva de los trinos en desarrollos discursivos largos, la plasticidad y la elasticidad en las frases, el propio fraseo, la misma métrica y la rítmica, los juegos armónicos... Todo. Y por eso toda la música está en estas tres sonatas. Y en los cuartetos de cuerda. Amén.

LOS 16 CUARTETOS DE CUERDA

La primera opus cuartetística de Beethoven reza el número 18. Son seis cuartetos publicados en 1801. A Beethoven le costó dos años de trabajo. Llevaba ya unos cuantos residiendo en Viena, y ya le había dado tiempo a pensar en clave más cosmopolita; aquello no era Bonn, su ciudad natal; aquello iba en serio. Mozart, el gran maestro del cuarteto —con permiso de Haydn— era el modelo a seguir, pero como en otras ocasiones y con otros géneros, Beethoven acabó recalando más veces en las turbulentas aguas del cuarteto haydniano que en los brazos del divino Mozart, que había fallecido una década antes. Para el pianista Beethoven adentrarse en este género fue como asistir a una fiesta de mayores; sólo que el niño tenía muchos juegos nuevos que enseñar al resto, y todos organizados por él; sin ofender a nadie, pero distinguiéndose de todos. En realidad ésa es una historia que se repite cuando Beethoven comienza a practicar cada género. Es Beethoven desde la primera nota, pero con un respeto a sus mayores auténticamente reverencial. Hasta el extremo de que la primera decisión que tomó, antes de aliarse con lo nuevo, fue copiar los cuartetos de Mozart y Haydn, por otro lado un magnífico método de aprendizaje que hace tiempo se ha perdido. Con la composición de la serie de los *Op. 18* Beethoven cambia de método de trabajo. Se convierte en un ser más sistemático y ordenado, escribiendo en un cuaderno todos los problemas con que se iba encontrando, y sus posibles soluciones. Que por cierto, y cuando se quedó sordo con mayor razón, ésa es la razón por la que de Beethoven —y no de Bach o Verdi, por ejemplo— sabemos tanto: lo dejó escrito todo A Beethoven le obsesionó el trabajo en la composición de estas obras. Las repitió una vez acabadas, sometiéndolas a un proceso de autocrítica implacable. De manera que no se trata de ninguna de las maneras de una música imperfecta por su condición de temprana. Desde el primer cuarteto nos sentimos sorprendidos por la capacidad de este joven para conseguir situaciones dramáticas con tanta autenticidad, sea en los aspectos más fieros como en los más líricos. Y al avanzar en cada pieza, las sorpresas no dejan de fluir, con una exuberante inventiva que parece provenir del estudio de las obras del maestro Haydn. El *Op. 18/3*, el primero que escribió es, otra vez sorpresa, una página delicada y femenina que, tras la escucha de los anteriores, nos deja perplejos. El número cuatro está escrito en la tonalidad de Do menor, pero volvemos a sentir la apacibilidad. A Beethoven todavía le faltan cosas por aprender antes de llegar a las condiciones extremas en las que maneja esa tonalidad en, por ejemplo, la *Quinta sinfonía*. Y si en el número dos nos tropezábamos con Haydn, llegado ya al quinto de la serie, la cita ahora es con Mozart. Sin embargo, sólo en el espíritu, porque la carne es ya Beethoven puro. El *Op. 18/6*, por último, tiene un movimiento lento que anuncia expresividades futuras de altos vuelos.

Retrato de Beethoven en 1801, el año de publicación de sus primeros cuartetos.
ACRED.: EDITORIAL B. SCHOTT´S SÖHNE, MAGUNCIA.

Ya hemos comentado que desde mediados del siglo XIX, unos lustros después de su fallecimiento, los estudiosos más conspicuos decidieron calificar la obra del ilustre sordo en tres períodos, y también cuál es nuestra opinión al respecto. Pero siguiendo esa senda, situaríamos a los cuartetos *Opp. 59/1 al 3, Op. 74* y *Op. 95* en el período medio. O sea, para entendernos, el Beethoven que va desde la *Heroica* hasta el concierto *Emperador,* el quinto y último de la serie de sus conciertos para piano. Habían ya pasado cinco años desde la publicación del anterior ciclo de cuartetos. Los tres cuartetos de la *Op. 59* fueron un encargo del conde Razumovsky, que desde luego realizó la mayor y más fructífera inversión de su vida: gracias a esta música hoy nos vemos en la obligación de aprender a escribir correctamente su nombre. Él era un violinista estimable y un buen anticuario, además de embajador ruso en Viena. Pero el tal Razumovsky hizo algo más: financió un cuarteto de cuerda del que era primer violín Ignaz Schuppanzigh, un personaje en la vida de Beethoven, pues fue de los pocos que entendieron la evolución del compositor en el género del cuarteto de cuerda. No así el público y los críticos, que, en el caso de la *Op. 59* por ejemplo, guardaron respeto pero dejando claro que era una música inaccesible y rara. La razón, eran muy largos. En realidad eran unas piezas cuya envergadura venía bastante grande al común de los comentaristas, que, extrañados ante tanta novedad, mostraron hilaridad mezclada con maligno asombro. Los recitales públicos con cuartetos de cuerda tenían una buena respuesta en Viena por parte del público, pero lo cierto es que, cuando se hablaba de Beethoven, siempre se esperaba con más ganas el estreno de una nueva sinfonía que el de un cuarteto. Este problema se multiplicó con los cuartetos finales, a cuyas primeras audiciones asistía muy poca gente, y pocos resistían hasta el final. Sea como fuere, los cuartetos de la serie Razumovsky suponen otro de esos saltos a los que Beethoven tenía acostumbrados a sus admiradores. A destacar en el *Op. 59/1* su movimiento lento, un *Adagio molto e mesto* (muy lento y triste), una de las melodías más bellas y mejor fundamentadas de la historia de la música. Por lo que se refiere a los *Op. 74, Las arpas,* y *Op. 95,* son dos obras separadas que poco tienen que ver entre sí. Mucho más asequible el primero, llamado de esa manera por la cantidad de notas picadas sin arco que Beethoven escribió en la pieza; más extraño, espacioso e incluso violento el *Op. 95*. De hecho es un cuarteto dicho sin descanso y sin un movimiento lento claro.

Al igual que con los *Op. 18*, Beethoven tardó dos años en escribir sus últimos cuartetos. Éste es ya un Beethoven muy diferente, porque la persona está muy deteriorada por los problemas y especialmente por una sordera casi total que afecta sicológicamente a la línea de flotación del músico. El grado de especulación en estos cuartetos terminales es ya de un nivel insoportable para sus contemporáneos. Los ambientes musicales de Viena habían alcanzado un espeso grado de superficialidad y Beethoven se mantenía como en un islote; respetado y admirado, pero visto como un bicho raro. Los últimos cuartetos de Beethoven fueron, y siguieron siendo, una música extraña e incomprensible hasta bien entrado el siglo XX. Y, comparados con la vanguardia del género de la época, los de Schoenberg y Bartók, músicas por lo menos tan difíciles.

En 1822, cuando el maestro volvió a componer cuartetos, llevaba más de una década sin practicar el género. Los tres primeros del grupo, los *Opp. 127, 130 y 132,* atendieron a un encargo del príncipe Nikolas Galitzin. Éste era un buen aficionado, y, como Razumovsky, tenía su propio cuarteto. El encargo se materializó por el empeño de su primer violín, Karl Zeuner. Beethoven andaba bien liado: la *Novena sinfonía,* las *Variaciones Diabelli* y la *Missa solemnis.* Pero su arrebatadora fuerza creadora pudo con todo. El *Op. 127,* una especie de puerta de entrada a un nuevo paraíso, es una pieza de carácter delicado y en cierta medida de una nostalgia muy romántica. El movimiento lento acude a la forma de variaciones, que, como ya hemos dicho, Beethoven explotará como nadie al final de su vida. En este caso se trata de seis variaciones sobre el tema principal. La obra adquiere más músculo en el *Scherzo,* y una robustez granítica en el *Finale.* El *Op. 130* es un experimento, porque prescinde de la habitual ordenación en cuatro movimientos, pasando a seis partes. Lo acaba en 1826. Le queda algo más de un año de vida. Y parece que, otra vez, Beethoven repasa. El primer movimiento, que en realidad es un conjunto de *tempi* en los que se exploran similares materiales temáticos, es un catálogo de recursos polifónicos que vuelven a anunciar que el maestro mira hacia la tradición alemana, pero en un grado de estilización que la convierte en compromiso con el futuro. El segundo movimiento es un *Presto* demoníaco y extraterrestre, tras el cual nos regala un *Andante* de reposo, una danza campesina que va poco a poco enloqueciendo, una *Cavatina* que nos tritura el alma (y que a Beethoven le costó lágrimas de emoción al concluirla) y un extenso *Finale* fugado que Beethoven escribió posteriormente para sustituir al original, una Gran Fuga, que acabó siendo presentada como un cuarteto único, el *Op. 133*.

Un cuarto de siglo antes Beethoven había escrito una sonata para piano que alguien bautizó como *Claro de luna*, en una de las decisiones editoriales más lamentables de la historia de la música. Ya hemos comentado quién fue el genio de la ocurrencia. Esa sonata comienza con un movimiento lento. Pues bien, veinticienco años después Beethoven volvió a atreverse y dio comienzo a su cuarteto *Op. 131*, en Do sostenido menor, con un estremecedor *Adagio*. Y otra vez con la fuga como protagonista (¿se dan cuenta cómo vamos avanzando hacia el último capítulo de este libro? ¿Hacia Bach? Wagner, sin embargo, lo encontró *desagradable*). Luego, el camino hacia otra lección más acerca de la variación; luego, de nuevo otro *Scherzo*, brutal; Beethoven hace tocar a los músicos por encima del puente de sus instrumentos; otra transición más y otro final de infarto. Sobre este cuarteto, su compleja estructura y su cambiante y extraño mundo expresivo pocos se han atrevido a postular teorías. Es una música muy virgen de opiniones; una música para escuchar una y otra vez con la esperanza de participar en ella; con la esperanza de hacerla nuestra. Otra cumbre de la abstracción musical.

El *Op. 132* quizá sea el más inteligible del grupo. Y sin embargo, también el que más guiños y claves personales encierra, hasta el extremo de convertir su discurso en una pura contradicción. La obra se podría dividir en tres partes: la que ocupa los dos primeros movimientos, el tercer tiempo y los dos finales. Una especie de bocadillo de panes rigurosamente rudos entre los cuales se encuentra el más refinado, hermoso e irrepetible movimiento lento de todo Beethoven: «Una sagrada canción de acción de gracias de un convaleciente a la Deidad», quedó escrito por Beethoven al lado de su primer pentagrama. ¿Qué sucedió? Pues que estaba muy enfermo; él siempre comió mal, a destiempo y mal, y al final de su vida tuvo una infección intestinal grave. Salió de ella, y se acordó de Dios en esta música increíblemente hermosa. Antes y después, en los otros movimientos, está de nuevo el Beethoven reivindicativo, febril, inesperado y, seguramente, un tanto operístico. Del *Op. 135,* por último, con decir que, dentro de su anormalidad se encuentra una normalidad que a estas alturas no deja de sorprender, es más que suficiente. Fue, junto con el *Finale* alternativo para el *Op. 130,* la última música que compuso. Nunca sabremos a qué se estaba refiriendo el moribundo Beethoven al escribir estas notas.

Máscara mortuoria de Beethoven. A partir de ésta, realizada por Franz Klein, se pudo reconstruir su rostro con precisión.
ACRED.: CASA DE BEETHOVEN, BONN.

Capítulo 22.
Bach: *El clave bien temperado. El arte de la fuga*

La imagen de sobrio conservadurismo que se desprende de las noticias que se tienen sobre la vida de Bach como compositor es incierta. Quizá porque se suelen solapar con las que se refieren a él como persona, produciendo contradicciones que abonan esa imagen. Excusamos decir que a nosotros aquí nos interesa mucho más considerar al Bach compositor que a cualquier otro Bach, incluidos el hombre religioso, el hombre de familia, el trabajador a sueldo, etc. Nos interesa el que nos interesa, pero no por una sola razón, ser uno de los más grandes compositores de música de la historia del ser humano, sino también por la actitud que durante toda su vida mostró hacia el fenómeno de la música y su evolución. Bach fue, sobre todo, un mago del teclado; todos los investigadores serios están ya de acuerdo en que el más grande Bach fue el organista, y en sentido amplio, el teclista. En cuanto a técnica, sentado a la consola de los diferentes órganos de las distintas iglesias en las que trabajó, o al clavicordio o al clavicémbalo en el salón de su casa (en cualquiera de las muchas que hubo de tener a lo largo de su trashumante vida), tuvo pocos iguales en su época, y si los hubo los buscó para aprender de ellos. Durante mucho tiempo se ha tenido de él la imagen de gran patriarca defensor de las tradiciones musicales alemanas, pero es necesario empezar a olvidar tales estereotipos, seguramente provenientes de una mala comprensión de su legado musical. No sólo no fue un conservador, sino que abrazó hasta su último suspiro todas y cada una de las novedades que iban protagonizando los autores más jóvenes que le rodeaban, comenzando por sus propios hijos. Y ésta es una de las razones, aunque quizá no la más importante, por las que traemos a este capítulo dos de sus creaciones más modernas, universales, atemporales y únicas en su indefinido género: los dos libros de *El clave bien temperado* y *El arte de la fuga*. Permítasenos otra razón: tras dos siglos y casi siete décadas de existencia siguen siendo las verdaderas cimas de la música pura.

Acostumbrado a recibir órdenes; a una movilidad laboral impropia para un personaje de su importancia, al menos a partir de una cierta edad; familiarizado con los usos contractuales de la Alemania musical y protestante en la que vivió, absolutamente humillantes casi siempre, este hombre en apariencia sencillo pero intelectualmente poderoso y creativamente infinito tuvo que recorrer medio país a lo largo de su vida para que se le reconociera como lo que fue desde su primera juventud, una auténtica autoridad. Y lo más alucinante es la manera en que afrontó todas las circunstancias que marcaron su existencia, nunca resentida, hasta quizá los últimos años, un período de mayores silencios y ausencias, cuyas músicas arrojan un tono melancólico y en cierta medida terminal, pero nunca enmarcadas en aureola alguna de decadencia; al contrario, el Bach más puro y de mayor altura creativa surge en ese tiempo.

Se podría decir que la vida de Bach transcurrió en una pequeña parte de Alemania, el centro del país, que pocas veces abandonó para dirigirse a otros lugares alejados de esa área; a Berlín o Hamburgo, o incluso más al norte, a Lübeck, esa preciosa ciudad desde la que ya se adivinan las costas de los países nórdicos. En todos los lugares en los que trabajó llegó a ostentar las máximas responsabilidades, en un orden musical que el tiempo que le tocó vivir marcó para el oficio de músico: maestro de capilla en la corte, cantor y director musical en la ciudad. Pero lo que un aficionado a la música hoy debe comprender, al tomar nota de esos aspectos de la vida de Bach, es que, al contrario de lo que sucedería hoy, esos cargos se interrelacionaron de manera directa con su condición de compositor; un compositor no podía decidir qué y cómo componer, pues carecía de un estatus de creador independiente. Como consecuencia de esto, era absolutamente indispensable gozar de cargos significativos para poder hacer lo que realmente querían los músicos, no otra cosa que inventar música.

Bach se trasladó a Lübcek para conocer al maestro organista Dietrich Buxtehude. En la foto, la ciudad al pie del río Trave.

Bach perdió a sus padres muy pronto, por lo que, al ser recogido por su hermano mayor, empezó a dar a la familia una importancia decisiva; la tuvo numerosísima, de sus dos matrimonios. En Eisenach, lugar de su nacimiento, entonces una ciudad rodeada por los bosques, y hoy también, pero mucho más contaminada, Bach aprendió una enormidad de los miembros de su familia, todos músicos, pero sobre todo en Ohrdruf, donde su hermano trabajaba como organista. Allí fue becado, por ser huérfano, y allí copió infinidad de partituras a la luz de la luna, como quedó escrito en su necrológica. Pero a los quince años voló, al ser desposeído de la beca, hacia otra plaza, Lüneburg, para convertirse en niño cantor. Aquí adquirió muchos conocimientos del repertorio coral alemán de los siglos XVI y XVII. Y también aquí conoció al organista Georg Böhm, el más célebre en su época, y del que Bach seguramente aprendió más de un secreto del arte del buen tañer el órgano. La siguiente parada fue Arnstadt, tres años después, donde fue contratado como organista para la Iglesia Nueva de la ciudad. Pero entre 1705 y 1706 Bach abandonó su puesto de trabajo para trasladarse a Lübeck y allí poder estudiar con el gran Dietrich Buxtehude. Böhm y Buxtehude proporcionaron a Bach un bagaje determinante. Tras este episodio y el descontento de las autoridades eclesiásticas de Arnstadt (decían estos buenos señores que Bach improvisaba demasiado y no cumplía las reglas), se trasladó a Mühlhausen (junio de 1707).

Aquí Bach da un giro importante, pues muestra un especial interés por componer música vocal para la iglesia. Pero al año siguiente volvió a cambiar de trabajo y de ciudad. Marchó a Weimar para ejercer como organista de la corte. Bach vuelve al teclado, pero también tuvo su primer contacto con la escuela concertística italiana, pues allí se había formado una excelente orquesta. Bach conoció la música de Vivaldi, que le fascinó hasta el extremo de transcribir para el órgano los conciertos de *L'Estro armonico* del veneciano. Éste fue un fructífero período; por ejemplo, al abandonar Mühlhausen, Bach ya había escrito la mayor parte de su extensa obra para órgano. Y todo iba bien hasta el fallecimiento del *kapellmeister* de Weimar. Bach había acumulado tal cantidad de méritos para suceder al, por otro lado, gris maestro de capilla, que nadie entendió que el puesto no fuera para él sino, casualmente, para el hijo de Johann Samuel Drese, que así se llamaba el finado, es decir, un individuo todavía más triste que su padre. Bach, irritado, abandonó la ciudad, pero estuvo en paro poco tiempo, pues rápidamente se le ofreció un puesto similar en la corte de Cöthen. Corría ya el año 1717; tenía treinta y dos años.

Este cambio fue significativo, pues en Cöthen se imponía un estilo más cosmopolita, mucho menos provinciano, y por consiguiente muy basado en la música instrumental y de cámara. Bach tenía carta blanca tanto para la adquisición de nuevos instrumentos como para contratar músicos de calidad. En semejante estado de ayuda a la creación (el príncipe-gobernador era muy listo y tenía un gusto exquisito), Bach decidió escribir la primera serie de los veinticuatro preludios y fugas de *El clave bien temperado.*

La primera razón por la que Bach pudo tomar la decisión de escribir una obra como *El clave bien temperado* puede que esté relacionada con aspectos científicos. Reside en su mismo nombre: buen *temperamento.* Buena afinación, diríamos hoy, aunque para nadie sea ya un problema este asunto, salvo para quienes protagonicen intentos de volver al pasado para emular los problemas y, así, conseguir unos resultados interpretativos en su opinión más auténticos. Porque el asunto de la afinación fue caballo de batalla desde Pitágoras hasta los tiempos del último Barroco. Los organeros anduvieron mucho tiempo tratando de obtener un temperamento igualado para los tonos y las distancias tonales. Y naturalmente los teóricos se dejaron los ojos estudiando bajo qué principios matemáticos se podrían definir con la mayor exactitud posible esas distancias. El algoritmo que permite ese cálculo da por resultado una aproximación, pues es una raíz de 2 pero de índice 12, es decir, lo que matemáticamente se entiende por un número irracional de alta catadura y, por consiguiente, sin valor exacto posible. Desde el temperamento pitagórico hasta los tiempos de Bach hubo varios intentos de resolver el problema, de suerte que el resultado final (afinación de pulso constante frente a otros anteriores como, por ejemplo, el temperamento establecido por el compositor Praetorius) fue ya el utilizado por Bach. *El clave bien temperado,* así, viene a ser, en principio, una sistematización de las posibilidades que implica el uso de un temperamento de esas características. Sin embargo, hay otra razón por la que Bach escribe la obra: sus partes han de servir para que los estudiantes practiquen, en búsqueda de los secretos más recónditos de las posibilidades de un instrumento de teclado, en aquel momento, 1722, un clavicordio o un clavicémbalo. Éstas son, una vez más, las razones aparentes; en este caso, por un lado, un experimento que ayudara a definir de una vez por todas la afinación ideal, y, por otro, un objetivo pedagógico. Una pura apariencia, pues detrás de estas buenas intenciones se parapeta el músico, el inventor, y no ya un músico que ha de escribir la música que le ordenan, sino la que quiere. El resultado es un vuelo a la imaginación pura, a la fantasía estructural, a la inventiva sin límite.

Un clavicordio de época como los que tocó Bach. Éste es el instrumento antecesor del fortepiano, padre del moderno piano de cola.

LOS 24 PRELUDIOS Y FUGAS

En la llamada música tonal, o sea, toda la que fue escrita hasta mediados del siglo XX, las alturas de los sonidos (véase el capítulo dos) se relacionan con una sola nota, que es el centro tonal, llamada tónica. Las demás funcionan subordinadamente a ésta. Algo así como si el compositor que escribe utilizando esta técnica nos guiara durante todo el tiempo por una suerte de caminos diferentes que concluyen en un mismo punto, ese centro tonal. Hay dos modos de tonalidad, el mayor y el menor, y cada una de las doce notas que se pueden formar con las siete de la escala dan lugar, por consiguiente, a veinticuatro notas cuando se tienen en cuenta el modo y las alteraciones sostenido y bemol (véase de nuevo el capítulo inicial). De esta manera, la escala diatónica está formada por intervalos de segunda (es decir, dos notas contiguas), en tono mayor o menor. Los intervalos de segunda mayor comprenden tonos completos (Do-Re, Re-MI, Fa-Sol, Sol-La y La-Si) mientras que los intervalos de segunda menor comprenden medio tono: Mi-Fa, Si-Do. Son en total, entonces, veinticuatro notas que dan origen a veinticuatro tonalidades, según sea la nota que mande, es decir, la tónica en cada caso. En general la tonalidad de cada obra se define con su tónica y su modo. Pero esto, que hoy se estudia en los conservatorios como un sencillo principio, tardó siglos en ser sistematizado. Bach, un enamorado de los avances de las teorías musicales, hizo lo que sabía hacer: en vez de teorizar, escribió una obra formada por cuarenta y ocho piezas, veinticuatro preludios acompañados de otras tantas fugas, con el objetivo de mostrar las verdaderas tripas del asunto, no tanto un asunto puramente matemático de división aritmética o un tratado sobre afinación, o ni siquiera unas cuantas piezas para que los instrumentistas del teclado practicaran, sino algo mucho más esencial y complejo: la demostración de que cada tonalidad tiene un comportamiento físico y sicológico distinto; la constatación de que existe una relación directa entre el carácter de una música y la tonalidad en que está escrita. Algo a lo que los románticos dieron luego mil vueltas, cada vez que, para poder seguir adelante, tenían que mirar hacia atrás: hacia Bach.

Por todo ello, los veinticuatro preludios y fugas de *El clave bien temperado* constituyen una gran enciclopedia. Pero no para la librería sino para la vida. Son pequeños (y a veces no tan pequeños) microcosmos que lo tocan todo, que se refieren a todo, que se ocupan de todo; una especie de viaje interior realizado por y en distintas direcciones, con el solo objetivo y placer del puro viaje. Los veinticuatro preludios plantean otras tantas situaciones que pueden ser tratadas como puros ejercicios sonoros o técnicos, pero que van muchísimo más allá porque definen entornos de emoción y pensamiento a la par, en una fusión de intelecto y sentimiento que rara vez se da en los compositores anteriores o posteriores. La capacidad que Bach tenía para transformar el ejercicio sonoro en expresión de lo humano es formidable, y si en algunas obras se manifiesta con mayor genio, ésas son las que conforman este primer libro de *El clave bien temperado* y su segunda parte, un estudio exactamente igual, aparecida casi dos décadas después con similares objetivos.

Hoy en día los dos libros de *El clave* siguen encerrando muchos misterios. En primer lugar, su fecha de redacción. Conocemos las fechas de aparición tras la compilación de las piezas (desde luego, como otras tantas obras de Bach no fueron publicadas en vida de éste), pero no las secuencias de su creación. Hay un dato que sí podemos dar por cierto, y es que no se trata de una música de encargo. Lo que es importante, porque explica el tono especulativo con que Bach aborda los preludios y fugas. A su vez nos lleva a pensar que, por sentir esa libertad, ése es el *tono* en el que más a gusto se sentía él. Los estudiosos dan por hecho que algunas piezas del segundo libro son anteriores a las del primero, una vez hecha ya la compilación por parte del autor. Así que la vieja teoría de que la música del segundo libro es producto de la evolución hay que tomarla con pinzas. Otro asunto controvertido es para qué instrumento fue escrita esta música, si para el brillante e incisivo clavecín o para el oscuro y pequeño clavicordio. Y, por añadidura, para preguntarse qué pinta un piano en esta obra, habida cuenta de que todos los grandes pianistas del siglo XX, de una manera u otra, han recalado en su interpretación. Es muy de suponer que Bach utilizó más el clavicordio que el clave, porque se sabe que era un instrumento que le gustaba más. Él había tenido contacto con el instrumento que derivó del clavicordio, que a sus hijos mayores tanto les gustaba, el llamado fortepiano o pianoforte. Este nuevo instrumento, que funcionó en Italia desde 1700, no se conoció en Alemania hasta 1732. Bach probó uno de ellos (pero de fabricación alemana, no italiana) y no sintió un especial entusiasmo por el asunto. Hay alguna referencia al uso del fortepiano por parte de Bach al final de su vida, pero es vaga y no demasiado fiable.

En todo caso, la pregunta que habríamos de hacernos es: ¿qué pensaría Bach de los modernos Steinway con los que se suele tocar hoy su *Clave bien temperado*? Nosotros, por un principio claro, somos partidarios de su uso: la música escrita es sólo una herramienta; es verdadera música cuando se transforma en sonido. Y en ese sentido, creemos que la libertad de elección del instrumento ha de ser total, y guardar una total subsidiariedad con el compromiso sonoro que se adopta ante la posibilidad de aspirar a uno u otro resultado por escoger uno u otro instrumento. Otra cosa es el lugar escogido para la interpretación y la decisión de tocar la obra completa o sólo uno o más preludios y fugas. Se trata de una música densísima y de una riqueza de propuestas sin fin. Por lo que creemos que es muy difícil seguirla de continuo sin desfallecer. Por supuesto hoy en día se toca en grandes salas de concierto, cuando por su propia naturaleza (es más que posible que Bach la escribiera al clavicordio en el pequeño salón de su casa) debería de ser interpretada en un pequeño recinto. En fin, lo verdaderamente importante es conocer este monumento de la historia.

Vista del interior de un piano moderno. Todos hoy utilizan este instrumento para tocar Bach, un asunto éste controvertido.

Tras el período que pasó en Cöthen, y sin razones aparentes, Bach pidió el puesto de organista en la iglesia de San Jacobo, en Hamburgo. Había allí un instrumento colosal (cuatro teclados), y eso le pudo animar a tomar la decisión de cambiar la placentera y cosmopolita vida que llevaba en Cöthen. Pero el tiro le salió por la culata porque el puesto conllevaba una importante contribución a los fondos de la iglesia. Aunque hubo otras razones para su alejamiento de la gran urbe. En 1720 falleció su esposa, Bárbara, de la que habían nacido sus hijos mayores, Wilhelm Friedmann y Carlos Felipe, ambos después muy famosos. Y el príncipe elector se había casado con una princesa a la que no le gustaba la música. Bach decidió cambiar de vida y mudarse a Leipzig, a pesar de que el cambio le supusiera un descenso de categoría y más trabajo. Allí ejerció como Cantor en la iglesia de Santo Tomás, donde su trabajo se multiplicó, pues tenía que atender a las labores de enseñanza y los oficios religiosos, además de la supervisión musical de las cuatro iglesias más importantes de la ciudad. En Leipzig Bach compuso sus grandes Pasiones y las misas, además de innumerables cantatas; la *Ofrenda Musical,* las *Variaciones Goldberg,* los corales Schübler y la inacabada *El arte de la fuga.* El último suspiro. El último hito.

LA CUMBRE DEL CONTRAPUNTO

El contrapunto encierra un juego de palabras que viene a significar punto contra punto, o sea, nota contra nota, porque consiste en una técnica que estudia y evalúa la relación que puede existir entre dos o más voces (melodías) independientes, con el objetivo de encontrar un equilibrio sonoro lógico y que, digamos, dé por resultado un conjunto que suene bien. El llamado contrapunto imitativo tiene lugar cuando ese encuentro se produce por imitación de fragmentos entre las distintas voces que componen la textura de la obra. Así, por ejemplo, comienza una melodía, que es luego doblada, o bien al unísono o bien a una distancia en altura por otras que se superponen. El efecto es fascinante, particularmente cuando las melodías no están acompañadas por un texto, por el peligro a que éste pierda claridad (ver capítulo «Música religiosa»). Bach se pasó toda la vida experimentando con estos procedimientos, cuya encarnación más vistosa es la forma musical denominada fuga.

Una fuga es una fórmula musical en la que se superponen melodías llamadas sujetos. Estas voces quedan vertebradas a través del contrapunto imitativo o mediante la reiteración de las líneas melódicas en diferentes tonalidades, así como en el desarrollo estructural de los sujetos. La fuga como forma puede tener vida propia, constituyendo el todo de una creación musical, o bien puede constituirse como parte de una obra más grande. E incluso dentro de una obra se puede encontrar una fuga, en cuyo caso se habla de *pasaje fugado.* El contrapunto imitativo fue profusamente utilizado durante el Renacimiento, pero es a partir del Barroco cuando adquiere mayor notoriedad. Con Bach la fuga alcanza un cénit, pero ningún gran compositor después ha dejado de utilizarla. Es incluso bastante desmitificador el hecho de que la tenida por radical revolución dodecafónica del siglo XX, protagonizada por Arnold Schoenberg, estuviera sustanciada sobre las principales técnicas contrapuntísticas que Bach puso en práctica durante su existencia, y muy particularmente, en su tratado final, la obra que nos ocupa ahora, *El arte de la fuga.*

Estatua de Bach al frente de la iglesia de Santo Tomás, en Leipzig. La obra se alza allí desde 1908, lugar donde Bach está enterrado.

Así que, si decidimos adentrarnos en una escucha cabal de las piezas que la conforman, lo que vamos a encontrar es eso, un conjunto de fugas y cánones; de fugas de todas clases y construidas con todas las técnicas que Bach desarrolló en muchos años. Piezas en las que, generalmente y como principio básico, lo que vamos a hallar es una superposición de ideas musicales; una especie de solapamiento de una frase musical (el sujeto) con otra que podríamos considerar como contratema o contrasujeto. Un ejemplo de esta, digamos, manera de proceder es la fuga del preludio núm. 10 de *El clave bien temperado,* escrita a dos voces. Pero naturalmente las cosas se pueden complicar más al añadir otras voces (véase de nuevo capítulo «Música religiosa»). Normalmente una fuga tiene varias secciones. La primera es la exposición, con la aparición del sujeto principal. Éste será repetido luego en las distintas voces, pero transpuesto a otra altura (una quinta superior o una cuarta inferior). Este proceso se repite hasta que todas las voces hayan introducido el sujeto o la respuesta. Tras esta exposición, cuyo modo de operar puede variar según las intenciones del autor, según su inventiva, desparpajo y, en definitiva, ganas de saltarse las reglas, se produce una etapa de carácter libre, en la que el compositor realizará las aportaciones que vea necesarias: aumento o disminución de la duración rítmica del sujeto, inversión de los intervalos que definen el sujeto, retrogresión (repetir el sujeto, pero de atrás adelante), fragmentación del material temático del sujeto, fusión de temas, etc., etc. Una vez concluida esta sección, la más creativa desde el punto de vista de la invención, el final de la fuga consiste en una recuperación literal de la melodía del sujeto. Se suele añadir varios compases y una coda (cola) para entrar en la culminación de la obra.

El hijo mayor de Bach, nacido de Maria Barbara, una prima en segundo grado suya. Se dice que Carlos Felipe Emanuel Bach (en la foto, un grabado de Pfenninger) tomó la decisión de vender al peso las planchas de *El arte de la fuga*.
ACRED.: ARCHIV FÜR KUNST UND GESCHICHTE, BERLIN.

Concretando en el caso que nos ocupa. Bach llegó a escribir dieciséis fugas y tres cánones para *El arte de la fuga*, aunque la última fuga está incompleta. Se sabe poco acerca del plan de composición total, aunque, por diversas razones, algunos estudiosos concluyen que se puede suponer que la obra total no iba acabar ahí; otros, sin embargo, siembran dudas por todos los lados. La composición (lo que quedó escrito) fue publicada aprisa y corriendo tras la desaparición del autor, sin realizarse previamente ningún estudio crítico, ni del orden de situación de los materiales; o incluso de la autenticidad de la procedencia. Ante la falta de interés por parte de los compradores de la partitura así publicada (era la obra póstuma del viejo Bach, un músico pasado de moda), su hijo Carlos Felipe vendió las planchas de la impresión al peso para recuperar el dinero de la inversión. Hay que decir que este relato es hoy cuestionado por algunos musicólogos, una vez comprobado fehacientemente que el estado de cuentas que dejó Bach no fue tan malo, sobre todo en lo que se refiere a libros, publicaciones y, en particular, a la importante colección de instrumentos musicales que legó en la herencia a sus hijos. Otra duda: si para esta obra Bach no dejó fijado el o los instrumentos con que se debía interpretar, cabe preguntarse si la obra misma no sería una especulación teórica de su autor y no una música para ser interpretada en un recinto convencional. Se ha afirmado que sí, y todo lo contrario. Nosotros carecemos de autoridad para defender cualquiera de las dos opciones. Sólo podemos optar por pensar que se trata de una música para eso, para ser sonada y no sólo leída, porque de no ser así la humanidad habría perdido una de las creaciones de mayor y universal alma creativa de todos los tiempos; y estéticamente, una de las músicas especulativas más hermosas nunca ideadas. *El arte de la fuga* es para nosotros el mayor y más serio homenaje a la música abstracta realizado por ser humano alguno en Occidente, en cualquier tiempo, lugar o circunstancias.

Se pueden adivinar, pues, las varias razones por las que hemos querido cerrar el texto de este libro con *El arte de la fuga*. Son, evidentemente, muchos los méritos a resaltar, pero a nosotros el que más nos interesa es el que resulta de una valoración muy concreta y que ha flotado a lo largo del libro como un mantra ineludible: ¿qué es la música? Hemos hablado de mucha música relacionada con la palabra, o ideada a partir de la palabra. Sin embargo, creemos que la verdadera música es la que no ha de soportar añadidos ajenos a su naturaleza. La música como objeto abstracto, sin significantes perturbadores. Y en ese sentido está concluyendo esta parte: primero, la encarnación del binomio palabra-música más totalizador de cuantas experiencias similares se hayan realizado hasta el momento: la tetralogía *El anillo del Nibelungo*; para luego sumergirnos de inmediato en la belleza de la música pura sin apoyos, acudiendo de entrada a los dos ciclos beethovenianos y culminando con Bach y, por este orden, con sus libros de *El clave bien temperado* y su *Arte de la fuga.* ¿Por qué en ese orden? Pues porque Bach, al dar el salto entre una y otra obra, riza el rizo, cerrándolo todo como si de un aviso a navegantes se tratara. En su *Clave bien temperado* Bach realiza una exploración de la tonalidad; nos regala todas las posibilidades de la invención musical, pero desarrollada sobre opciones tonales distintas. En *El arte de la fuga,* en cambio, reduce el plan de acción, realizando un titánico esfuerzo intelectual para explicar de muchas maneras diferentes los límites de la melodía, la base de toda la música (véase el primer capítulo de este libro), utilizando la técnica de la variación y el contrapunto. En todo *El arte de la fuga* sólo hay una idea, una única melodía, y unas cuantas variaciones contrapuntísticas. Nadie, absolutamente nadie, ni antes ni después, logró idear tanta música con semejante economía de medios.

Y allá va la despedida: si usted ha llegado hasta aquí y no ha decidido trazar un plan de escucha de las obras que han ido apareciendo a lo largo del libro, es usted muy dueño de pensar que hace lo correcto. Pero entonces yo no estaría de acuerdo con usted. Porque leer sobre una música y no escucharla es como estar enamorado y no recibir nada a cambio. Una frustración en toda regla.

Glosario discográfico

Las fichas se refieren a interpretaciones no de todas las obras que aparecen en el texto del libro, sino sólo de aquellas que han merecido un comentario más específico y extenso, en el orden que han ido apareciendo. Las fichas recogen los siguientes datos: autor, obra e intérpretes (solistas, orquesta y director). Al final se consigna el soporte cuando es DVD o Blu-ray.

PALESTRINA: *Missa papae Marcelli. Missa,* y otras. The Tallis Scholars/Peter Phillips.
Versión pensada más para la sala de conciertos que para la iglesia. La concentración es máxima y la belleza vocal, de verdadera altura.

BACH: *Misa en Si menor.* Giebel, Baker, Gedda, Prey, Crass. BBC Chorus. Orquesta New Philharmonia/Otto Klemperer.
No es la versión más ortodoxa, pero sí la que mejor explica la obra. En ninguna otra grabación hay un tan apabullante estudio de las voces corales e instrumentales.

MOZART: *Requiem.* Mathis, Hamari, Ochman, Ridderbusch. Coro de la Ópera de Viena. Orquesta Filarmónica de Viena/ Karl Böhm.
Una referencia entre las interpretaciones canónicas. La Orquesta Filarmónica de Viena alcanza el cielo; el director oficia.

BEETHOVEN: *Missa solemnis.* Söderström, Höffgen, Kmentt, Talvela. Coro y Orquesta New Philharmonia/Otto Klemperer.
La referencia absoluta. Otra vez el mago Klemperer, un director muy objetivo que nos hace llorar. O sea, milagroso.

MENDELSSOHN: *Elijah.* Jones, Baker, Gedda, Fischer-Dieskau, Woolf. Coro y Orquesta New Philharmonia/Rafael Frühbeck de Burgos.

El español Rafael Frühbeck de Burgos alcanza en esta grabación el cénit de su carrera. Es una versión espectacular.

BRAHMS: *Réquiem alemán.* Bonney.Schmidt. Coro y Orquesta Filarmónica de Viena/Carlo Maria Giulini.

Brahms en italiano. Un portento. El gran Giulini traspasa fronteras en, quizá, la más emocionante versión en disco que conocemos.

VERDI: *Requiem.* Harteros, Garança, Kaufman, Pape. Coro y Orquesta del Teatro alla Scala, Milán/Daniel Barenboim. DVD.

El mejor cantado, el mejor tocado, el mejor dirigido, el mejor interpretado. Algo verdaderamente asombroso.

MAHLER: *Las 10 Sinfonías.* Solistas. Coros. Orquesta Filarmónica de Nueva York, Orquesta del Concertgebouw de Amsterdam, Orquesta Filarmónica de Viena/Leonard Bernstein.

De las muchas integrales, la más fundamentada. Hay que echar valor para escucharlas todas, pero la octava es la mejor que se ha hecho en disco.

BRITTEN: *Réquiem de guerra.* Söderström, Tear, Allen. CBSO Chorus. Boys Christ Church Cathedral Oxford. City Birmingham Symphony Orchestra/Sir Simon Rattle.

La más interesante de las versiones modernas. No hay que olvidar la histórica de Britten, pero ésta está mejor dirigida.

MESSIAEN: *San Francisco de Asís.* Tilling, Gilfry, Delamboye, Neven, Randle, Kaasch, Arapian. The Hage Philharmonic Chorus of De Nederlandse Opera/Ingo Metzmacher. Director de escena: Pierre Audi. (DVD).

Para acceder a esta magna obra es mejor ver la representación. Ésta tiene una excelente altura.

MONTEVERDI: *L'Orfeo.* Keenlysade, Oddone, Dike, etc. Concerto Vocale/René Jacobs. Directora de escena: Trisha Brown. (DVD).

La mejor línea de las posibles para un montaje de *Orfeo.* Es bellísima en su sencilla estilización. Musicalmente, maravillosa.

MOZART: *Las bodas de Fígaro.* Fischer-Dieskau, Te Kanawa, Freni, Prey, Ewing, Begg, Montarsolo, Kesteren, Caron, Kraemer, Perry. Coro y OFV/Karl Böhm. (DVD).
Un clásico imprescindible. Los mejores cantantes-actores. El mejor director. Y una insuperable puesta en escena de Jean-Pierre Ponnelle.

VERDI: *Rigoletto.* Pavarotti, Wixell, Gruberova. OFV/Riccardo Chailly. (DVD).
Otra gran puesta en escena de Ponnelle. Hay mejores versiones musicales en *cedé* (Kubelik, Giulini), pero lo que se ve aquí es una maravilla.

WAGNER: *Tristán e Isolda.* Jerusalem, Meier, Hölle, Priew, Struckmann. Festival de Bayreuth/Daniel Barenboim. (DVD).
El mejor *Tristán* visto en Bayreuth en décadas. La dirección escénica de Heiner Müller, la más interesante desde la de Wieland Wagner.

STRAUSS: *Elektra.* Rysanek, Varnay, Fischer-Dieskau, Ligendza. OFV/Karl Böhm. (DVD).
Otro clásico en DVD. Salvaje interpretación para una enloquecida puesta en escena de Götz Friedrich.

BERG: *Wozzeck.* Grundheber, Meier, Baker, Clark, Wottrich, Von Kannen. Staatsoper Unter den Linden/Daniel Barenboim. (DVD).
De las últimas puestas en escena de Patrice Chéreau antes de su fallecimiento. Dirección musical magistral.

BEETHOVEN: *Egmont.* Pilar Lorengar. Orquesta Filarmónica de Viena/Geoge Szell.
Una de las pocas versiones buenas que hay de esta obra. La intervención de Lorengar, un valor añadido.

GRIEG: *Peer Gynt.* Solistas. Coro Filarmónico de Oslo. Orquesta Filarmónica de Londres/Per Dreier.
De las poquísimas versiones de la obra completa que hay en el mercado, ésta es la más interesante.

MENDELSSOHN: *El sueño de una noche de verano.* Watson, Wallis. Coro. Orquesta Sinfónica de Londres/André Previn.
Una versión mágica de la gran música de Mendelssohn. Previn está en su salsa.

SCHUBERT: Los *Lieder.* Dietrich Fischer-Dieskau, barítono; Gerald Moore, piano.

El corpus completo. Hay versiones sueltas de los ciclos, pero los *lieder* de Schubert bien merecen un repaso total

SCHUMANN: Los *Lieder para voz masculina.* Dietrich Fischer-Dieskau/Christoph Eschenbach.

La misma idea que con Schubert. Aquí cambia el pianista acompañante, pero el barítono no puede ser otro.

BRAHMS: Los *Lieder.* Jessye Norman. Dietrich Fischer-Dieskau/ Daniel Barenboim.

Dietrich Fischer-Dieskau de nuevo, esta vez compartiendo cartel con la gran Jessye Norman.

LISZT: Los *Lieder.* Dietrich Fischer-Dieskau, barítono; Daniel Barenboim, piano.

Fischer-Dieskau, no hace muchos años fallecido, ha sido el mejor liederista de su tiempo. Afortunadamente lo dejó todo grabado en disco.

WOLF: *Lieder, libro italiano.* Christa Ludwig, Dietrich Fischer-Dieskau/Daniel Baremboim.

Impactante versión, en la que también interviene otro peso pesado del canto alemán de su tiempo: la mezzo Christa Ludwig.

WOLF: *Lieder, libro español.* Elisabeth Schwarzkopf, Dietrich Fischer- Dieskau /Gerald Moore.

La más completa, aquí con una de las sopranos más famosas del siglo XX, la inolvidable Elisabeth Schwarzkopf.

WOLF: *Mörike Lieder.* Dietrich Fischer-Dieskau/Sviatoslav Richter.

Un milagro musical. Dos monstruos mano a mano, frente a frente, en unas espeluznantes versiones.

WAGNER: *Wesendonck Lieder.* Kirsten Flagstad, soprano; Bruno Walter, piano.

La gran soprano noruega Kirsten Flagstad dictando Wagner, es decir, lo que mejor cantó toda su vida.

MAHLER: *Lieder de «Des Knaben Wunderhorn». Lieder eines fahrenden Gessellen.* Dietrich Fischer-Dieskau. Orquesta Filarmónica de Berlín/Daniel Barenboim.

Primera entrega de las canciones orquestales de Gustav Mahler. Inevitablemente, los nombres se repiten.

MAHLER: *Kindertotenlieder.* Christa Ludwig. Staatskapelle Dresden/Karl Böhm. (+STRAUSS, MOZART).

Segunda entrega. La impresionante voz de Christa Ludwig para las tremendas canciones a los niños muertos.

MAHLER: *Rückert Lieder.* Janet Baker. Orquesta New Philharmonia/Sir John Barbirolli.

Tercera entrega. Nadie como la mezzo británica Janet Baker ha *dicho* con más propiedad estas canciones. Con un Barbirolli en estado de gracia.

MAHLER: *La canción de la tierra.* Julius Patzak, Kathleen Ferrier. Orquesta Filarmónica de Viena/Bruno Walter.

El colofón. Hay otras grandes versiones, pero ésta tiene un significado especial, por ser el primer gran logro discográfico mahleriano.

STRAUSS: *Cuatro últimas canciones.* Elisabaeth Schwarzkopf, soprano. Orquesta Sinfónica de la Radio de Berlín/George Szell.

Auténtico fin de una época. Modernamente, alguna soprano ha exhibido más medios. Pero Elisabeth Schwarzkopf sigue siendo única.

HAYDN: *Las Sinfonías.* Philharmonia Hungarica/ Antal Dorati.

La integral más redonda, un tocho de unos cuantos discos sin ningún desperdicio.

MOZART: *Las Sinfonías.* Academy of St. Martin in the Fields/ Neville Marriner. Royal Concertgebouw, Amsterdam/Josef Krips.

La más sensata combinación para las sinfonías primerizas y de madurez del genio de Salzburgo.

BEETHOVEN: Las *9 Sinfonías.* Gwyneth Jones, Tatiana Troyanos, Jess Thomas, Karl Ridderbüch. Coro y Orquesta Filarmónica de Viena/Karl Böhm.

Escogemos estas versiones por su equilibrio estilístico y clasicismo, por su belleza y redondez.

BRAHMS: *Las 4 Sinfonías. Obertura trágica. Variaciones sobre un tema de Haydn.* Orquesta Filarmónica de Viena/Carlo Maria Giulini.

Romanticismo puro. Giulini ha sido uno de los más importantes brahmsianos de nuestro tiempo.

DVORAK: *Las 9 Sinfonías.* Orquesta Filarmónica de Berlín, Orquesta Sinfónica de la Radio de Baviera/Rafael Kubelik.

Otro clásico. Esta vez a cargo del especialista en música eslava Rafael Kubelik.

TCHAIKOVSKY: Las *Sinfonías. Romeo y Julieta.* Orquesta Filarmónica de Viena/Lorin Maazel.

Grandes versiones, en conjunto. Impresionante *Sinfonía Manfredo.*

BERLIOZ: *Sinfonía fantástica.* Orquesta Filarmónica de Viena/ Sir Colin Davis.

De las mil versiones, la más equilibrada.

BRUCKNER: *9 Sinfonías.* Orquesta Sinfónica de Chicago/ Daniel Barenboim.

Ha grabado varias veces el ciclo. Éste es el más recomendable.

WAGNER: Tetralogía *El anillo del Nibelungo.* Solistas. Orquesta Filarmónica de Viena/Sir Georg Solti.

La más redonda tetralogía, a pesar de ser una grabación ya talludita. El *Ocaso,* histórico.

BEETHOVEN: Las *32 Sonatas para piano.* Daniel Barenboim, piano.

Estas obras tienen dueño: todo el mundo se estrella contra el gran muro beethoveniano. Barenboim aquí es sencillamente único.

BEETHOVEN: Los *Cuartetos de cuerda.* Cuarteto de Tokio.

¿Los mejores? Hay otras versiones buenísimas, pero en la época en que los Tokio grabaron el ciclo no tuvieron rival.

BACH: *El clave bien temperado, libros I y II.* Gustav Leonhardt, clave.

Al clave, con diferencia las mejores versiones.

BACH: *El Arte de la Fuga.* Orquesta de Cámara de La Sarre/ Karl Ristenpart.

Un hito en la interpretación de la obra. Al piano, es recomendable la de Pierre-Laurent Aimard.

La segunda edición de este libro, por encomienda de Almuzara, concluyó el 11 de noviembre de 2018. Tal día, del año 1868, fallecía en París Gioachino Rossini, la más grande gloria de la ópera cómica de todos los tiempos.